Die 42 ATTENTATE AUF ADOLF HITLER

ヒトラー暗殺計画・42

ヴィル・ベルトルト［著］

田村光彰・志村恵・中祢勝美・中祢美智子・佐藤文彦・江藤深［訳］

社会評論社

ヒトラー暗殺計画・42

目次

第8章　一三分が世界史を演じる

第14章　反撃　309

第15章　ワルキューレ作戦　321

序文

アドルフ・ヒトラーが断固たる行動に出た敵に殺害されたという日はカレンダーにはない。今日になってもまだ一般に知られていないことがある。独裁者ヒトラーを暗殺する試みは数多くあったが、彼はこれらを生き延びた。それは前例のない、信じられないほどの偶然が重なったからである。暗殺について研究する人は、今日にいたってもなお伝説や自己弁護と矛盾だらけの主張をよく精査しなければならない。そうすることにより驚愕の事実を突き止めることができるのである。

当時、この男は最強の護衛陣で守られていたが、その警備体制はずさんであった。

親衛隊の護衛陣やヒトラー総統の警護に当たる警察官は、ナチス党員のぞんざいな指令に従う場合が少なくなかった。護衛陣が警護をしている時ですら、独裁者に近づこうという一途な思いがあれば、それは可能であった。通行証を持っている、いないに関わらず、またヒトラーの周りに設置された立ち入り禁止区域の中であろうと外であろうと。いつでもヒトラーにお目通りができる人物も、またわずか一度だけ報告をするために彼のいる本部に呼びつけられた者も、一九四四年七月二〇日の暗殺未遂事件までは、武器類は誰の目にも明らかなように、常時携行したままであった。ただ、例外としては、お目通りをするための控えの間では、銃とともに剣帯は外さなければならなかった。にもかかわらず今日よく浴びせられる非難に次のような言葉がある。ヒトラーへの反逆者たちには自分の命をかける勇気が欠けていた、と。これは誤りである。暗殺を試みた多くの人々には、軍の出動ならぬ〈自殺出動〉を覚悟していた人もいたし、ヒトラーもろとも自らをも吹き飛ばそうとした人もいた。

ヒトラーは、初期の「闘争時代」の頃には、自分の敵を誹謗し、自画自賛の宣伝文句を駆使して自らの役割を吹聴し、かつて共に内戦を闘った同志たちの武闘路線から身を引くために、繰り返し自身で暗殺計画を演出し、その被害者であることを装った。次に、首相に就任してからは、実行に移された暗殺計画はすべて秘密にし、「ドイツ帝国の機密事項」とした。こうした暗殺計画は、首相に就任した第一日目から最後の日に至るまで続いていた。ドイツ人は、いわゆる「地上でドイツ人が知っている最も高貴な人」（ドイツ帝国宣伝相ヨーゼフ・ゲッベルス博士）を一丸となって支えていたのだという。さらに水も漏らさぬ監視・治安国家が、あらゆる「犯罪」を除去してきたのだと強弁してきた。その結果、秘密が漏れ、もみ消されなかったもののみが世に知られた。

一九三九年一一月八日、ミュンヒェンの『ビュルガーブロイケラー』（ビアホール）での暗殺（未遂）事件は、もう一つの一九四四年七月二〇日、東プロイセンのヒトラーの司令部・ヴォルフスシャンツェでの爆弾事件と同様に秘密にされることはほとんどなかった。したがって宣伝省は、ビアホール事件では犯人像は外国から操られた黒幕であると言ったり、「どん欲で良心のかけらもない小さな犯罪者グループの依頼による卑劣な犯罪者の行動」であると発表した。

ヒトラーの暗殺事件を具体的な件数を挙げて論じることは難しい。なぜならば、中にはそのための資料が欠けている場合もあり、また目撃証人や生存者の場合、無理からぬことではあるが、こうあってほしいという願望と実際の行動との境界が時として曖昧になっていることもあるからである。本書が採りあげている四二件の、総統を排除しようとする試みは、その顛末を論証できるものだけに限られ、目撃証人、生存者、遺族の証言により、また警察側資料や著名な歴史家の研究により裏付けられている。その際、筆者は歴史的史料の欠陥を思弁や空想で埋め合わせようとするいかなる誘惑にも囚われてはいない。

ヒトラーへの反逆者たちが考えだし、相談し合い、実際に試し、現場に持ち込まれ、点火されたものすべてを一つずつ数え上げれば、暗殺事件の数はかなり多くなるであろう。

すんでのところで目標に達しなかった単独行為者には、スイスの神学生、シュヴァーベンの家具職人、イギリスの大佐、数多くのドイツ人将校がいて、さらに敗戦の間際にもう一人、悔悛の情を示すシュペーア軍需相がいた。（ナチ党のシンボルカラーの）「褐色」をした「ゴロツキ」（クルト・フライヘル・フォン・ハマーシュタイン＝エクヴォルト大将）であるヒトラーの失墜を、ただひたすら暗殺を通して実現しようとした人々には、著名な人々も無名な人々も、軍人や市民も、狂信的な人々や空想家も、聖職者や大学教授も、カトリックの信者も共産主義者も、素人や冒険家も、また実力行動派の人も夢想家もいた。外交官が大胆で向こう見ずな人間に変身し、平和主義者が軍事力を用い、迫害されていた人々が、今度は逆に独裁者の迫害に狙いを定め始めた。

この人たちは皆知っていた。自分たち自身の生命だけではなく、親類の生存と自由をも危険に陥れることを。中には、ヒトラーの親衛隊の存在などよりも自身の良心の呵責が実行の妨げになった人々もいた。この

▲…収穫感謝祭

人たちは、勇気をもってとことんまで追求した。それはブラウナウ生まれのこの男に対する憎しみからというよりは、最高司令官ヒトラーへの宣誓と忠誠から、ためらう自分を解放するためであった。というのも、初めはヒトラーに守られてこそ伝統や良心があると思っていたが、実は単に日和見と臆病な自分がいるだけであることがわかったからであった。

暴君を殺害しようと決心した者は、ほとんどの場合、その暴君自身の行動を予測し、これに狙いを定めることができた。ヒトラーの行動は先が読めたのである。彼はヒステリーであり、運任せの勝負に出る人間であった。自分自身の警護を絶えず強化していく一方で、治安上の最も基本的な原則を無視しつづけた。オープンカーに乗り、不法に手に入れたプラハを、空爆で破壊されたワルシャワを、占領したパリを走った。魚が水を必要とするように、政治を説く「大道商人」には大衆が不可欠だが、ヒトラーは、どこからでも狙える格好の狙撃対象であった。例えば、ヒトラーの大げさな集会で、ニュルンベルクのナチ党大会で見られた異常に威圧的な行進で、また様々な記念日で、収穫感謝祭で、冬期貧民救済事業の開会式で、あるいは彼が毎日訪れた一九三六年のベルリン・オリンピック競技でもそうであった。大衆を動員したこれらのどんちゃん騒ぎは、常にどれも同じ警備措置がとられていたのであるからなおのこと狙撃が可能であった。多くの大衆が道路にくりだし、人垣を造り、ゆっくりと目の前を通り過ぎるヒトラーに数多くの花束を投げた。幾つもの小旗はヒトラーの車のボンネットに落ちた。そしてこの「悪の偉大な実行者」（ハンス＝ベルント・フォン・ヘフテン、公使館参事官、処刑された抵抗運動の闘士）は、再三にわたり車を止めさせては、降りてきて、子どもを抱き、撫でたりし、あるいは接近を禁止する停止線を踏み出して恍惚として熱狂する人々の歓呼に応えた。

▲…1936年、ベルリンオリンピック競技会場

ヒトラーは戦争開始後も長い間、ドイツの民族共同体において、自分は神同様に崇拝された指導者であることを演じていた。そして写真家たちに自らを被写体として提供した。しかし単にそればかりではなく、歴史家のペーター・ホフマンは「彼は自身の生命を守ろうと努めたが、これを重視することはほとんどなかった」と断言している。「ヒトラーの振る舞いは、自分自身の安全警護という点からみると、無謀な行動であり、生命を危機におとしいれ、さらにもっと言えば自滅への傾向すらも存在したことを裏付けている」。

ヒトラーは暗殺をすべて生き延びたために、自分は「神の摂理」に守られ、選ばれた人間であるという信仰が説得力を増した。彼は、一九三九年八月二二日の演説で、自分は確かに「犯罪者や愚か者によって、いついかなる時でも殺されるかもしれない」と断言した。しかしビヤホール暗殺事件の三年後の同じ日（一九四二年一一月八日）に、仲間内の親しい会合では次のように主張している。こちらのほうは彼の思い上がりを示している。すなわち、「私は知っている、自分は、死なない、ということを。神の摂理が私に定めた歴史的使命を果たさないうちは。外部の手により倒されることは決してないだろう」。

ドイツを救おうとした男たちは、ブランデー用のボトルを装った時限爆弾を飛行機の中に持ち込んだ。ヒトラーの座席のすぐ隣に。彼らは、ヒトラーの乗った特別列車を空中に吹き飛ばし、暗殺行為を事故であると見せかけようとした。また観覧席に座るヒトラーを精密な小銃で射殺しようとした。彼は、この演壇から自分の生誕五〇周年を讃えるパレードを謁見していた。中隊相当の兵力を持つ、将校の特別攻撃班は、既に第二次世界大戦の以前から準備を始め、ベルリンの首相官邸で、ヒトラーの護衛とのあらかじめ仕組まれた乱闘を通して、ヒトラーを殺害しようとした。陸軍中央では、高級将校たちの円卓会議で、個々ばらばらではなく共同の行動で最高命令権者ヒトラーを撃ち倒す準備をしていた。暴君を殺害したという汚名が一人の人間にそそがれるのを防ぐためであった。さらには戦闘機によりヒトラーを空中で射落とし抹殺しようとした人もいた。食事に毒を盛る、食事用ナイフで刺し殺す、あるいは、ヒトラーがベルリンの兵器庫を訪れた時に、または新しい軍服のお披露目の際に、順々に入室してきた司令部付き将校が、自分たちもろともヒトラーの爆殺を計画した。勇猛果敢な一騎兵隊将校は、自分の全連隊を指揮して急襲し、ヒトラーとその部下を地獄へ落とし入れるのだという宣言を既にしていた。何度も繰り返し計画されていたのは、ヒトラーをその取り巻き連中から引き離し、ワナに誘い込もうとする方法であった。陸軍の参謀総長は、ピストルを隠し持ち、ヒトラーとの二人だけの話し合いの最中にしとめようとした。さらには終戦の直前に、長い間ヒトラーに甘やかされてきた帝国軍需生産相（シュペーア）は、（本人の弁によれば）首相官邸の地下壕にガスを充満させ、ヒトラー総統の殺害を図ろうとしたという。ひたすら続くドイツの破滅への転落を阻止するために。

偶然こそがヒトラーの最強の親衛隊であり続けた。平凡で、瑣末なことが世界史を左右した。宣伝相ゲッベルスにより使い古された文句の「歴史の女神」は、目を見開いてはいなかった。殺人狂ヒトラーは、何度も何度も死を生き延びた。取り巻き連中に救われたのではなく、一連の予測不可能な、偶然のなせる技によって。

ここで次のような推測がなされるかもしれない。タイミング良く、アドルフ・ヒトラーの暗殺に成功していたならば、何が起こっていただろう。ヒトラーがもっと早くに死んだ場合には、ヒトラー運動の終わりを意味していることは想定していいであろう。というのもヒトラーの残忍な役人や家来のなかにはただ一人として、「地方出の孤独で、若き臨時工」（ブリギッテ・ヘルマン）のヒトラーのような非凡な才能を、死の直前まで持ち合わせていた者はいなかったからである。彼のように大衆、女性、若者を魅了し、感動を与える力は誰も持っていなかった。ヒトラー亡き後の彼の後継者たちは、自分たちがそれぞれの力を発揮し、さしあたりはなんとか持ちこたえることができたかもしれない。それもヒトラーの残した遺産を互いに分捕り合いながら。めいめいが互いを敵として。例えば、ゲーリングとヒムラーが、突撃隊と親衛隊が、血気盛んな若者と古参のナチ党員が、ナチス体制の下での極貧者と彼らを踏み台にして甘い汁を吸った人々が、忠誠と宣誓が不要になった国防軍と（初めは）親衛隊髑髏部隊の武装政治兵士が、そして最後には全てのナチスの構成組織とが敵対しあいながら。これらの間の戦闘がもっと早く開始されていたならば、五五〇〇万の人々は死なずに済み、三五〇〇万人は負傷しなくてもよかったであろう。そして三〇〇万の人々は、行方不明にはなっていなかったであろう。

初めの「闘争時代」の全期間を通じて、またその後のナチス政府の一二年間において生じなかったことが、やっと一九四五年四月三〇日になって生じた。すなわち、一発の弾丸がアドルフ・ヒトラーを殺害した。この弾丸は、ヒトラーが自身に向けた銃から発射されたのであった。

第1章　初期の試み

彼はたいてい午後のティータイムにベルリンのカイザーホーフ・ホテルに現れては、自分のために予約されている角の席に、二、三人の私服の連れと陣取った。溢れ返るレストランの客たちに、少しぎこちなくも親しげに挨拶し、ハンガリーのロマ音楽隊の演奏を聴きながらクリーム菓子を味わった。もし給仕が彼に特別熱心には尽くさなかったり、席の周りの人が彼をじっと見たりしなければ、人はこの訪問客を、単調な仕事から逃れ、ここで一服する中堅政府職員の一人だと思ったことだろう。

もちろんみな彼のことを知っていた。特定の官職名で言えば「国家国民の指導者」、老パウル・フォン・ヒンデンブルク大統領の言にちなめば「ペンキ屋」――もっともすでに、大統領は彼を帝国の首相に任命するしかなかったが――つまり、アドルフ・ヒトラーその人である。

新内閣の首班［訳注：ヒトラーが首相に就いたのは一九三三年一月］が頻繁にやってきて同じ場所に腰を下

ろすことは、そこら中で話題になったから、ちょっとした裏取引で隣の机を押さえることができた。

「元亡命者」（ヨアヒム・C・フェスト）〔訳注：ヒトラーは、ドイツとの国境に近いオーストリアの町ブラウナウで生まれた〕のすぐ隣にはいつも同じ婦人たちが座り、片眼鏡を通してドイツ初の共和制の、二一代目にして最後となる首相に、うっとりと好奇の視線を向けた。彼女らのほとんどは、母親の世代で、ブラウナウ出身の男をいつも熱狂的に崇拝していた。例えば、ミュンヒェンのピアノメーカーの夫人は、ワインに砂糖を入れてはいけない――この集団催眠術師は一九二四年以来禁酒を貫いていたが――とか、青いスーツを着るときには、紫のシャツやけばけばしい赤のネクタイは合わないといったことを彼に教えていた。

あちこちからの好奇心は煩わしかったはずだが、この「悪魔的なデマゴーグ」（ペーター・ホフマン）は、好意的に、我慢強く振舞った。彼は小声のまま、くつろいで笑った。制服を着ている者などいなかったし、宰相とカフェのほかの客を分け隔てるロープはなかった。彼らのハンドバッグや書類カバンの中身がチェックされることもなく、誰も彼らの身分証明書に興味を払わなかった。指導者が現れる前に、周りに座っているのがユダヤ人や共産主義者でないか気にかける者など皆無だった。

彼は一私人のように、穏やかで大胆、かつ庶民的に振舞った。彼は制服を着た者を隣に置くことすら耐えられなかったのだから、まして警察官など言わずもがなである。速い車が好きだったので、装甲車でやってくることを拒んだ。荒っぽい運転をさせ、ボディーガードの乗った同行車を撒くよう運転手に命じることも一度や二度ではなかった。

ヒトラーは相変わらず、お気に入りの酒場に出かけていた（以前と違い、大した護衛もつけなかった）。彼はベルリンの「ヴィンターガルテン」やバート・ゴーデスベルクにあるドレーゼン・ホテルのライン川沿いテラス、ミュンヒェンの「カールトンカフェ」に現れた。同行者にはいつも、彼の安全を二の次にして、他の客を不快にしないよう命じていた。ヒトラーは、政敵がいかに自分の真価を認めず誹謗中傷しているかを宣伝しようとした。突撃隊（ＳＡメンバー）が不気味に予告し、暴力的なイメージを持たれかねない「長いナイフの夜」［訳注：ヒトラーが党内の粛清を命じた事件。結局一九三四年六～七月に実行され、ナチ党草創期からヒトラーと苦楽をともにした古参幹部で突撃隊幕僚長のレームや、かつてナチ党急進派だったグレーゴル・シュトラッサーが殺害された］はとりあえず中止になった。共産主義者がとっくに監獄送りになっているという噂はあったが、それも不自然ではないご時勢だった。ベルリンにはすでに五〇の強制収容所があり、突撃隊の上等兵たちが担当の囚人を滅多打ちにしているとか、運が良ければ身代金代わりのビール数ケースで釈放されるとかいう噂も囁かれていた。

▲…デマゴーグは自己顕示のためには大衆を必要とする

南ドイツはアルプスから北の北海まで、通りでは太鼓の連打音が鳴り響き、これ以上ないアジテーションが蔓延した。暴力的な光景や通りでの追跡劇が繰り広げられる中、選挙戦は始まった。ヒトラーは最終的には選挙を使って過半数を勝ち取ろうとしたのだが、室内ではずっと物静かだった。独奏者が控えめに、センチメンタルなヴァイオリンの音色で「悲しき日曜日」や「おまえは黒人のジプシー、私のために奏でておくれ」といった歌を演奏した。新しい指導者は鏡の前で、優しいオオカミと純真な子ヤギの話のせりふをジェスチャー付きで、通して練習するのが日課だった。そんなことは一般に知られていなかったが、彼は座って庶民の仲間たちに囲まれるとそれを演じてみせた。

ヒトラーとルーズヴェルトが同時に政権に就いた一九三三年、ドイツには六〇〇万人以上の失業者がいたが、経済データは不況から持ち直しの兆しを見せていた。世界中の映画館で、人は女王クリスティーネ、またの名をグレタ・ガルボ［訳注：一九〇五年スウェーデン生まれの女優。無声映画時代からトーキー初期にかけハリウッドで活躍。一九九〇年死去］に涙した。ドイツで、不都合な本が薪の上で燃やされているその頃［訳注：ゲッベルス宣伝相の命令により一九三三年五月一一日、ユダヤ人の著作など「非ドイツ的」とされた二万冊がベルリン市内で焼き払われた事件を指す］、数百万のアメリカ人は禁酒法の廃止後、初めて合法的にのどの渇きを癒した。ドイツでは、国家社会主義ドイツ労働者党（以下、ナチ党）が脅しまがいの「追い込み猟」を仕掛けてくるのか――。その緊張感たるや、ヴァンデグラフが発電機で実現した一〇〇〇万ボルト超の電圧などをはるかに凌いでいた。ただ世界にとっては依然、「オーストリアの浮浪者」（ウィリアム・L・シャイラー［訳注：CBSヨーロッパ支局長などを務めた米国のジャーナリスト。戦況悪化で一九四〇年に帰国後、著作『ベルリン日記』などを発表］）などより、同じころハリウッドで生まれた巨大猿キング・コングの方が恐ろしい存在だった。

カフェに集うおばさんたちはカップの中をかき混ぜながら、「大衆調教師」をうっとりと見つめていた。彼はマダムたちにすっかり飼い慣らされていた。権力まであと少しのところまで来た一九三一年以降、彼のベルリン司令部とも言うべきこの場所は、自宅同然だった。ヒトラーはかつて、単独あるいは複数の見知らぬ人物に、取り巻きともども毒殺されかかったときにもこのホテルを出ようとはしなかった。それどころか、そのスキャンダルをもみ消すため、決して警察に届けなかった。

「これまでほとんど知られることのなかったこの暗殺劇は、一九三二年一月のある日、ヒトラーと参謀が決まって滞在していた『カイザーホーフ・ホテル』で起こった」とハンス・オットー・マイスナー［訳注：官房長としてヒンデンブルグ、ヒトラーに仕えた］は記す。「ある日、昼食から一時間ほど経ったころ、参加者全員は一様に気分が悪くなった。嘔吐や胃けいれん、衰弱などの症状が出たのだ。直ちに医者が呼ばれた。最も深刻だったのは、命が危ぶまれた副官ブリュックナー。ヒトラー自身が一番軽かったのは、さほど食べない上にベジタリアンでもあったからだ。この奇妙な症状の真相は明らかにならなかった。死に至らしめるほどの量でなかったとしても、毒が料理に入れられていたのだ。このころから官邸入りまでというもの、彼は新たな毒殺の危険から逃れるべく、マグダ・ゲッベルス［訳注：ヨーゼフ・ゲッベルス宣伝相の妻］の作る料理を毎日口にした。

◎…船大工の陰謀、そして「最後の選挙」へ

ヒトラーがカイザーホーフ・ホテルで味わった失望すべき出来事は、不可解な「毒盛りスキャンダル」だけではない。一九三一年［訳注：原文ママ。一九三二年の誤りと思われる］のベルリン交通ストで、「褐色の大隊」［訳注：突撃隊は制服が褐色で、ヒトラーもしばしば着用していた］が共産党と共闘して社会民主党に対抗したことで、彼はシンパを失った。共産党はヒトラーと肩を並べる力などなく、役立たずみたいなものだったけれど、財界首脳や重工業者らはナチ党への寄付を減らした。ドイツの有権者は、共産主義への利益供与に当然の報いを与えたのだ。

一九三二年一一月七日、実質的に最後となった自由な国政選挙の後、ヒトラーは自殺願望までちらつかせ

ながら、「シーツのように顔面蒼白」（エルンスト・ハンフシュテングル・ナチ党海外新聞局長〔訳注：ヒトラーと個人的な付き合いがあり、運動初期から党に莫大な資金援助をするも、後に暗殺されることを恐れ第二次大戦中は米国で暮らす〕）になって、宰相広場にあるシュテングル宅に駆け込んだ。前日の選挙で、ナチ党は議席占有率で三七・四％から三三・一％に再び転落。二〇〇万票減らしたことで三四の議席を失った。一方で共産党は一一議席を獲得し、議会の一〇〇議席を押さえた。これは褐色のライバルにあと九六議席というところまで迫るものだった。

よりによってこの完敗がブラウナウ出身の男を救った。「すぐそこにあるように見えた危機は恐るべきものだった」とヒトラーの伝記を書いたヘルムート・ハイバーは断言する。「人々は粗野で一見ショッキングだが、少なくとも交渉できそうな、そして最後はコントロール可能なナチ党を受け入れた」。ライン、ルール両地方のパトロンたちは再び高い代償を支払い、国家人民党は「より小さな危機」を選んだ。一九三三年一月三〇日、ヒトラーは「国民高揚内閣」の首相に就いた。その内閣には、国家人民党が八人、ナチ党が二人の大臣を送り込んだ。ヒトラーの敵も、ヒトラーを権力に押し上げた者も勝利に沸いた。彼らは「第一次大戦の漂着物」（シャイラー）を数の力で制し——彼ら風に言えば「たがをはめる」ことに成功し——たからだ。これで何も起こりえなかった。ドイツでずば抜けて最強の力を持つ存在だった国防軍は、大統領ヒンデンブルクに忠誠を誓っており、その命令いかんでは攻撃を始めていただろう。ヒトラーは、三月五日の改選日程を陰謀好きな仲間に呑ませたけれど、当初から、いつも通りの投票結果に終わったとしても彼らが内閣の過半数を占めるかのように保障してみせた。

権力掌握というよりはむしろ権力の不正入手のようだったが、ヒトラーは「革命のコルク栓」（ナチ党からの離脱組のスポークスマンで、「黒色戦線」の共同創設者オットー・シュトラッサーによるたとえ）として役割を果たした。当然彼は三月の選挙に、初めて国家的な権力装置を投入することができたし、世論の獲得は必至だった——際限のない約束を守ることなどできないのだから、人気が凋落するのもまた時間の問題にすぎなかったのだが——。国家人民党の指導者たちはある意味で、固い結束の中に厄介者を抱え込んでしまった。フロックコートに身を包んだヒトラーは、危険というより愛らしい存在に映った。彼は褐色の服よりも私服を着ていることのほうが多くなった。フランツ・フォン・パーペン副首相などはひそかに「ぎゃあぎゃあ言い出す前に、数週間であいつを押しのけてやる」などと大口を叩いていた。彼はまだ知らなかった。一九二四年から北ドイツのナチ指導者を務めたアダルベルト・フォルックの告知——「我がプログラムは二語で言い尽くされる。つまり、〝アドルフ〟と〝ヒトラー〟だ」——の裏にあるものを。

共産主義者たちはそれを予感していた。人民の武装蜂起を呼びかけるビラがすでにひそかに出回っていた。怒りと憎しみから発する唱導師の初期暗殺計画は、実際すぐそこまできていた。攻撃的で自制の効かない党の指導者は、慎重な敵でさえ、殺すしかないような気にさせた。彼は波風を立て、嵐を手に入れようとしたので、内閣の任期の初めから、暗殺の脅威に付きまとわれた。最初の脅威がすぐそこに迫っていた。彼が全世界に見舞ってやろうと考えていた運命は、自分に跳ね返ってきた。身辺に気をつけないと、実現不可能な約束などではなく、手榴弾かピストルが彼の出世を終わらせていただろう。

脅威のすぐ後ろには暗殺計画が控えていた。褐色の首相は選挙戦でどぎついほどに注目の的となり、身振り手振りでショーを演じた。彼は選挙道具として徹底的に飛行機を使った最初の政治家で、どんな風や雷雨の中でも国内を走り回り、一六日間で五〇都市——たいていは昼から夜にかけ三、四会場ずつ——の政治集会をこなした。彼の登場の前後には人だかりができた。通りにいた数千もの人が、制御不能の群集を作った。大半は支持者だったが、その影には敵もいた。ドイツ人の六〇パーセント以上はまだ、この「お騒がせ男」

を支持していなかった。

どの党に投票するかの選択がゲッベルスにより決定づけられる「国民覚醒の日」の一週間前、制御されていた大衆の熱狂は沸点に達した。一九三三年二月二七日、火に油を注ぐ出来事が起きた。

国会議事堂が燃えたのである。

ヒトラーは選挙での高額なボーナスを手にした。以前からずっと「おしゃべり部屋」などと馬鹿にしていた建物が、あまりに都合良く燃えたので、信頼できる歴史家でさえも長い間、共産主義者追及の口実作りのため、ナチス自ら議会に火をつけたとする根拠の乏しい見解を変えなかった。まだ夜だったが、ヒトラーは火事現場に現れて共産主義者の陰謀だと吹聴した。躁状態になり、すぐにでも議会の全共産党議員を絞首刑にせんとしていた。

忠実な側近でナチ党の初代プロイセン州内相ヘルマン・ゲーリングは、野蛮な攻撃に出た。彼は五万の突撃隊二等兵を補助警察――彼らの正当性を示すものは白い腕章だけだった――に任命。四〇〇〇人の共産主義者やシンパとみなされた弁護士やジャーナリスト、学者を「予防拘禁者」として逮捕させ、強制収容所に勾留した。彼らは数か月か数年、ややもすれば二度と戻ってこなかった。

作為的にかきたてられたパニックに強くショックを受けた大統領は、共産主義者の暴動を恐れるあまり「国民と国家保護のための緊急令」に署名した。「アドルフ流ルール」が、法治国家の足かせから離れ動き出したのだ。ゲッベルスは新たな可能性をすぐさまスローガンに変えてみせた。「通りは突撃隊のために開かれている！」

この足の不自由なベルリンの大管区指導者（ガウライター）は、選挙戦最後の壮大な集会の演出家でもあった。三月四日の夕方、もう一度あらゆる手段が駆使され、ナチス式一大運動が始まった。新聞には大見出しが踊り、そのうち飽きるほど聞くことになる「すべてのドイツの放送局は連帯しよう」なるフレーズが帝国放送から流れた。「運命の瞬間」と題する生放送が、通りや広場のスピーカー、あるいは学校や工場——後には兵舎でも——の共同受信機を通して響いた。

数日来、東プロイセンの首都ケーニヒスベルクは主役ヒトラーの登場に備えていた。投票日の朝にはもう、軍楽隊に率いられたヒトラーユーゲントやドイツ女子同盟の少年少女たち、褐色シャツの編隊が町を練り歩いた。壁には花輪が掛けられ、ケーニヒスベルク中を旗が埋めつくした。鈍いリズムに揃った足音、単調な響き、大衆の金切り声。道に立つ者は踏みつけられた。激烈な選挙の「戦績」は以下の通り——ヒトラーの政敵五一人、突撃隊一八人が死亡、数百人がけがをした。

ラストの大合唱の中、指導者は古くからの仲間や新たなナチの支持者に囲まれていた。熱狂的な「ハイル」コールがこだました。「一つの民族、一つの国家、一人の総統」というシュプレヒコールが響き渡り、最後は全員で賛美歌「いざやもろびと、神に感謝せよ」の合唱が起き、ケーニヒスベルク大聖堂の重厚な鐘の音がこだました。

もしカール・ルターという船大工の男の思惑通りに事が進んでいたならば、彼をはじめとする懐疑的、無神論的な共産主義者たちでさえ、深い信仰から発する不慣れな合唱に参加していただろう。というのもルターは、決死の覚悟を決めたドイツ共産党の同志数人とともに、救いようのない存在と化した憎悪の使者ヒトラーを、投票前夜に吹き飛ばしてしまおうと決心していたのだ。暗殺者予備軍は、決死の行動について入念に打ち合わせるため、少なくとも二度は落ち合った。おそらく少し軽率すぎたのだろう。あるスパイが警察にタレこんだ。嫌われ者と崇拝者の到着数時間前に、グループの計画は発覚し潰れてしまった。この共産主義者たちは大変幸運で、警察からもゲシュタポからもこれまで尋問されたことがなかった。起訴するはずだった国家上席検察官の初動捜査が同時に、彼らを守ることになった。目撃者は黙秘し、親戚や知り合いの家まで広げられた家宅捜索は、収穫なしに終わった。共謀者たちが最終段階で受け取ろうとしていたピストルや手榴弾は見つからなかった。証拠となる文面も押収されなかった。共謀に加わったいずれの関係者も裏切らず、同じグループに属していたとみられる密告者に、容疑者と対決する勇気はなかった。

おかしな光景だった。この共謀者たちは、ある時点で安全地帯に入った。というのは、彼らの党の幹部たちは、とっくに予防拘禁下にあるか、地下活動を余儀なくされているか、ソヴィエト連邦へ亡命を強いられたかだったのだ。郵便を出しても切手に「あて先人不明」と書かれて戻ってくるような共産主義の同志とは裏腹に、一九三三年の末ごろ、未決勾留者としてそこそこ適切な扱いを受けていた「カール・ルターとあかの他人たち」は証拠不十分で釈放された。

ケーニヒスベルクグループが逮捕された翌日三月五日は、投票日だった。ナチ党にとっては、溜まったツケを支払う給料日とも言えた。朝焼けの後に彼らを待っていたのは、たちの悪い二日酔いだった。暴動と情念が入り混じり、荒れ狂った選挙戦は、ほとんど何ももたらさなかった。ドイツの過半数は相変わらず反ヒトラーだった。ワイマール共和国の有権者の「たった」四三・九％、つまり一七〇〇万人強しかヒトラーに票を投じなかった。社会民主党が七〇〇〇万票を超え、共産党——労働者票が社会民主党に流れすぎないよう、ヒトラーはまだこの党を禁止にしていなかった——が四〇〇〇万票超で続いた。国家人民党という共犯者——第三帝国確立を目指す先駆者に有権者がきっちりと報いた——を得て、ナチ党は今、クロール・オペラ座に引っ越した帝国議会の中で過半数五一・九％をなんとか手に入れた。

◎…暗殺者たちの組織化と全権委任法

にもかかわらずゲッベルスは歓声を上げた。「我々は帝国、そしてプロイセンの主だ！」。彼は三月二一日、ポツダムのフリードリヒ大王の霊廟で道化芝居を演じた。首相ヒトラーは、卑屈に深々とお辞儀をした。ガルニゾン教会の階段で、「尊敬すべき大統領」ヒンデンブルクとあまりにオーバーに再現された握手をすることで、右派勢力との同盟は決定づけられた。

この同盟は同時に、とんでもない相手との戦いでもあった。八六歳のヒンデンブルク大統領はいつも私服だったが、陸軍元帥の軍服で姿を見せた。一方、式典の直前まで大統領に「ボヘミアの伍長」呼ばわりされていた党首ヒトラーは、褐色のシャツを脱ぎ、あたかもレンタル衣装屋から借りてきたかのような黒いモーニングコートに身を包んでいた。

堅くぎこちない歩調で大統領――タンネンベルク〔訳注：第一次世界大戦初期の一九一四年八月、ヒンデンブルク司令官率いるドイツ軍が兵力に勝るロシア軍を撃破した地〕の勇者は、型落ちの車椅子でさえ拒んだ。公費での購入品としてあまりに高価すぎるように映ったからだ――は中央に進み、元帥杖を空席の皇帝ヴィルヘルム二世の椅子の前で高く掲げた。椅子の後ろには、盛装の皇太子が、ドイツ帝政時代〔訳注：ヴァイマル共和国直前の時期を指す〕の古参の将軍たちに囲まれて座っていた。公開の場でためらい混じりの拍手を浴びながら、何年も国外追放におびえ、持っていなかった市民権を抜け道まで使って手にしたオーストリア人ヒトラーは、プロイセンの軍人出身の歴代国王たちの真似事をしたのだった。

その後新指導者は、それまで自分を排除していた何十万というドイツ人のお茶の間に、写真という形で上がりこんだ。突撃隊には無数の候補生が押し寄せ、それまで消極的だった一〇〇万人の同調者がナチ党へとなだれ込んだ。志願者が殺到する中、一時的な募集停止をかけねばならないほどだった。

共産党がまず禁止され、出し抜かれた少数の保守主義者たちには、クーデターによってしかその「囲い込み」から逃れるすべはないことが次第にはっきりしてきた。紳士クラブやサロンでこそこそ話が交わされている間に地下では、もはや失うものがない逃亡者たちが暴君を始末する機会を狙っていた。冒険家タイプのベッポ・レーマー――彼は志願兵団の将校としての成功を足がかりに、ナチスに合流したが、後に共産党に寝返った――は、首相の間近で暗殺計画の可能性を入念に調べた。荒っぽくて向こう見ずな人間だったが、慎重な面も持ち合わせ、慌てて実行することはなかった。彼は何か月、何年も待ち、ヒトラー護衛の隙を記録し、そしてまたじっと待ち続けた。

ヘルムート・ミュリウス博士という名の男の周辺にいた反対派は暴君暗殺の準備をしたが、行動を実行する前に逮捕された。彼らのその後の行方は記録に残っていない。

反ヒトラー派が、支配的な動きに対抗してまとまり出し、組織的な抵抗運動を始めた。暴力的な行動は暴力でしか排除できないという認識が、徐々に浸透していった。

それ以前の暗殺者たちは、一匹狼か少数グループで、つながりを持たず自力で行動していた。彼らのもとにはほら吹き、ヒステリー、アル中、錯乱者などが集った。彼らは計画を匿名で予告し、時にはヒトラーを殺してみようとすらした。殺人の脅迫が首相官邸へ届かない週はなかった。

頭の中で思い描いていたよりずっとたやすくヒトラーに近づけることに、追跡者たちはほとんど気づいていた。ヒトラー個人の警備体制などより、完全な権力を強奪するという自身の計画のほうが、明らかに緻密に考えられていた。警備の優先が急務だった。たいていの暗殺予告について――よく調べた結果、後に空想の産物とされたとしても――、活動家やほら吹きの仕業か否かがとりあえず調べられた。

野蛮な手段に訴えてもヒトラーに抵抗しようという気があった多くの者たちは、すでに強制収容所へと消えていた。無数の人が彼らに続くはずだった。というのは、メロドラマもどきの国会開会式がポツダムで催された二日後、ヒトラーはワイマール民主制に終止符を打ったのだ。彼が国会をクロール・オペラ座に召集した際、いるはずのドイツ共産党議員八一人が欠けていた〔訳注：議席を剥奪され、逮捕されていた、との意〕。彼らの所在についての質問に、ヴィルヘルム・フリック内相は皮肉交じりに答えた。「もっと緊急で有益な仕事があるんだろう」。

突撃隊が外で「我々は法を望む。さもなくば大惨事になるぞ」などと騒いでいる間、本会議場のヒトラーは、良識ある政治家を演じ、自らが成し遂げる「無血革命」に触れながら、議員たちに三分の二の多数で「国民と国家のための窮乏除去のための法律」〔訳注：通称「全権委任法」〕に賛成し、それによって市民的自由と正規の法秩序を「四年間」停止することを呼びかけた。

「内閣は、生存に不可欠な対策が必要なときだけこの法律を使おうと思う」とヒトラーは最初の演説で語った。「議会だって参議院だって存在が脅かされることなどあるはずがない」。

社会民主党だけは一九三三年三月二三日、決死の覚悟で、一致して全権委任法に反対票を投じた。共産党はもはや投票することができず、他の党は迎合することで破滅を先延ばしにしようとした。

ヒトラーが約束した法の適度な運用とやらはその日のうちに反故にされた。すぐに彼は死刑もしくは終身刑を言い渡されていた突撃隊の殺し屋五人に恩赦を与えた。彼らは前の年にオーバーシュレージエンの村ポテンパで、仕事仲間であり政敵でもあった男を彼の母親の目前で踏み殺していた。彼らがすぐに釈放されたのだ。同時に社会民主党員への逮捕の嵐が吹き始めた。労働組合員、自由主義者、カトリック教徒が予防拘禁の名の下に拘束された。獄中で彼らは、遅まきながら考えをめぐらせた。共闘やゼネストをしていれば、ヒトラーの権力掌握を招かなかったのではないか――。

「無血革命」の最初の数か月で五〇〇～六〇〇人が「国家の敵」として殺害された。ナチスの運動に反対する五万の人々は、有刺鉄線の向こうに放り込まれた。後には一〇〇万人が同じ運命をたどることになった。初期の排除から逃れたものたちは、地下に潜って同志たちと会うと、正当防衛から攻撃へと作戦を切り替えることを決めた。

独裁者の周囲はこの一味からの攻撃に気をつけておかねばならなかった。ヒトラーは首相としてすぐに、警察による完全な国家警備を求める権利があった。警察は一四年間絶え間なく彼から非難されていた。褐色シャツの集団ナチスが演説会場などで仕掛けてくる攻撃に、ゴム製の警棒でいつも反撃していたからだ。官邸の主は、前任者の警備体制を引き継ぐことができた。憲法上、警察は州の管轄事項だった。首相がミュンヒェンに滞在した際には、バイエルン警察が警備に当たった。ドレスデンならば、ザクセン警察が担当した。ベルリンで彼は、プロイセン州の刑事警察の警護下にあった。ワイマール共和制は成立から最初の三年、つまり一九一九年から一九二一年の間に三七六件の政治的な暗殺が起きたとされる——「履行政策派」［訳注：賠償金の支払い義務など、ヴェルサイユ条約を可能な限り遵守し、国際社会からの信頼回復を目指す立場」は簡単に秘密裏に撃ち殺された——が、当時のどの首相の警護も、極めて軽視されていた。

警察は官邸の要請に応じ、建物の警備のための役人を配置した。独立機関として、通常の業務よりむしろ国家的行事で大いに任務に当たらせた。一九二二年六月にヴァルター・ラーテナウ外相［訳注：ワイマール共和国初期のユダヤ系外相］が殺害されて以降初めて、ベルリンの警察本部に刑事警察の特別班が置かれた。彼らは首相の直属下で常時警護した。いつも刑事が一人、首相の同伴者となり、公衆の中でも——できるだけ目立たないようにはしていたが——彼のそばに寄り添った。車で外に出る時には命令どおり運転手の横に座り、人や車の通りに入念に目を光らせなければならなかった。襲撃された場合には、車を止めるかできるだけ速く危険箇所の中を疾走するか判断する必要があった。

◎…ヒトラーの護衛隊

　しかしこのような最低限のコストではナチズム国家などできようもなかった。州の統治はほとんど廃止され、すべての国家権力は中央集権化されていた。新指導者の取り巻きたちは急いで、有能な専門家や忠実な信奉者の中から護衛隊を獲得しようとした。ヒトラーは、今後自分を取り囲むことになる公務員や兵士は自分で選び、ほかのあらゆる任務を免除することを主張した。隊員は、かつて一九三一年に比較的大勢の応募者の中からヒトラーが選んだ八人の取り巻きと同様、もっぱら彼の命令に従うことになった。

　これには前例があった。武闘路線を取っていた「闘争時代」にはすでに、「陰謀好きのアディ」（ヒトラーを指すミュンヒェンの方言）は、ほとんど小人症のような文房具商人をリーダーに、粗悪品を売りさばく肉屋や時計屋、馬小屋のしもべたちで「アドルフ・ヒトラー突撃小隊」〔訳注：一九二〇年代に作られたヒトラー個人の護衛隊。突撃隊とは別組織〕を創設していた。この親衛隊（ＳＳ）の当初の姿は、党警察の気質を示すだけというものだったが、後になると黒いユニフォームを着用し、上部組織である突撃隊との違いを示した。親衛隊はエリートであるべきとされ、それゆえ定員があった。親衛隊の部隊は、突撃隊のわずか一〇％の規模でしか組織することを許されなかった。

　どくろの紋章をつけた男たちはもっぱら、かつて士官候補生で養鶏業者でもあったハインリヒ・ヒムラーの下についた。彼は親衛隊全国指導者と呼ばれていたが、権力掌握の段階ではあからさまにポスト配分で無視された。彼はなおミュンヒェン周辺にとどまり、ベルリンからお呼びがかかるのを待ち望んでいた。ベルリンでは当時、乱暴なゼップ・ディートリヒ〔訳注：ナチ党初期のメンバー。残忍で強引な統率力で名をはせた〕司令部のもと、武装親衛隊〔訳注：親衛隊の軍事部門で四〇年代の最盛期には四〇個師団を超えた〕の走りとなる集団が誕生していた。彼らはその後リヒターフェルデ士官学校に入れられ、「身辺護衛隊アドルフ・ヒトラー」となるべく訓練を受けた。ここでヒトラーは、当初一七人からなる直属のボディーガードを手に入れた。気分次第で堂々とふるまったり、お忍びで行動したりするヒトラーの機嫌を伺いながら、彼らは絶え間なく警備した。

この護衛隊のメンバーは屈強な若者たちで、きびきびとしたふるまいや警護のための体型——二等兵や下士官らは最低一七八センチ、将校ならば一八〇センチ——を備えていた。彼らには銃の握り方や直立歩調、エリート意識とともにナチ党の世界観が叩き込まれた。彼らは一八〇〇年——将校なら一七五〇年——までさかのぼって「アーリア人の血統証明」を示さなければならなかった。ヒトラーは彼らに特別の好意とモットーを送った。「我々の誇りは忠誠にあり」と。しもべも彼らの中から選ばれた。彼らは例外なく親衛隊の地位にあったので、必然的に給仕より射撃のほうが巧かった。実際襲撃の際には指導者の前に身を投げ、自らの体で彼をかばうという命を受けていた。それゆえ一人は常に主人の隣にくっついていたのだが、いつもヒトラーにより使い走りにやられており、警備どころではなかった。

そんな安全上の愚挙を尻目に、誰も指導者に諫言することは許されなかった。あらゆる警備対策が初期段階では、付け焼き刃のものだった。ヒトラーは、ギャンブラーのように自分の安全に頓着しない面があった。一方で、常に自分への攻撃を念頭に置き、聴衆を詳細に思い浮かべることが快感になっていた。しかし他方では、「計画のために容赦なく命を危険にさらす理想主義的な暗殺者には手の施しようがない、だから歴史上の暗殺の九〇%は成功しているのだ」と確信していた。彼は、一般の酒場への危険を伴う外出や、生来の旅行欲を抑えなかった。指導者として鉄道や飛行機で毎週のようにベルリンからミュンヒェンへ向かい、多くはオーバーザルツベルクのベルクホーフ［訳注：ヒトラーが所有したバイエルン州の山荘］で過ごした。

　多くの鉄道員たちが、いつ彼の貴賓車両が通常の急行列車に連結されるのか知っていた。空の便でもいつ指導者専用機が出発するのかあちこちで話題になっていたし、到着予定時刻や着陸地は終始筒抜けだった。もちろん首相側近たちが主人の滞在に関する情報を出すことは禁じられてはいたのだが、暗殺者は、『フェルキッシャー・ベオバハター』紙〔訳注：ナチ党が一九二〇年に買収した新聞。当時週二回発行だったが、二三年から日刊新聞となった。直訳は「人民の観察者」〕を読むか、例えば官邸に首相が到着する際の旗の上げ下ろしを観察しさえすればよかった。

　そうこうするうちにヒムラーが、プロイセン州以外の全州の警察機構を掌握した。ミュンヒェンで親衛隊全国指導者にとどまっていた男の野心は計り知れなかった。にもかかわらず、ヒムラーがじきに突撃隊や党、国防軍よりはるかに勝る力を持ち、あらゆる国家権力をもぎとろうなどとは誰も思いもよらなかった。彼は、バイエルンの政治警察が美術品を持っていることを突き止めたり、数週間前まで自分を監視していた風見鶏たちや古くからの党友をも監視対象とした。怒りっぽく首の短い警察トップ、ハンス・ラッテンフーバーの指揮のもと、指導者個人のための警護部隊がつくられた。これは後に「帝国保安諜報部」（ＲＳＤ）という名前がつけられ、第三帝国のあらゆる要人の警備に責任を負った。

　この新たに設置された部隊の能力には疑問の余地がなかった。自分の分を越えて政治的な信頼性に疑問符が付けられる者は、当初皆無だった。役人の中でナチ党に属さず、またナチ党に付属する団体のどれにも加わらない存在が数名いたのだ。初め民間人だった帝国保安諜報部の幹部は、ヒトラー暗殺者を撃退するだけでなく、積極的に炙り出し、準備段階でつぶしてしまうことを任務とした。

　しかし彼らが守るべき男ヒトラーは最初のうち、ヒムラー率いるいかがわしい護衛隊に、ベルリンでもミュンヒェンでも見向きもしなかった。ヒトラーは、親衛隊全国指導者ヒムラーの用心棒たちによる警護を思い上がりだと感じながら、わがままかつ不機嫌に振り払った。最後には受け入れたものの、全てのメンバーを自分で選ぶと言い張ることも忘れなかった。

親衛隊と帝国保安課報部という二つの護衛隊は、並び立っていたがゆえ、当然ライバルどうしとなった。その先にあるのは摩擦やねたみ、縄張り争いだった。ただ問題の大半はヒトラー個人から生じた。彼の命令はいつも矛盾だらけで、自分が公衆の面前で、屈強な隊員の陰に隠れてしまうことを極度に恐れた。「愛される指導者」を演じるヒトラーとしては、国民の面前では可能な限り、見張りがついていないかのように振舞わねばならなかった。彼は指導者崇拝を極致まで推し進め、いつも国民的アイドルとして大衆の前に登場した。

「ヒトラーは生涯に渡って異常に自らに執着していた。幼いころから最後の日々まで思い上がりにとらわれていた」とセバスティアン・ハフナー〔訳注：ジャーナリスト、歴史家。主著書に『ヒトラーとは何か』〕は記した。「スターリンや毛沢東は個人崇拝を政治手段として冷静に使ったが、自分自身が夢中になることはなかった。ヒトラー崇拝の場合、彼はその対象であるだけでなく、自分自身が最も早くからの、一番長続きした、最も熱心な信奉者だった」。

信奉者が恍惚感を爆発させると、感情の源泉となった張本人は喜ぶこともあれば、しばしば不機嫌にもなった。とりわけ車で各地をまわるときはそうだった。ヒトラー一行の車列が、あるルートを通ることが漏れるや、村長や地区のリーダーたちは歓迎の挨拶のため身構えたものだ。急いでいるときのヒトラーは彼らを立たせ、警棒で小突きながら道を確保した。そんなことをされないよう能天気な農民たちは、折を見ては堆肥を載せた車で道をふさぎ、不本意にも彼が車から降りざるをえなくした。護衛隊員は、田舎じみた歓迎から彼を解放するのに苦労した。

まだアウトバーンはなかった。一部の地方道路は粗っぽく拡張され、多くが通過場所にさせられた。独裁者は可能な限り飛行機での移動を好んだ。車であれば、夜乗るのを好んだ。同行者たちは出発ぎりぎりになって初めて旅のことを知らされたし、目的もしばしば伏せられていた。

◎…ご静養中にも……

政権を取った最初の年、ヒトラーはベルリンとほぼ同じくらいミュンヒェンの自宅で過ごし、その間ほとんど毎回、彼の別荘であるオーバーザルツベルクの「ヴァヘンフェルト」に寄り道した。たいていは客を招いた。あるときはハンフシュテングル一家だった。党の外国報道機関顧問を務める夫は時間がないのに、ヘレーネ夫人と一二歳の息子エーゴンも国家元首についてきた。彼らが出発する時はすでに日が落ちていた。大変上機嫌なヒトラーはそもそも、ミュンヒェンのハンフシュテングル宅で彼らを拾い、別荘に連れて行く気だった。彼が運転手エーリッヒ・ケンプカの隣に座り、同伴車がほとんど誰もいない田舎道を続いた。

ローゼンハイムに差し掛かるころ数発の「銃撃音」が響いた。

車はどもるような音をたて、エンジンは徐々に止まった。

ヒトラーと同行者らは車から飛び降り、七人のボディーガードが、この「本当は世俗的な価値しかない男」（ゲッベルス）への攻撃に備えて取り囲んだ。彼らの目は襲撃者の姿を探したが、自動小銃は虚空を向くばかりだった。

何も動かなかった。悪夢から緊張が解けていった。

▲…オーバーザルツベルグのヒトラーの別荘

運転手は冷たくなったボンネットを開け、エンジン周辺をいじった。まだ取り囲まれているヒトラーが懐中電灯でエンジンを照らした。

「総統、またいつものやり口ですぜ」とケンプカが怒鳴った。「共産主義者たちがタンクに砂糖を放り込んだに違いねえ」。

こんなこっけいな騒ぎは秘密にされたけれども、旅は一二歳のエーゴンの記憶に深く刻まれた。一〇年経っても、細かいことまで思い出すことができたほどだ。慎ましやかな別荘で彼は自由に動き回った。別荘は小さかった。建物の下の土地はまだ、ヒトラー所有でなかった。執務室には小さな事務机と本棚数個があるだけだったが、エーゴンはそこで驚き楽しみながら、アメリカ先住民を題材としたカール・マイの著作に触れた。食事時にはケーキが出された。

翌日の朝食後には、ヒトラーがいることが周囲に知れ渡っていた。しかし、この日彼は、普段は歓迎する野次馬の前に現れたがらなかった。「見られないよう家の中にとどまっていた」とヒトラーの伝記作家ジョン・トーランドは伝えている。「訪れた群衆の中の誰かが小さいエーゴンを呼び寄せ、総統は現れるかどうか尋ねた。この一二歳の少年はヒトラーのところへ行き、使い慣れたバイエルンなまりではなく、ませた標準ドイツ語で話しかけた。「ヒトラー先生、忠実な大衆が貴殿の登場を待ち焦がれていらっしゃいます」。

ヒトラーは笑い出し、信奉者たちに挨拶するため、少年の後について外に出た。「彼らはほとんど気絶するかのようだった」と後にハンフシュテングル・ジュニアは振り返っている。「彼が再び家の中に戻ると、私は大げさに感謝された。あるヒステリックな婦人などは、彼が足で踏みつけていた小石を集め、小さな容器に詰めていた」。

「オーバーザルツベルク風」のそんな光景が続いた。いつも新聞が揃って騒ぎを炊きつけ、夢見心地で遠くに視線を送るヒトラーが、一七〇〇メートルの高地に現れるのだった。ヴァヘンフェルトは、野次馬や信者にとっての巡礼場所となった。屋外では、旅行客もテロリストも、花束を渡したり質問したり喝采を送ったりしながら、ほとんど監視されていない総統に数メートルの距離まで近づけた。かなりの訪問者が制服を着ていた。制服だと一番目立たなくなるのだがあるとき、突撃隊の格好をしてはいるが、他の人から少し離れ、どことなく挙動不審な男が目についた。彼は妙に総統を見つめていた。警護の男が捕らえようとすると、彼は雑踏の中に紛れた。しかし、ナチ党の褐色の制服を着た男はまたもややってきた。今度は総統のとりまき二人が被疑者に手を伸ばしてすばやく捕まえると、目立たぬように脇に引っ張り、尋問し、徹底的に財布を調べた。彼は身分証を持たず、告げた名前も明らかに偽名で、実弾を装てんし安全装置を外したピストルを持っていた。目的はあまりに明らかだった。

男は逮捕された。その正体は、彼がたどる運命と同じように、謎に包まれたままだった。指導者がひっきりなしに見せる「国民との接触」はそんな危険の中で行われていることを、副官たちは指導者にもう一度わからせようとした。

◎…揺らぐ盟友への思い

ナチ党が政権を取ってから最初の一年で、二〇〇万人の失業者が生まれた（後にこの人たちは、党組織に吸収されていくことになる）。この間、護衛隊が確認したヒトラー暗殺計画は全部で一〇件。彼の安全は相変わらず不安定なままだった。しかしこの問題は、帝国議会で「国民の記念日」に格上げされた一月三〇日、つまり権力掌握の一周年記念日に、ヒトラーが列挙した成功話の影に隠れてしまった。「彼はドイツ史上なかったような一年の成果を振り返ることができた」とシャイラーは断言する。「一二か月でワイマール共和国を崩壊させて民主主義を個人独裁に置き換え、ナチ党以外の全政党を解散させ、州の政府や議会を排除し、労働組合を潰し、あらゆる種類の民主的な団体を解消させ、ユダヤ人を公共の場や多くの職から追い出し、言論、報道の自由をなくし、裁判所の独立性を失わせ、伝統と文化を持つ民族の政治的、経済的、社会的生活を同質化させた」。

ヒトラーの地位は安定していた。当初は、権力の座から振り落とされることを恐れた。しかしいまや迷彩シャツを着た暗殺者ではなく、彼のそばにいる突撃隊メンバーから撃たれることを恐れた。恐怖は膨らむばかりだった。権力掌握以前にはヒトラーのことを好ましく思っていなかった人間が、束になって彼のもとに押し寄せる一方、古くからの同志は彼に向かってぼやき、脅し、荒れ狂っていたからだ。

勝利の熱狂が覚めてくるにつれ、突撃隊の大半の者が、ポスト配分であまりに何も得ていないことに気づいた。最初の一か月こそ彼らは自力で戦利品を稼げたけれど、しばらく経つと野蛮な強制収容所は解散となり、金になるゆすり業は逼迫した。たしかに、かつてベルリンのホテルボーイだったカール・エルンスト、ブレスラウにいた元国防軍将校エドムント・ハイネスなど、指導者になっている一握りの層は、依然大権力者のような態度を取っていたけれども、多くの隊員にとって、ユダヤ系企業から力で金品を奪う時代は過ぎ去った。

突撃隊はヒトラーを権力の座へ押し上げた。彼らは、失業者と仕事嫌い、理想主義者と嫉妬屋、貴族と連帯意識を持った賎民とからなる雑種の予備兵であり、身分も用心棒から皇帝の息子〔訳注：皇帝ヴィルヘルム二世の息子アウグスト・ヴィルヘルムを指す〕までさまざまだった。ヒトラーは彼らを国家の権威との闘争へと駆り立てた。アパートやスラム街、労働者の住む郊外から出てきた彼らはかつて、体制に対抗する存在だった。ところがいまや、彼らのパレードを見つめる演壇の上には、指導者の隣に銀行家や大地主、実業家が控えているのだ。

突撃隊のトップ、エルンスト・レームは、肩幅が広く頭の丸いかつての英雄であり、バイエルン王室軍の元大尉であり、ボリビアの陸軍中佐だった——彼は一度ヒトラーと仲たがいし南米に渡ったが、数年後には、この「おれ、おまえ」で呼び合う盟友から呼び戻されていた——が、自らの考えや望みをはばからずに述べた。レームは第二革命を求めた〔訳注：三三年の権力掌握を第一革命とみなした上で、産業界や陸軍保守層との妥協から脱却するよう唱えた〕。

彼は外国で武器を調達し分け与えた。パレードを開催し、突撃隊の歩兵の軍事教育の成果を披露した。彼はナチ指導者の中で最強の力を持った。これまで何もしないと非難されてきた無秩序な軍隊は、いまやメンバー二五〇万人、つまり国防軍の二五倍まで膨れ上がった。

レームは指導者会議で、ためらうことなくヒトラーを「取るに足りない伍長」とばかにした。「ヒトラーの捨て駒」のように映り、躍進の原動力から邪魔者へと転落した自分の部下たちにレームは語った。「アドルフは卑劣で不誠実だ。我々皆を裏切り、今も反動主義者とつきあっているだけだ。彼は山奥に座って神様を演じているのが一番好きなのだ。我々のようなものはほったらかされるにちがいない。手を出したくてしょうがないのに」。

一九三三年から三四年の変わり目に、ヒトラーとレームの間で休戦協定が結ばれた。突撃隊の反抗的なトップは、大臣ポストとヒトラーによる信義の表明——一月二日に『フェルキッシャー・ベオバハター』紙に載った——を手に入れた。「親愛なるエルンスト・レームよ、国家社会主義革命の年の最後に、君がナチス運動とドイツ人民のために果たした不滅の貢献に感謝せずにはいられない。また君のような人を我が友、我が戦友と呼ぶことができる宿命に、私がどれほど感謝しているかを示さずにはいられない。心からの友情と賞賛を込め、君のアドルフ・ヒトラーより」。

しかしまもなくヒトラーは、レームが「年老いた雄ヤギ」と侮蔑していた国防軍の将軍たちと謀議をめぐらせ始めた。ヒトラーが彼らを必要とし、時間に追われていたのは、病床にいたヒンデンブルク大統領の死去が翌週か、遅くとも翌月とみられていたためだ。首相ヒトラーが形だけでも国家元首になりたければ、ヒンデンブルクの後継の座に就かねばならないが、それは国防軍の同意があって初めて実現できることだった。軍はナチス国家でもなお、確固たる勢力を形成していた。若手将校たちがとっくにナチズムに共感してしまっても、少数の例外を除き将軍たちは閉鎖集団を崩していなかった。ヒトラーがみるところ、将軍らが同調しているのはベルサイユ条約の破棄や再軍備といった政治目標であり、ヒトラーという人物そのものではなかった。

当初ヒトラーは将軍たちに、国防軍が国家で唯一の武器保有者であることに変わりはないと約束した。彼は共和国大統領の息子であり副官であるオスカー・フォン・ヒンデンブルクに秋波を送った。その「浮気」で、将軍たちやヒンデンブルク・ジュニアがヒトラーに好意的な態度を取り始めた。ジュニアはまもなく少将に昇進し、広さ五〇〇〇モルゲンの免税地を付け加えてもらった。

　ヒトラーは、ますます露骨になってきた将軍たちの要求をかなえると約束した。元首ヒンデンブルクが生きている間に、秘密交渉で後継者が決められた。かつてサロメがヨハネの首を求めたように、高貴な将軍たちは突撃隊指導者レームの失脚を望んだ。後の陸軍総司令官ヴァルター・フォン・ブラウヒッチュは、レーム一派を粛清した大量殺戮の後、こう断言している。「再軍備はあまりに重大な問題だったので、こそ泥や飲んだくれ、同性愛者〔訳注：レームを指す〕の関与は耐え難いものだった」。

　ヒトラーは板挟みにあった。国防軍上層部への約束を維持しようと思うのならば、功績のある戦友を犠牲にしなくてはならなかった。しかしそもそも、善悪などというものは彼にとって「ユダヤ人のでっち上げ」にすぎなかった。まず大統領の座に就けば、ドイツ国防軍が彼に忠誠を誓ってくれるだろう。そうすれば最後の障害が片付く。シャイラーは断言する。「最高権力に上りつめるために、彼ははした金――突撃隊という犠牲――を支払った」。

第2章　大虐殺の夜

◎…嵐の予感

首都ベルリンは、熱波にあえいでいた。ベルリンの家並みには、灼熱の太陽の下、オーブンの中のような熱がこもっていた。しかしそうした記録的な暑さよりも熱かったのは、この町で生まれた噂、暴動や革命や内乱の噂だった。政治情勢に疎い人々も、恐ろしい嵐が起こる気配を感じていた。

一九三四年六月四日、ヒトラーとナチ突撃隊幕僚長レームは、首相官邸で五時間にもわたって会談した。あまりの大声に、控えの間にいても怒鳴り合っているのが聞こえるほどだった。その後ほどなく、曖昧な表現から察するに不本意な様子ではあったが、双方が妥協点を見出したようであることが知れた。ドイツの通信社は、無任所大臣エルンスト・レームが、七月まる一か月、突撃隊の隊員に休暇をとらせることにしたと伝えた。

一見収まったかに見えた両者の摩擦は激しさを増した。法外な獲得賞金がかけられた大博打だったが、使われたカードはいかさまだった。勝負に勝つために不正な手が使われた。書類が偽造され、証拠が捏造され、計画実行の時に射殺または逮捕されるべき人々の名前を記載した長いリストが作成された。リストは二種類あった。一通は、親衛隊内部で回覧され、ドイツ国防軍の首脳部にも回ってきた。もう一通は、かつての大尉レーム自身の手によるものとされ、大虐殺を邪魔する恐れがあるが、邪魔して欲しくない大将の名前——それは大将のほぼ全員だった——が書かれていた。

突撃隊隊員の起こす暴動や略奪行為の危機から身を守るために、ベルリンを離れることのできる者は離れた。中央党の政治家でかつて首相を務めたハインリヒ・ブリューニングはひそかにドイツから亡命した。同じく首相経験者のクルト・フォン・シュライヒャー大将は、日本への旅行に同行するよう友人から誘われた。しかし彼は「逃亡はしたくない」と断った。突撃隊にいる友人に、しばらく田舎に旅行するようにと忠告する親衛隊の幹部もいた。レームですら、善意ある人々から警告を受けた。しかし彼は、自分にそのようなことが起こるはずはない、と疑念を抱くことはなかった。

とうとう、八七歳のパウル・フォン・ヒンデンブルク大統領でさえ、迫りくる大量虐殺を目前にして、安全な場所に移りたいと考えたようだった。車椅子に乗ってベルリンを去る前、彼は、「まずいことになっているな、パーペン。うまく収拾をつけるようにしてくれ」と副首相に言った。そしてヒンデンブルクは、生涯でこれが最後となる旅行に旅立った。行き先は東プロイセンの所有地、ノイデックだった。ここで彼は長く苦しい死の床につくことになる。

殺戮に関する、国防軍と親衛隊の間の——不完全な——取り決めはなおも続いていた。エルンスト・レームは、常に正面切って攻撃するやり方がしみついており、残忍さの点では敵対する相手にひけをとらなかったが、さほど狡猾ではなかった。彼は正々堂々と戦おうと努めた。だが彼の敵――ゲーリング、ヘス、ヒムラー、それにますます前面にのさばり出てきた親衛隊保安部（ＳＤ）長官ラインハルト・ハイドリヒ――は、卑劣なやり方での謀殺を狙っていた。

経験豊富な手練れの強者レームは、三〇〇万人を優に超えるようになったナチ突撃隊のリーダーとして、褐色のシャツを着た部下の中でも最も熱心な者たちとともに、ナチ政府のメンバーを――もしかしたらヒトラーの寛大な処置の下で――一網打尽にできるだろうと目されていた。敵が予め防御措置を講じるかもしれないということも想定内だった。

摩擦は、単に突撃隊と親衛隊・党・国防軍の対立という結果をもたらしただけではなかった。亀裂はナチ党の組織各部を縦横に走っていた。急進派はエルンスト・レームの周りに集まっていた。褐色のシャツの政治運動、ナチ党は、これまでにない厳しい危機に直面していた。それは、双方が激しく競り合うレースであり、時間との競争だった。より速いほうが勝つだろうというのに、突撃隊幹部は七月に休暇をとるなどと言って世間の目を欺いただけなのだろうか、それとも実際に――話に酔いしれ、ビールにほろ酔い、ワインに陶然とし――ぼやぼやして自らの没落のことなど忘れているのだろうか、などと人々は疑問に思った。

◎…事件へのカウントダウン

一九三四年六月一七日、落馬した乗馬愛好家フォン・パーペン副首相は、大統領の後ろ盾を得て、ヒトラーに平身低頭してきた姿勢を翻して、事態の激化を招いてしまった。マールブルク大学で、満員の聴衆を前に、彼は唖然とするような演説を行ったのである。その要点は「傲慢さ、無節操さ、不誠実さ、不正直さといったものがドイツ革命という隠れ蓑の下ではびこっているであろうことを、政府はよく知っている」というものだった。

ゲッベルスは、この異端のスピーチが世間に流れるのを阻止した。そしてパーペンは、その直後にハンブルク競馬場でマールブルクでの演説を支持する大歓声に迎えられたことに意を強くし、ヒトラーとヒンデンブルクに苦情を申し立てた。ヒンデンブルク大統領は、首相のヒトラーがこの耐え難い状況を即刻解決しなければ、戒厳令を発布し、全権力を軍に委譲すると脅した。

ベルリンは緊迫した空気に包まれていた。ミュンヒェン郊外、ダッハウの強制収容所所長テーオドール・アイケは、部下の下級指揮官とともに、既にミュンヒェン周辺やレヒフェルトやヴィースゼーで図上演習を行なっていた。突撃隊大将で、三文小説によく登場する情報屋の役をずっと以前から務めていたヴィクトール・ルッツェは、レームが取り巻きとの酒の席で誰にともなく叩く大口を、ヒトラーに欠かさず密告していた。たとえば、「あの指導者、あの無知な奴をせめて休暇に行かせなければならん」など。まるでシーツをはたいてほこりを払うように、この裏切り者は自分が属する突撃隊の同志も密告したのである。

一九三三年以前の「闘争期」〔訳注：ナチス自身が創り上げた党史の神話で、「政敵と激しく闘った」とする権力を獲得するまでの期間〕に、ヒトラーは、突撃隊幹部ヴァルター・シュテンネスの二度にわたる反乱で苦境に立たされたほか、党のただ一人の指導者としての地位を確立する前に、グレーゴル・シュトラッサーとの決別も乗り越えなければならなかった。今では、目の前に迫ってきた褐色のシャツを身に着けたナチ党員の反乱についてのヒムラーの警告が、絶えず彼のもとに届いていた。不吉な予言にもかかわらず、ヒトラーは——もしかしたら、そんなふりをしていただけかもしれないが——奇妙なことに感覚が麻痺してしまったような、対処する能力がないかのような印象を与えた。しかしながら、後に彼がもったいぶって主張したように、「部下を罷免する準備」はとっくに始まっていたのだった。

レームは常に威嚇するような態度を見せていた。彼は誰をも恐れることがなかった。もちろんヒトラーをも、である。一度など、自分の権力を示すために、彼はテンペルホーフ空港で八万人のナチ党員をパレードさせ、吼えるように叫んだ。「突撃隊はドイツの運命なのだ、これまでも、これからも！」

▲…「闘争期」のヒトラー、左からゲーリング、フリック、右端ゲッベルス、手前がグレーゴル・シュトラッサー

レームがベルリンからミュンヒェンの南、テーゲルン湖畔にリューマチの療養にでかけた時、彼と親しくしてきた党内の敵は、彼の運命について決断を下していた。ひそかに、大量殺人へのカウントダウンが始まっていた。うわべは陰謀には関わっていないように見せかけながら、国防軍も加担していた。レームは失脚させたい。ただし、軍は手を血で汚したくなかった。理由を示されないまま、兵士たちに休暇禁止令が下された。それに引き続いて、非常事態に備えて出撃準備がこっそりと整えられた。親衛隊の部隊は動員令を出した。国防軍の将校らはひそかに以下のような通知を回した。「親衛隊隊員は、間近に迫った対決の際、我々国防軍の側につく。ついては彼らに武器と輸送手段を供給すべし」というものだった。

六月二六日、指導者代理ルドルフ・ヘスは、ややこしく入り組んだ「最後の警告」を、宛名をぼかしたまま発表した。翌日、ゲーリングは、指導者の信頼を悪用する者は皆、命を失うぞと脅した。

J・C・フェストは次のように述べている。「確信をもった手で導かれるように、今や事件はクライマックスに向かって加速していた。突撃隊は皆、何も知らずに休暇に出かける準備をしており、レームとその側近は、テーゲルン湖畔のヴィースゼーのホテル『ハンスルバウアー』に宿をとった」。

◎…**事件前後**

国防軍は、今や非常事態に備えて公式に警戒態勢に入っていた。そして六月二九日、ヴェルナー・フォン・ブロムベルク国防相が——士官クラブで彼は「張子の虎」と呼ばれていた——『フェルキッシャー・ベオバハター』紙にヒトラーを讃える大仰な文章を発表したことにより、事態に火が放たれた。

ヒトラーは、立会人としてある結婚式に参列するため、エッセンへ出立した。その結婚式は、「血の婚礼」として歴史にその名を残している。彼は祝宴のテーブルについていた。ヒトラーは、不機嫌そうで、ぼんやりと塞ぎ込んでいた。突撃隊が反乱を起こすというまことしやかな虚偽報告を立て続けに受けていたのである。夕刻、彼はバート・ヴィースゼーに電話をかけ、レームを電話口に出すよう要求した。数分間話した後、レームは「非常に満足して」自分のテーブルに戻り、指導者は明日一一時ごろ到着して会合に参加する予定だ、と部下たちに告げた。

まんまと罠に嵌められた瞬間だった。だが、当のレームは、人生でこれが最後となるトランプゲームをなおも続け、そのあいだ対戦相手について侮蔑の言葉を何度か吐いた。それから、神経痛治療薬の注射を受け、指導者との会見に向け体調を整えた。

突撃隊の暴動は、親衛隊全国指導者ヒムラーが主張していたにもかかわらず、いまだ目に見える形では始まっていなかったので、ヒムラーは暴動をでっち上げることにした。ミュンヒェンの突撃隊部隊は、「闘争期」によくあったように、手書きの匿名文書で進軍命令を受けた。隊員は集結し、よく考えもせず、あてもなく、ミュンヒェンの市内を進軍していき、当惑した指揮官らによって再び制止された。突撃隊員らは事を起こすことなく帰還したが、ナチ党ミュンヒェン大管区指導者アドルフ・ヴァーグナーは、ボンの南、バート・ゴーデスベルクに滞在中のヒトラーに連絡し、ミュンヒェンの突撃隊は戦闘を開始したと伝えた。

その直後、ベルリンから非常事態を告げる知らせが届いた。ヒムラーが聞いたところでは、突撃隊は明日、ベルリンの中央官庁街を奇襲して占拠するつもりだ、という。それはニセの情報だった。もしかしたらヒトラーが流すよう指図したのかもしれない。ヒトラーは後になって、「我々内部の中傷合戦という腐敗した状態を、いわば腫瘍を焼き切って肉をむき出しにするように、徹底的にたたき直す」ことをその時ようやく決意したのだ、と主張した。

ヒトラーは、ヒムラーを鎖につないだ番犬としてベルリンに留まらせることにして、ヒトラー自身がミュンヒェンで事を片付けるまでは動くな、と命令した。はっきりとした命令が出てから、ベルリンでも反撃を開始せよ、というのだ。暗号名は「ハチドリ」――この小さなかわいい鳥は成長してやがてハゲワシに変貌していくことになる。

さしあたってその夜、ライン河畔では当初の予定通りに進んでいった。帝国勤労奉仕隊の部隊が、帰営ラッパで指導者を出迎えた。彼は、宿泊しているホテル『ドレーゼン』の、ライン川に面したテラスに立ち、暗くて表情の判らない顔が対岸に並んでいるのを見た。そこでは、高台に八〇〇人がたいまつを持って鉤十字の形に整列していた。炎がめらめらと夜の闇をなめるように燃えていた。

この催しが終わって随分たってからヒトラーの出した命令に、護衛たちは驚いた。その夜のうちに飛行機でミュンヒェンに向かう、という。彼の愛機はエンジンが故障していたが、それでも午前二時には、借りてきたＪｕ52型機で、ボン近郊のハンゲラー空港から飛び立った。護衛はごく少数で、彼らは指導者がどういうつもりなのか、いまだに分からなかった。飛行中にヒトラーは、ピストルの安全装置をはずすよう指示した。そこでようやく護衛隊は、指導者がこの初夏の日に、血のしたたる収穫物を取り入れるつもりなのだと理解した。

◎…ミュンヒェン――大虐殺の始まり

六月三〇日午前四時ごろ、夜が明けそめる中、三基のモーターを搭載したＪｕ52型機の機体が、現在はオリンピック会場跡地になっている、ミュンヒェン・オーバーヴィーゼンフェルト空港に着陸した。雨が降っていたが、風が雲を吹き散らしていて、天気の回復が見込まれた。レームは、指導者専用機Ｄ‐２６００が到着したら報告するように指示していた。しかし機体が取り換えられていたので、突撃隊幹部でタラップのところに出迎えに立った者は誰もいなかった――そうでなくても、彼らのうち何人かは、電話の指示に従って既に逮捕されていたのだが。

降りてきたヒトラーは、駆けつけてきた大管区指導者ヴァーグナーに、「きょうはわが人生で最低最悪の日だ。だが信じてくれ、私は法を侵すようなことはしない」と言った。ヒトラーは、バイエルン州内務省に乗りつけると、マントをなびかせて階段を駆け上り、控えの間でかつての戦友アウグスト・シュナイトフーバーに出くわした。このオーバーバイエルンの突撃隊幹部は、ヒトラーに対して直立不動の体勢をとり、挨拶しようとした。ヒトラーは政治集会での殴り合いの経験豊富なこの男の服から肩章を引きちぎり、「お前を逮捕する、射殺だ！」と怒鳴った。

二機目の飛行機で後から発った援軍の到着を待つ間、ヒトラーは裏切り者の突撃隊幹部への憎悪の言葉を吐き続けた。親衛連隊隊長ゼップ・ディートリヒの率いる車の隊列は――彼は、ミュンヒェンでの処刑を指揮するため、国防軍の車両を借りてベルリンからこちらに向かう途中だった――まだ近づいてくる気配がなかったが、ヒトラーは、「裏切り者を巣からいぶし出す」ために、テーゲルンゼーに向かうことを決めた。

ヒトラーは運転手ケンプカの横に黙って座っていた。突撃隊上級幹部が、そして誰よりレーム自身が、護衛隊を有していることはよく知られていた。しかしヒトラーは再び賭けに出た。まるで彼は、素早く奇襲攻撃をかけることで、躊躇したために失った時間を取り戻そうとしているかのようだった。ケンプカは、一時間ほど車を走らせて目指す地に入ると、さらにペンション『ハンスルバウアー』に向かってハンドルを切った。信心深い人々の住まうテーゲルンゼーの谷に、教会の鐘が鳴り響き、信者らが朝のミサに向かっていた。祈祷書を手に歩いていた人々はおびえたように、突撃隊幹部の会合へと急ぐ車の長い列を見送った。

車列がペンションの前に止まった。午前七時だった。反逆者たちは明らかにまだベッドの中で、窓を開け放って眠っていた。ドアには鍵がかかっていなかった。ヒトラーは建物の中に入った。何も見えず、何も聞こえなかった。食堂のテーブルには、従業員の手で既に昼食の準備が整えられていた。だがもはや会合の参加者の誰ひとりとして、この昼食を摂ることはないだろう。

突然、ペンションの女主人が現れた。彼女はヒトラーを知っており、驚きと動揺をなんとか抑え、当ペンションにお越しいただけるとはなんという光栄かと、どもりながら言おうとした。ヒトラーは乱暴に彼女の言葉をさえぎると、レームの部屋はどこだと聞いた。二人の刑事と運転手のケンプカが彼の後に続いた。

ヒトラーはドアを荒々しく開けると、突撃隊幕僚長に向かって怒鳴りつけた。「レーム、貴様を逮捕する！」

この日の大虐殺はこうして道化芝居のように始まった。レームは目をしばたたかせた。眠気のために驚くこともできなかった。それから彼は愕然として「指導者、万歳」と答えた。

「貴様を逮捕する！」ヒトラーは再び怒鳴った。彼の怒りは煙のように消えた。親友に服を着てついてくるよう促した時には、彼の様子はヒステリックというよりはむしろ、ぎごちない感じだった。

その間に指導者の護衛はその他の部屋に突入し、不意打ちを食らった者たちに逮捕を告げていた。彼らは一人で寝ていたが、シュレージエンの突撃隊幹部エドムント・ハイネスのところだけは、副官のボーイフレンドである「シュミット嬢」もベッドにいた。人々に恐れられたこの乱暴者ハイネスは、抵抗した唯一の突撃隊幹部でもあった。この場で射殺する、と脅されて彼はやっと抵抗をあきらめた。ハイネスは突撃隊大将ルッツェを見て、助けてくれと懇願した。だがその日のうちにレームの後任に任命されることになる「アーリア人のユダ」からは、困惑した様子が示されるだけだった。

突撃隊の幹部たちは、装甲車に乗せられてミュンヒェン・シュターデルハイム刑務所に移送されるまで、地下牢に追いやられた。この瞬間に、四〇人の武装した護衛兵からなるレームの護衛隊が到着した。彼らはすぐに、自分たちのボスも地下に入れられていることを知った。ヒトラーの副官は彼らに、即刻ミュンヒェンに戻るよう命令した。しかし彼らは、不信の念を抱いて、その命に従おうとしなかった。彼らはレームとその仲間を解放したいと考えているかのようだった。

「命令が理解できないのか」。ヒトラー自らが口を挟んだ。

「承知しました、指導者殿」とレームの護衛部隊は声をそろえて答え――そして引き上げた。「メデューサの首を持つ邪神」（ヴェルナー・マーザーの表現）に備わる、人を操る力が、ここでも効果を発揮したのだった。

ミュンヒェンでは、逮捕拘禁の波が押し寄せていた。二〇〇人を超える突撃隊の上級・中級幹部がバート・ヴィースゼーにやってくることになっていたが、そこに行く前に、ミュンヒェン中央駅か空港で拘束され、シュターデルハイム刑務所に送られた。何人かはブリエナ通りの「褐色の家」（ナチ党本部）に逃げ込み、ミュンヒェンに来ることになっているヒトラーと対話させてほしいと要求した。

バイエルン州知事のリッター・フォン・エップ大将は、ヒトラーに、レームを軍法会議にかけるよう求めた。ヒトラーは激怒し、エップは控えの間で、自分の額を指でトントンと叩き、副官に向かって「狂っている」と言った。

午前一一時半、大会議室で長い会議が開かれた。初めに、ナチの忠臣たちを前に指導者の独り言めいた長口舌が何時間か続いた。ヒトラーは、レームは自分を殺害しようとした、と何度も繰り返し弾劾し、ゆえに彼は他の反乱者と共に即刻銃殺されねばならない、と主張した。彼はますます憤怒を募らせ、疲れ切ったように話を途切れさせては、また口角泡を飛ばして蒸し返した。忠臣たちのうち誰も、敢えて彼に異を唱えようとする者はいなかった。

ようやくゼップ・ディートリヒが到着した。彼は遅刻を詫びて、国防軍車両のタイヤがすり減っていたうえ、道路の状態も悪く、これ以上速度を上げて走行することができなかったと釈明した。彼は控えの間で、古代ギリシャの陶片裁判［訳注：古代アテネで行われていた、政治的に好ましくない人物を追放する制度。市民が該当人物の名を陶片に書いて投票し、得票数が多いと国外追放となる］のように、危険人物を排除する会議が終わるのを待たねばならなかった。その結末は明白だった。

一四時にはもう、「ナチ革命の悪魔」（この事件の目撃証人で、作家でもあるH・B・ギゼヴィウスがゲッベルスをこう評した）が電話で「ハチドリ」の暗号名をベルリンに伝えていた。これをうけ、ゲーリング、ヒムラー、ハイドリヒの三人が、散々待たされた後とあって、血に飢えた猟犬のように囲いから飛び出した。

◎…ベルリンでの惨劇

ミュンヒェンでは銃声はまだ響かなかったが、ベルリンでは「レーム一揆の加担者」が大勢捕らえられ、郊外のリヒターフェルデへ連れて行かれ、尋問も審理もないまま、壁に向かって順に並ばされた。血の海の上におがくずを撒け。死体は棺に入れろ。さあ次。車両出入り口では、遺体を載せて火葬場へ向かうトラックと、新たに運び込まれてきた被告人が行き来した。近隣の住民は、聞こえてくる悲鳴と銃声と命令にもはや耐えられず、怯えながら住まいを離れた。

死をもたらす一斉射撃は、お前たちは間もなく第三帝国における最も強大な組織になるのだと、親衛隊に歌って聞かせる子守唄だった。国防軍の将校たちは殺人を幇助した。ヒムラーの部下が、血塗られた仕事の公的な部分を片付けている間、ハイドリヒを長とする親衛隊保安部の隊員は、追放者リストに名前が載っていない人物の分を受け持った。それは、一九三三年より前でも後でも、ナチの権力者に嫌われていた政治家だった。そしてそれは、遅くともこの一九三四年六月三〇日以降は、死に値する犯罪であった。

アドルフ・ヒトラーに「鉄の心臓を持つ男」と評されたハイドリヒは、この何日間かで恐怖政治の才に長けた人間であることを示した。彼の目算はシニカルだったが、その目算の通りに事は進行した。法治国家はいとも簡単に瓦解した。人々はあらゆる処刑を違法なものと見なさなければならなかった——あるいは、どんな処刑も違法でないと。一時的には、緊急事態として戒厳令が適用されたが、この大虐殺事件は、後になって合法とされた。しかしこの混乱の中で「誤って」殺害された反ナチの人々は、もはや生き返りはしない。そしてハイドリヒは、自らの経歴の手始めに、彼の銃身の前に立たねばならなくなったら、皆同じ運命をたどるということを見せつけることができたのだ。

この血塗られた土曜日の、早いうちに犠牲になった者の中には、首相経験者が含まれていた。シュライヒャー大将が住んでいたベルリン近郊のノイ・バーベルスベルクの静かな別荘の入口に、二人の不機嫌そうな訪問者が現れ、家の主と話がしたいと要求した。料理番の女は彼らを邸内に入れ、書斎に案内した。

「シュライヒャー氏ですね」と部屋に入ってきたうちの一人が尋ねた。

書き物机に向かっていた大将はそうだと認めた。彼には、この招かれざる客に用件は何かと問う間もなかった。彼らはポケットからピストルを抜くと、彼を射殺した。

シュライヒャー夫人は、背後で新聞を読んだりラジオを聴いたりしていたが、この突発的な事件の一部始終を見ていた。愕然として彼女は立ち上がり、ソファにくずおれた夫を助けようと駆け寄った。彼女が夫のほうに身をかがめた時、銃弾が何発か撃ち込まれ、彼女も倒れた。

前首相は即死だった。夫人は病院に搬送される途中で亡くなった。

訪問者らは武器をしまった。

「心配しなくていい」と彼らは呆然としている料理番に言った。「あんたには何もしないよ」。

次に犠牲となったのは、シュライヒャーの腹心の部下、フェルディナント・フォン・ブレドウ少将で、自宅の玄関前で知人を名乗る者に撃ち殺された。憎悪と恐怖、執念深さと血への渇望からなる輪舞はさらに続いた。ベルリンのカトリックアクションの会長が運輸省で射殺された。秘書に——彼女が二人の訪問者を入らせたのだった――向けられた説明は、「あなたの上司はたった今自殺しました」というものだった。現職の副首相フランツ・フォン・パーペンは自宅に軟禁され、彼の最も近しい仕事仲間二人は殺された。そして犯人らはべっとりと血に染まったメモから、次に行くべき場所を探した。

彼らは、「闘争期」以来、ヒトラーの支持者でありながら離反していったグレーゴル・シュトラッサーが昼食のテーブルについているところを捕らえた。彼らはシュトラッサーを親衛隊保安部本部のあるプリンツ・アルブレヒト宮殿の一六号房に引きずり込んだ。隠れていた狙撃手がドアののぞき穴から発砲すると、がらんとした小部屋にむなしく身を隠すものを探す彼に何発もの銃弾が命中した。シュトラッサーが横たわったまま動かなくなってようやく、この死刑執行人は室内に踏み込み、とどめの一発を撃ち込んだ。

◎…再びミュンヒェン

その間に、ミュンヒェンの「褐色の家」でも決定が下された。親衛連隊隊長のディートリヒがヒトラーのもとに呼ばれ、シュターデルハイムに収監中の突撃隊幹部全員のリストを手渡された。一二人の名前に印がつけられていたが、レームの名には印はなかった。

ヒトラーは命令した。「ディートリヒ。この裏切り者どもは即刻射殺しろ」。

シュターデルハイムでは、容易に事は運ばなかった。刑務所の中庭で刑を執行せよとされていたが、収監された者たちの引き渡しを拒否した刑務所長が、バイエルン州法務大臣ハンス・フランクに相談したのである。フランクは、ナチ党員であると同時に法律家でもあり、印をつけた名前のリストでは執行すべき死刑判決としての正当性を認められないと親衛隊の指揮官に説明した。フランクは「褐色の家」に電話をかけた。

「指導者代理」ルドルフ・ヘスは、ヒトラーの命令を無条件に遂行するよう要求した。
そして突撃隊幹部の最初の何人かが房から引き出された。

彼らは目隠しを拒否した。シュナイトフーバーがディートリヒを見つめた。彼はディートリヒに向かって叫んだ。「ゼップ、何が起こったんだ。我々は罪を犯してなどいないではないか」。

ディートリヒは答えた。「あなた方には指導者より死刑判決が下されているのだ。ハイル・ヒトラー！」

ディートリヒは、銃殺刑の最初の三回目まではこらえていた。だが、かつての戦友シュナイトフーバーの番が来た時、その場を立ち去った。レームはまだ生きながらえていた。ヒトラーがナチの活動における彼の功績を斟酌して真っ先に罪を減免したからだった。ハイドリヒの送った黒服の死の使いは今やミュンヒェン市内をも駆け巡っていた。彼らは指導者の著作『我が闘争』の共著者であり、ナチ初期の機密を関知する者でもあったシュテンプフレ神父を殺害した。彼らは、一九二三年のミュンヒェン一揆を鎮圧したかつての州総督フォン・カールを斬殺し、ダッハウの沼地に遺体を投げ捨てた。

指導者が既に再び飛行機でベルリンへの帰途についていた頃、ハイドリヒの部下が、政治には関わりを持っていないヴィ

▲…左からアマン、ゲッベルス、ヒトラー、ディートリヒ、ヘス

リー・シュミット博士の住まいに踏み込んでいた。彼は『ミュンヒェン新報』紙の音楽批評家だった。部下たちは、お前はシュミットという名か、と尋ねた。それだけで充分だった。彼らは、この三人の子を持つ父であるシュミット氏を、それ以上は説明もせず連行したのだった。彼らは、突撃隊大将ヴィルヘルム・シュミットと取り違えたのだ。

二日後、シュミット氏は帰ってきた。蓋を閉じられた、開けることの許されない棺に入れられて。お悔やみを述べる党の幹部らは未亡人となった夫人に、彼の死は「党の活動に身を捧げた犠牲的行為とみなすように」と説いた。

死という結末に終わった失敗はこれだけではなかった。親衛隊の隊員もゲシュタポもまだ未熟だったのだ。彼らはまずは人目につかぬよう殺害することを、とりわけ遺体を殺害現場にそのままにしておかないことを、学ばねばならなかった。遺族は大抵の場合、遺灰をボール箱に入れて送ってきたものを受け取った。ある未亡人には誤って間を置かず二度も。国家非常事態を理由に、犯罪ばかりか悪趣味な失態も、すべて正当化された。

◎…再びベルリン

ヒトラーは二二時ごろ、完全に封鎖されたベルリン・テンペルホーフ空港に到着する予定だった。古代ローマの三頭政治にも似て、世にも恐ろしい事件を主導した、ゲーリング、ヒムラー、ハイドリヒの三人が出迎えに来ていた。彼らが待っていると、その日は奇妙ないたずらが起こった。先に着陸したのは指導者を乗せたミュンヒェンからの機体ではなく、ベルリンの突撃隊幹部カール・エルンストの乗ったブレーメン発のチャーター機だった。エルンストは、この政府の中枢を襲った嵐を指揮していたのではと目されていたが、港町ブレーメンで、夫人や大勢の随行者とともに船に乗ってマディラに向けて新婚旅行に出立しようとしていたところを逮捕されたのである。彼はこのハプニングを、突撃隊の上級幹部が仲間内で時たま楽しむ悪い冗談のひとつだと受け止めた。彼は落ち着きはらった態度を見せることにして、手を縛られたまま、にやにや笑いながらテンペルホーフで待っていた者たちのそばを通り過ぎた。車が道を曲がってリヒターフェルデに入り、親衛隊の若者がカービン銃に弾を装填した時もまだ、彼は笑みを浮かべたままだった。最後の瞬間になってようやくエルンストには、自分が、突撃隊のボスであるレームに敵対するヒムラーとゲーリングの仕組んだ反乱のいけにえとして死ぬのだ、ということがぼんやりと分かった。そして彼は叫んだ。「アドルフ・ヒトラー万歳！」

ヒトラーが降りてきた。H・B・ギゼヴィウスは――彼は幹部警察官の中にいた――ヒトラーが到着した時の様子をこう記している。「ヒトラーの外見は〈異様そのもの〉だ。褐色のシャツ、黒いネクタイ、濃い褐色の革コート、丈の長い黒い軍靴と、全てがひたすら暗い色合いだ。その上に、帽子をかぶっていない、青白い、徹夜明けのような、ひげを剃っていない顔、頬がこけているような、それでいてむくんでいるようにも見える顔には、髪の毛が幾筋か、貼りついたように垂れ下がり、向こうから生気のない二つの目がぼんやりと前を見つめている。（中略）風変わりな、もたついてのろのろとした歩き方で、アドルフ・ヒトラーは出迎えの儀杖隊を閲兵する。いや、それは歩くというより大股でぎごちなく、次々と続く水たまりを避けて、大儀そうにぬかるみを渡っていくかのように見えるとしか言い表しようがない（後略）」。

ベルリンの街は、この土曜日の夜、まったくいつもと同じ様子だった。普段の夏の週末と何ら変わったところはなかった。髑髏の結社（親衛隊）の部隊が行なった人間狩りについては、市民はほとんど知らず、海外のほうがまだ情報を得ていた。そこに緊急ニュースが飛び込んできて、爆発的に広まった。午後、ゲーリングが宣伝省での記者会見で、前首相シュライヒャーについて聞かれて、こう答えたのだった。「彼は愚かにも抵抗したのです。彼は死亡しました」。

西欧諸国では当初、レーム事件は興味本位に取り上げられ、最も容赦なく振る舞う者が勝利を収めるのが常の、ギャング団の内部抗争と評価された。「ドイツ国内で血なまぐさい事件の詳細が噂になって広がり始めた時も、世論の当初の反応は、『この上ない満足感』を伴っていた」と、イギリス人ジャーナリストでベルリンの目撃証人であるセフトン・デルマーは断言している。「レームや彼の取り巻きの成り上がり者たちは誰にも好かれていなかった。彼らはかつてウェイターやホテルのポーターや板金工の見習いで、一般市民に対して、かつての帝政時代の近衛将校以上に、横柄にふるまった。通りにいた庶民は、こうした人々を、そして彼らが傍若無人に猛スピードで乗り回す真新しいしゃれた車を、恐れ、憎んだ。彼らの勝手放題ぶりや、豪勢なパーティや宴会、堕落した有様について、人々は小声でひそひそと噂し合った。ヒトラーは、復讐の天使のようにこうした者どもを急襲し、そうして平均的国民の英雄となったのである（略）」。

◎…レームの死と大虐殺の終結

ひとりだけ、この復讐の天使がいまだ手を下さないでいる男が、エルンスト・レームだった。この「情熱の兵士」（A・ブロック）は、シュターデルハイムの未決監四七四号房にうずくまっていた。誰も彼に説明しなかった。看守は正規の国家公務員であったが、びくびくして動揺していた。レームは、自分の仲間が房から引きずり出され、通路の向こうへと追い立てられ、刑務所の中庭で射殺される様子を聞いた。彼も死刑執行人が来た時に備えて心の準備を済ませていたが、かつて歩兵だったこの男は、制服の国家公務員よりも落ち着き払った様子だった。もしかしたら彼は、一九二三年のミュンヒェン一揆の後、この建物に拘置されていたことがあるのを思い出したのかもしれない。それともヒトラーが送ってきた変わらぬ友情を約束する内容の新年の挨拶状を思ったのか。確かなのは、彼が感情を押し殺す術を身につけていたということだ。このころを知る目撃者は回想している――ヒトラーは、死刑判決を口にするのをためらっていたようだ、と。自分の古くからの部下であることを考えると、それを引き受けるのはためらわれたようだ、と。

レームの房のドアが錠を外されて開いた時、彼はうつらうつらとまどろんでいた。死刑執行部隊が彼を連れ出しにやって来たのではなかった。バイエルン州法相フランクが、ドアのところに立っていた。彼もレームと同じく、ナチ党の政権掌握前からの党員だった。

レームは彼に尋ねた。「一体これは何だ。一体ここでは何が行われているのだ」。

フランクは目をそらした。正確なところは彼にも分かっていなかった。彼はレームに、法に基づいた取り調べが行われることを望んでいる、と答えた。

「私の命はどうでもいい」とレームは返した。「だが私の家族のことをよろしく頼む」。別れ際、彼はフランクの手を握った。「すべての革命は、自らの子供たちをむさぼり食うものだ」。

シュターデルハイムは静かなままだった。一方、ゲーリングがかつて士官候補生として教育を受けたリヒターフェルデでは、廷吏たちが夜通し作業をしていた。ヒトラーは、自分たちの残虐な行ないに対する報酬が不充分であることに気づいたゲーリングとヒムラーに、「暴動の指導者」の射殺命令を下すよう、繰り返しせっつかれていた。彼はいまだに同意するのを拒んでいた。もしかしたら、ためらっているふりをしていただけなのかもしれない。というより、本当にその気になれなかったのだ。それまでにも何度か、他の事件で、彼は軍事裁判の判決に介入して減刑させたことがあった。

この点について、ヨアヒム・C・フェストは以下のような見解を示している。「にもかかわらず、ヒトラーは、殺戮活動に本気で異議を唱えることなく、その拡大を承認していた。そして、この危機に乗じて利益を得ようという希望を全ての陣営から奪うために、可能な限り全ての陣営に向かって攻撃することは、きっと彼の意図に合致していたのだ。それゆえに、一帯を一掃する殺戮が残虐にも逡巡なく行われたのであり、遺体が捨て置かれたままにされたのであり、殺人者の痕跡がこれ見よがしにはっきりと残されたのである。またそれゆえに、見せかけだけでも公正さを装うこともすべて、例外的に放棄された。そこには訴訟の手続きも、罪状についての検討も、判決も、何もなかった。あるのはただ、前時代的な激しい怒りだけだった（略）」。

翌日、ヒトラーは苦悩を振り払っていた。午後、彼は首相官邸で側近とその家族のためにガーデンパーティを催した。彼はうれしそうな子供たちの頭をなで、腕に抱きしめ、その母親たちの手に歓迎のキスをし、楽しい身内のパーティで客をもてなす主役として、週刊誌のカメラのレンズの前に立った。その様子はどこからどう見ても、前日の大虐殺に関与しているとは思われなかったが、虐殺はほんの何キロも離れていないリヒターフェルデでその日も続いていた。お茶を飲み、談笑し、カメラに向かって微笑み、彼は、国民の中心にいる朗らかな指導者として、その場にいた。心配事などなく、護衛がつくこともなく。もしかしたら怖い人間かもしれないが、明らかに何も怖がってはいない人間として。こうして、日曜日の午後遅くに、彼はレームの運命について決定を下した。レームのライバルであるゲーリングは、電話に向かって急いだ。

一八時頃、シュターデルハイムの四七四号房に、看守とダッハウ強制収容所の二人の幹部がやって来た。房の中の空気はむっとして息がつまりそうだった。拘置されていたレームは、ボタンをはずし、じっとりと汗ばんだシャツを着て、鉄製のベッドに座り、不快げに、親衛隊准将テーオドール・アイケと親衛隊少佐ミヒャエル・リッペルトを見つめた。彼らは「突撃隊の反乱鎮圧さる」の大見出しが出ている『フェルキッシャー・ベオバハター』紙の最新号と、弾が一発だけ装填されたピストルを一挺、テーブルに置いた。「死刑と決まりました」とアイケは説明した。「指導者はあなたに、ご自分で責任をとるチャンスをお与えです」。

二人の親衛隊の男はレームを一人残して、房のそばで彼が銃で自死するのを待った。だが、何の動きもなかった。二〇分後、彼らは看守に、囚人からピストルを取り上げるよう指示した。それからようやく彼らは再び房に入った。「幕僚長どの、ご準備を！」アイケが命じた。

レームはシャツの前を大きくはだけ、裸の胸をむき出しにした。「ゆっくり落ち着いて狙えよ」と彼はさげすむように言った。

二発の弾に撃たれて、彼は倒れた。

殺戮の波は、七月二日の朝方まで延々と続いた。午前四時ごろ、親衛隊によって拷問室へと姿を変えたベルリンのコロンビアハウスから、突撃隊中将カール・シュライアーは最終組の一人としてリヒターフェルデに向けて連れ出されることになっていた。「指導者の命により、射殺する！」と親衛隊の下級幹部が彼に宣告した。護衛に囲まれて、彼は階段を下りた。建物の前には刑場への護送車が止まっており、シュライアーはそこに乗り込むよう命じられた。この瞬間、一台のメルセデスが猛スピードで走ってきた。ひとりの親衛連隊の士官が飛び出してきて、「待て、待て！」と叫んだ。「指導者は、直ちに全ての銃殺を中止せよとご命令だ！」

こうして大虐殺は終わった。数千人が投獄され、推定一〇〇〇人が命を落とした。

◎…突撃隊の末路と事件の後処理

レームの目指した第二革命は無きものとなり、突撃隊は力を失った。彼らは、せいぜい党大会という舞台の書き割りとしての役割を担うだけの存在になった。職業革命家の一味は、仕事を終えて帰る人々の群れとなり果てた。

突撃隊内部からは、指導者に対し、党に対し、軍に対して、反乱が起こされることはもう二度となかった。彼らに残されたのは、国歌に昇格したホルスト・ヴェッセルの歌の中の三つ目の文、「突撃隊は、落ち着いた、しっかりとした足取りで行進する」という文句だけだった。

彼らは、影響力も権力もない非主流派の道を歩んだ。一方、国防軍の将校たちは、喜びに浮かれ、幾つかの点を見落としてしまった。第一は、悪魔の親玉を追い払ったのも、実は悪魔だったという点、二つ目は、「髑髏の結社」（H・ヘーネが親衛隊をこう呼んだ）に対してはもはや大虐殺も、暴動も、軍事裁判も行われないだろうという点、そして第三に、今や一つの党が自前の軍隊を抱えるようになった結果、「武器は国防軍が独占するもの」という常識が幻想と化した点――である。国防軍は、敗者であったにもかかわらず、自らを事実上の勝者であるとみなしており、自分たちもいつかヒトラーに突撃隊幹部と同様の扱いを受けるかもしれないとは考えもしなかった。二人の国防軍将校、シュライヒャーとブレドウの殺害された後では、こうした懸念を抱くのは容易であったにもかかわらず。

A・ブロックの文を引用しよう。「この時のドイツ国防軍の将校団ほど、見通しをひどく誤った集団はなかった。彼らは、一九三四年の夏、ドイツ国内での一連の事件からあからさまに距離をとり、それどころか、ドイツで実権を本当に握っているのは誰かをヒトラーが性急に認識したことに、傲慢にも満足の意を表明したのである。将校らよりももっと物事がよく見えていた人間には、ヒトラーが第二革命の危機に対してとった措置は、満足よりもむしろ驚愕を覚えるものであったに違いない。この時ほどヒトラーが、人道のおきてを軽視し、何としても権力を得ようとする断固たる決意をむき出しにしたことはなかった。この第二革命の鎮圧の時ほど、ヒトラー政権の反動的性格があらわになったことはなかった。

死刑執行部隊の銃声がとだえるやいなや、ゲーリングは全ての警察署に対し、一切の文書やメモ、公的な調書などを即刻破棄するよう命じた。自分たちの警察署長がその週末の間に殺害される様子をいくつもの町で共に見つめていた警官たちは、「自分たちの義務」を遂行し、血塗られた数日間の痕跡も証拠もすべて処分した。

新聞各社は、宣伝省から、私的な死亡広告や追悼文を決して掲載しないよう、命令された。ヒトラーは指導者代理ヘスに、大虐殺で殺害された者の遺族の面倒を個人的にみてやるよう指図した。ルドルフ・ヘスはお悔やみに遺族を訪ねて回り、血の代償に金銭を差し出した。だが、殺害された音楽評論家ヴィリー・シュミットの未亡人と、突撃隊幹部エルンスト・レームの母親のところでは拒絶された。ひとり寂しく残されたレームの母は、自分の息子を殺した人間から金銭は受け取らぬと告げたのだった。

月曜日の閣議で、ヒトラーは次のような法案を提出した。「大逆罪・国家反逆罪にも値する、国家に対する攻撃を鎮圧するために一九三四年六月三〇日、七月一日、二日に遂行された措置は、合法的な国家正当防衛である」。

この大赦は、国会において何の疑念も示されることなく、全会一致で可決された。つまるところヒトラーは、立法者と最高裁判権者と死刑執行人とをひとりで兼ねていたのである。全能となるために彼にまだ欠けているものは、大統領の持つ国防軍の最高指揮権だけだった——だが大統領ヒンデンブルクはもう余命いくばくもなかったし、ヒトラーは、レームとその一味を粛清したことで、軍の将官団との間に暗黙の了解を事前に取りつけたようなものだった。

起訴した検事はいなかった。行方不明者を捜索した警察署はなかった。捜査を始めた予審判事はいなかった。あの大赦の法的な根拠を否定した法学者はいなかった。そして壇上からあの大虐殺に異を唱えて説教する牧師はいなかった。

死の床にあったヒンデンブルクはヒトラーに改めて祝電を送り、ヒンデンブルクがまだ死亡していなかったためにあの大量殺戮をなんとか免れていた副首相パーペンは、閣僚に復帰した。だがその後すぐにパーペンは、自分の親友の殺害を指示したヒトラーからウィーンでの大使のポストを提示されて受諾し、ドイツへのオーストリア「併合」に備えた。

皇帝ヴィルヘルム二世の皇子にして突撃隊大将アウグスト・ヴィルヘルム――党内では「アウヴィ」と呼ばれ、一時的に自身の城で拘束されていた――のように、大虐殺から、苦労の末、または偶然によって逃げおおせた突撃隊上級幹部は、彼らを殺そうとした者たちに、忠誠を誓う上奏文をたたみかけるように何通も送った。去勢された者たちはほとんど束のようになって、去勢手術を執刀した者たちに感謝の意を述べた。

◎…広がる反感

野党の政治家エーヴァルト・フォン・クライスト＝シュメンツィンは、ビラの草稿に書いた。「これからは、気弱な奴はドイツの官吏のようだ、とか、不信心な者はプロテスタントの坊主のようだ、とか、恥知らずな人間はプロイセンの将校のようだ、といった比喩が普通になるだろう」。

抵抗運動の闘士でもあったクライスト＝シュメンツィンは、絶望のあまり大げさな表現をしたのだ。突撃隊を追った狩りは、どうやら後々にまでそれなりに影響を及ぼしたようである。ヒトラーは権力掌握後すぐに、左派をたたきのめしていた。だが、右派の方は、あの大虐殺によって、文字通り彼に抵抗せざるを得なくなった。ナチへの反感はもはや、優雅なサロンや士官クラブ、上流階級の紳士クラブなどで単なる気晴らしや慰みの種として語られるだけのものではなくなった――反感は、

▲…フォン・クライスト＝シュメンツィン

初めて新たな広がりを見せたのである。ヒトラーを殺して、彼の作った犯罪ともいえる体制を打ち壊すことをただ切望する保守派も、この事件後、急に現れた。「ドイツならびに世界の宿敵」（一九四〇年代にヒトラー暗殺を企てたH・フォン・トレスコウ少将の言葉）に対するほとんど全ての暗殺計画の動機づけは、この一九三四年六月三〇日の一連の事件に源を発していた。気取って高みの見物を決め込んでいた者たちの目は、これらの事件で遅まきながら覚めたのだ。元上級大将フォン・ハマーシュタインはこう記した。「次にあの連中は、国防軍将校の殺害にも取りかかるだろう」。

反感や嫌悪の情が暗殺実行への願望に変わらずにいられなかったのは、何もハマーシュタインに限らなかった――階級が上位にある軍人の多くが、その後何年かの間に考えを変えていった。それは、伝統を誇る「ドイツ国防軍の将校（Reichswehroffiziere）」が、「ナチス・ドイツの国防軍大将（Wehrmachtsgenerale）」として歩んでゆかねばならない、長くつらい道であった。これまで重んじられてきた名誉という考え方をむしろ障害とみなして踏み越えてゆかねばならず、体に染み込んだ身分意識とも激しく格闘せねばならなかった。い

くつもの暗殺計画が単なる偶然によって挫折したり、何人かの同僚将校が犠牲者となって列をなしたりした末、シュタウフェンベルク伯爵が一九四四年七月二〇日に総統大本営「狼の砦」で爆弾を爆発させたが、この暗殺未遂事件の動機は一九三四年六月にまでさかのぼることができるのである。

◎…油断した国防軍

この時点から、ドイツの将校たちの進む道は二手に分かれた。フランスの作家レイモン・カルティエは次のように評している。「彼らの大多数は、たんなる兵士であろうと努めた。ヒトラーを支持する者もいたが、ほとんどの将校は総統に反対する立場をとっていた。彼らはヒトラーを好かなかったし、ヒトラーも彼らを嫌っていた。にもかかわらず、戦争終結までに五〇人以上の元帥や大将が銃殺刑や絞首・絞殺刑にされたり、吊るし首にされたり、はたまた総統によって自殺を強要されたり――そんなことがありうるなどとは、誰も考えもしなかった」。

将校たちのほとんどは、ヒトラーの権力掌握を士官クラブの席で交わされる悪い冗談だと受け取り、それゆえに重大だとは考えなかった。民衆のクズから出てきたこの成り上がり者は、彼らの仲間内ではいとわしい存在であり、彼らの身分意識からすると、かつて兵士としては非常に低い階級しか授けられなかった男など、とるにたらない相手だった。

確かにドイツ国防軍将校（Reichswehroffiziere）らは、ヒトラー同様、ヴェルサイユ条約を受け入れず、一九三五年の徴兵制の復活を歓迎した。それに伴い、一〇万人の陸軍は、とてつもなく大きな発展のチャンスを併せ持つ、何百万という兵士のナチス・ドイツの国防軍（Wehrmacht）に変わった。にもかかわらず彼らには、兵力拡大を実現したヒトラーは、うさんくさい人物であることに変わりなかった。彼らは、ヴァイマル共和国時代に現れては消えていった多くの政権と同様、間もなく彼も大した成果も挙げずに消え去るものと捉えていたのだ。

ヒトラーは、レーム事件の際、仮面を脱ぎ捨て、どんな犯罪を前にしてもひるまないところを示した。かつて自分たちの将校仲間だった、シュライヒャーとブレドウが犠牲者の中に含まれていたにもかかわらず、ドイツ国防軍は、この殺戮行動に目をつぶった。街中をうろつくゴロツキや、集会での乱闘に加わる乱暴者に制服を着せて組織されたレームの私設部隊が、散々に打ちのめされ、武装解除されたことへの満足感のほうが大きく、憤慨や恐怖は覆い隠されてしまったのだ。こうして軍人たちは再び、自分たちが国家の中で唯一武器を持つ者であり、かつ権力を握る者であると判断した。ビールをただ飲みして騒ぎ立てる褐色のシャツを着た市民兵の代わりに、はるかに危険な「髑髏の結社（親衛隊）」が、人を襲っては殺害するよう訓練されたゲシュタポどもを引き連れてやって来る、と彼らが気づいた時には、すでに手遅れだった。

正式には、ヒトラーは国家における地位としては二番手にすぎなかった。もともと政治に関心のない将校らは、ヒトラーにヴァイマル憲法への忠誠を誓わせた大統領ヒンデンブルクが、「第一次大戦中は無名の伝令兵」だったヒトラーなど、いつでも罷免できるだろうと考えていた。しかし、ドイツ国民の間にいまだ大きな名声を得ていたパウル・フォン・ヒンデンブルクもすっかり年老いて、東プロイセンの自分の領地で瀕死の苦しみの中にあり、意識も混濁していた。国家を率いる一番手の立場にあった彼の病状をよく表している逸話がある。一九三三年に行われた凱旋パレードの際、ブランデンブルク門をくぐって延々と続く突撃隊の列を前に、かつて第一次大戦中、東プロイセンのタンネンベルクの戦いでロシア軍に勝利したヒンデンブルクは、寝ぼけたように副官にこう尋ねたのだった。「この大勢のロシア兵は、いったいどこから降って湧いて出てきたのだ」。

◎…権力掌握からポーランド侵攻へ

首相に就任したヒトラーは、ヴァイマル憲法を遵守すると宣誓した。ところが、権力を掌握していくらも経たぬうちに、彼はこの宣誓を破って政敵を逮捕し、強制収容所に収監させた。報道の自由を廃止した。強引に全権委任法を成立させ、国会をナチ党一色にして、ヒトラーに追従するばかりの集団へと変えた。レーム事件で発生した、突撃隊の隊員でない市民に対する犯罪の刑事訴追を一切禁じ、それによって司法から力を奪った。

こうした憲法を無視した行為に対して、大統領ヒンデンブルクは何も意見を言わなかったため、彼の部下の将校たちが介入するよう命じられることもなかった。服従と忠誠というプロイセンの伝統に束縛されて、彼らは不運な事の成り行きを何もせずに傍観し、宣誓破りのヒトラーの行動にストップをかける機会を逸してしまったのだった。まだそれが可能であったであろう時期に。

ヒトラーが、本心からではないにせよ平和希求を宣誓したにもかかわらず、戦争の危険を冒すばかりかその火ぶたを切るつもりであると、上級将校らが理解したときにはもう遅かった。彼らはこぞって反対の意見を表明した。独裁者ヒトラーは、彼らの出した異論を一蹴した。だが彼は、将校らの反対を抑え込むことができなかったため、国防軍首脳部を順々に骨抜きにしていく作業に取り掛かった。ヒトラーは古参の将校らに向かって、罵り、嘘をつき、買収し、機嫌を取り、嘲笑した。彼はまた、プロイセン軍における最高の名誉勲章「プール・ル・メリット勲章」を授与された軍人にさえ、まるで家僕に対するように、悪口の限りを吐き、彼らの臆病者ぶりや愛国心の欠如を非難した。さらに彼は、上級将校らを冷遇し、部下に命じて彼らを中傷し、卑劣な陰謀をもって彼らをその地位から追い落とし、自分を支持する側に転向した人物にすげ替えた。

こうした辱めを受けた者たちは、自分たちの正当性の弁明を急いだ。意見を同じくする者たちが内々に集まり、どうしたらあの気の狂った男を阻止できるか話し合った。だがそれは、さしあたり、封建領主の流儀に従った抵抗でしかなかった。反ヒトラー派の会合に出席した者たちは、最初の何回かの集まりでは、実行に移していいのかどうかという問題について検討することに終始し、どうしたら実行に移せるかについて意見をまとめることはできなかった。

それに彼らは自由の利かない手で陰謀を企てていた。第一次世界大戦の戦勝国側はかつて、ヴァイマル共和国側の代表に対して、ヴェルサイユ条約の修正の際に、ドイツに対する過酷な条件を全く緩和しようとせず、このことによって最初の真に民主的なドイツ国家であるヴァイマル共和国は、右派・左派双方からの突き上げに遭い、機能しなくなっていた。

戦勝国は、ヒトラーが条約違反を犯すのを全て黙認した。ヒトラーが再軍備に着手した時も、徴兵制を復活させた時も、ラインラントに進駐した時も、オーストリアを併合した時も、彼らは何もせずにただ見ているだけだった。出費もごくわずかで済むささやかな軍事行動を起こすだけで、この殺人鬼を追い払うことができたであろうに、まさに行動を起こすべきタイミングを、彼らは逃してしまった。彼らの弱腰の姿勢のおかげで、ヒトラーはドイツ国民の間に絶大な支持を得るようになっていたため、彼を攻撃することは事実上不可能になり、この独裁者を失脚させる可能性も消えてしまった。

こうして、とるべき態度を誤った結果、とうとう、あの恥ずべきミュンヒェン協定が結ばれた。この協定で、チェコ人はヒトラーの手に国ごと略奪され、これに勢いづいて彼はさらに周辺諸国に圧力をかけていく意向を固めた。一九三八年のミュンヒェン協定は、ほんのしばらくの猶予をもたらしたにすぎなかった。一九三九年九月一日、ヒトラーはポーランドに侵攻し、ポーランドと条約を結んでいたイギリスとフランスは援軍を送らねばならず、これをもって第二次世界大戦が勃発した。ワルシャワは三週間たつかたたないうちに降伏した。この最初の電光石火の勝利によって、殺戮は新たな広がりを見せた。

　勝利のファンファーレが鳴りやんだ直後、ポーランドで再び銃声が響いた。指揮官が受けた報告によれば、ドイツ軍が占領した後背地で、国家保安本部（ＲＳＨＡ）の特別行動隊が長官ハイドリヒの命令で「ユダヤ人、司祭、貴族、知識人」をかき集めて射殺している、とのことだった。

　ゲオルク・フォン・キュヒラー砲兵隊大将は、ナチ幹部の東プロイセン大管区指導者エーリヒ・コッホに向かって怒鳴った。「あなたは、国防軍を、殺人鬼集団に人員を供給する組織だとお考えか」。

　ポーランド占領軍の総司令官、ヨハネス・ブラスコヴィッツ上級大将は、直ちに動いた。即決裁判の手続きを取り、射殺に加わった兵士を取り調べ、軍法会議にかけて、即刻銃殺の判決を出すよう、部下に命じた。

　だが、この処刑は行われなかった。ヒトラーが個人の権限でこの判決を破棄したからである。

　国防軍情報部の部長カナーリス海軍大将は密かに指示を出し、マイノリティの絶滅を目的とした残虐行為について、目撃者からの報告を初めて集めた。しかるべき時に、しかるべき先へ送るためである。このような犯罪行為とその責を負うべき人

▲…国防軍情報部のトップ、W・カナーリス

間に対する抵抗は、モラルの問題から良心の要請へと変わっていた。

だが、ヒトラー暗殺を企てる者たちには、長い準備期間が必要だった。軍人の彼らにとってはつらいことではあったが、行動に移すには、まず強力に反発する勢力が国防軍内部に出てくるのを待たねばならなかったのである。

第3章　左右両派からの暗殺者

◎…暗殺を計画する人々

第三帝国の警察の機密報告書によると、レーム事件――公式には、「最後の瞬間に潰された、ヒトラーの命を狙った襲撃事件」として扱われた――の他にも、一九三四年にはさらに四度にわたって暗殺計画があった。実行犯の名前も、彼らの行動も、その試みの真相についても、公的な記録には記載されていなかった。というより、後になって消除されたため、今となってはもはや復元は不可能である。

レーム事件の影響で、レジスタンス――このなかから後にヒトラーの暗殺者が出てくることになる――の質も変わった。外国に逃れた何人かのナチ党員は、ウィーンやパリで、昨日まで敵だったユダヤ人亡命者と出会った。彼らは立場の異なる「国外への移住者」だったが、今や目指すものが同じであることに

▲…ヒトラー暗殺を計画した、オットー・シュトラッサー

気づき、異国の地で盟友になった。オットー・シュトラッサーは、一九三〇年設立の「革命的国家社会主義者闘争同盟」ならびに後の「黒色戦線」のリーダーで、けだものじみた残忍さが吹き荒れた大粛清の中で殺害されたグレーゴルの弟だったが、ヒトラーへの復讐に向けて行動を開始した。彼はヒトラー殺害の作戦を練り、資金と情報と、密かにドイツに入国して総統を射殺する心構えのある人員を募った。このカミカゼ特攻隊のゆく道に足を踏み出そうとしているる実行グループには、ユダヤ人、チェコ人、ポーランド人が含まれていた。

ヒトラーのそばで何年も過ごしてきた経験から、その行動を熟知していたオットー・シュトラッサーは、この「オーストリア人のろくでなし」(H・ハイバーがヒトラーをこう形容した)が首相になっても生活習慣を変えていないことを知っていた。ヒトラーは、ユダヤ人が暗殺に来るなど、考えもしないに違いない。シュトラッサーは暗殺計画の黒幕として、志願者を見つけて、実行に向けて理論と実践の両面から準備させた。だが、最初の襲撃事件を起こしたのは、二年もたってからだった。それに、その間に親衛隊保安部(SD)国外情報員は、亡命者グループに潜入し、彼らからいろいろと探り出そうとしていた。国外情報員は、詳細については不明だが、総統襲撃計画が間近に迫っているとの意見で一致し、親衛隊保安部に用心するよう警告を送った。

しかし、ようやく当のドイツでも、さまざまな政治思想をもつ人々が集まり、ヒトラーの殺害を計画するようになっていた。集まっていたのは、怒りを募らせていた貴族たち、追い散らされたプロレタリア、勇敢な神学者、思索する将校、屈辱を味わった外交官、組織のトップの職にありながら――ベルリン警察本部長のヴォルフ・ハインリヒ・フォン・ヘルドルフ伯爵のように――ヒトラーに殺された突撃隊の同志の敵討ちを密かに決意した、激しい怒りにかられた古くからのナチ党員など、実に多様であった。

右派と左派が接近し、昨日の敵が、かつて追う者と追われる者だった同士が、ヒトラーを失脚させるという目標によって一つにまとまった。だが、絶え間なく続く死の恐怖のもとで生きてゆかねばならないという点を除けば、彼らの間で合意ができているのは、この目標だけだった。ヒトラーを逮捕するにとどめるのか、即刻殺害すべきかという問題で、足並みはすでに乱れていた。ナチという伝染病の恐怖から解放されるにはあの暴君を殺害するしかないとする現実主義者の内部でも、どのように始末すべきかという議論になると意見は割れた。明らかに暗殺とわかるやり方でか。事故死にみせかけるのか。複数の人間でやるのか、武器を携帯して彼に近づく機会のある人間が一人でやるのか。

優柔不断にただ迷うのか、思い切って行動するのか、別の人間を前線に送るのか、襲撃の際は自ら先頭に立って行くのか、いずれにせよ彼らは、ヒトラーの成し遂げた目ざましい成果によって、厳しい立場に立たされていた。時流は彼に味方していた。彼の支持者は増えていくばかりであった。

◎…忠誠を誓わされた国防軍

諸外国は、ヒトラーのやり方を不本意ながら認めることにしたようだった。ヒトラーは、自分のした約束や脅迫を一つずつ実行しにかかった。ヒンデンブルク大統領が亡くなる前日の一九三四年八月一日、ヒトラーはまず、「将来的に首相と大統領のポストは統合される」という法案を提出した。次に、今度は大統領の死の翌日、ヒトラーは不意に国防軍にクーデターまがいの奇襲をかけ、兵士は今後は国民と祖国にではなく、ヒトラー個人に忠誠を誓うよう命じた。

ルドルフ・クリストフ・フォン・ゲルスドルフ男爵は、後に時限爆弾をポケットに忍ばせてヒトラーを道連れに自爆しようと企てた人物だが、エリート部隊として知られた第七騎兵連隊の副隊長を務めていたとき、ブレスラウ市内の「兵士のゲットー」と呼ばれる地区で、新兵による軍旗への宣誓をめぐるヒトラーの電撃戦［訳注：忠誠を誓う相手を、国民と祖国からヒトラー個人に変えた突然の変更を指す］を体験した。ゲルスドルフが所属していた連隊の重装騎兵は、上官の将校を全面的に支持しており、その将校らは一人残らずヒトラーに反感を抱いていた。若い戦友が士官クラブでヒトラーの信奉者だと表明しようものなら、訓戒処分を受けるか、別の部隊へ配置換えされるほどだった。

ゲルスドルフはこう回想している。「少なくとも私の連隊ならば、ナチ運動を叩け、という出撃命令が出たら喜んで従っていただろう。当時、部隊は連隊幹部ががっちりと掌握していたので、我々将校は、幹部がしかるべき時に決然と、兵士の任務にふさわしい真っ当な措置をとるだろうと信じていた。我々は、軍人という立場上、ヒトラーとナチの運動をあまり重大に受けとめなかった。我々はむしろ、ブラウナウ出身の扇動者ヒトラーを物笑いの種と考えようとしていた」。

第七騎兵連隊は、貴族階級と緊密に結びついていた。将校は全員、シュレージエンの貴族階級の出だった。彼らはほとんど皆、親戚関係にあって、互いの考えを包み隠さず話し合うことができた。その席ではブレスラウのナチ党員が、話題に上ることが多かった。例えば、ある時、重装騎兵と突撃隊や親衛隊の隊員との間で激しい殴り合いが起こった。そしてレーム事件は、シュレージエンの親衛隊指導者ウード・フォン・ヴォイルシュとの間に不愉快な衝突を引き起こした。ヴォイルシュはブレスラウの兵営の前にトラックで乗りつけると、総司令部の命令だ、と言って、無愛想な口調で、数百挺のピストルと弾薬を引き渡すよう要求したのである。

ヴォイルシュの武器調達は遅々として進まなかった。彼は激怒したが、結局、受取証と引き換えに七五挺のピストル「ルガー08」を回収しただけで満足せねばならなかった。それでも、シュレージエンにおいて、おぞましい殺戮行動を実行するには十分な数だった。憎悪の対象だった突撃隊幹部だけでなく、貴族数人と七人のユダヤ人市民が犠牲となった。第七騎兵連隊の将校らは、殺人者集団であるこの親衛隊に戦闘を挑む心づもりを固めていたであろうに、実際には、彼らに――命令は命令で、致し方なかった側面はあるが――弾薬の供給さえしていたのだった。

レーム事件でまんまと一杯食わされた将軍たちは、ヒトラーが次に仕掛けてきた事件でも、行動を起こす勇気――下級兵士や将校らには彼ら自身が要求していたにもかかわらず――を示さなかった。ブレスラウの駐屯軍は、百周年記念ホールの近くの大きな広場に出動せよとの命令を受けた。ゲルスドルフ男爵は将校らが再び命令に服従したときの様子をこう記している。「だだっぴろい広場の一角で我が騎兵連隊は騎乗していた。ブレスラウの三つの騎兵小隊が隣り合って並んだ――パレード時の隊列を組んで。後に元帥となるルントシュテットが、指揮官の報告を受けた後、亡くなった大統領を追悼して短いが威厳に満ちた演説を行なった。『よき戦友のための歌』が演奏された後、ルントシュテットは突然号令をかけた。『連隊ごとに宣誓を示すため、誓いの印に右手を挙げよ』そのような新しいやり方での宣誓のことなど、我々は事前に聞かされていなかった。とりわけ、誓いの文句については、一言も知らされていなかった。我々は、教えられたドイツ及びドイツ国民への誓いを改めてなすべしと言われて、受け入れるしかなく、何の疑いももたずに宣誓の手を掲げた。我々騎兵は右手にサーベルを持っていたので、ルントシュテットはその前に素早く『サーベルを手綱を取る手に持ち替えよ！』と命じなければならなかった。それから彼は、さらにいくつかの文のまとまりに分けて、新しい誓いの文句を口にしてみせ、それを駐屯軍が全員で声をそろえて復唱した。『私は神かけて固く誓います。私は、ドイツ国家ならびにドイツ民族の指導者にして国防軍の最高司令官であるアドルフ・ヒトラーに、絶対服従をいたします、勇敢なる兵士として我が命をかけて誓います』。これまでの宣誓との違いは明々白々だったが、それにすぐ気がついていたとしても、実際には誓いを拒むことのできる状態ではなかったろう。白状せねばならないが、私も宣誓の後でようやく、たった今何が行われたのか、分かったのである。兵営に戻った時に、私は何人かの将校と新しい誓いの文句について話し合った。私は彼らに、ヒトラーへの全く個人的な誓いがそこには巧妙に仕込まれていることが分かるかと尋ねたが、彼らは最初、何を言っているのか分からないといった風に私を見つめた。（中略）その宣誓によってヒトラーがいかに抜け目なく残忍に、国防軍の兵士を彼個人に結びつけたか、当時はまだ人々には認識できるほどになってはいなかった」。

ブレスラウで行われたのと同様のシーンは、ドイツ全土で演じられた。P・ホフマンの言葉を借りると、「故人となった」ヒンデンブルクが埋葬される前に、この「非常識な暴君」は、「憲法に反したやり方で、国防軍を憲法上自分の支配下におくこと」に成功した。ブロムベルク国防大臣は、変更された誓いの文句を深く考えもせずに軍に広め、軍のほうも問いただすこともなく、心の準備もできないままあたふたと、ヒトラーという評価の分かれる党政治家に対して、初めて忠誠を誓ったのである。

一〇万人の兵を擁する国防軍は、この少し前まで、あらゆる政治活動を禁じられていた。しかし、いずれ数百万もの規模に拡大することになるこの軍は、今やナチズムにがんじがらめに縛られていた。そして独裁者ヒトラーは、疑わしい内容にせよ、宣誓を破ることに対して軍人が抱くためらいが、彼と彼の作った政治体制を守る盾として、護衛兵などよりもはるかにすぐれていることを知っていた。

実際レーム事件の際には、かつての首相官房次官エルヴィン・プランクが上級大将ヴェルナー・フォン・フリッチュ男爵を訪ね、ブロムベルク国防相はどうも拒絶するらしいから、断固たる軍事的措置を取ってもらいたいと懇願していた。ヴィッツレーベン、ルントシュテット、リッター・フォン・レヒなどの大将たちは、ブロムベルクに、シュライヒャー及びブレドウ殺害の件について軍法会議の場での審理を要求することで意見が一致していた。しかしこの「張り子の虎」ブロムベルクはまたもや尻込みし、この無理な要求を「不可能だ」とはねつけたのである。

政治と関わりをもたなかった国防軍は——兵士のベルトの留め金には「神われらと共に」と刻まれていた——中立という特別の立場を失い、暴力システムの保証人になった。数年後、国防軍首脳部が失脚し、何よりやがて負けることになる戦争をヒトラーが起こしたときようやく、軍人のうち、少なくとも比較的聡明な人たちは、自分たちはヒトラーに忠誠を誓いはしたがヒトラー支持を誓約したわけではない、と理解したのであった。

◎…行動を起した市民たち

武器を所持する国防軍の軍人が行動を起こす勇気を未だ奮い起こせずにいた一方で、何の権力も持たない一般市民は、理不尽な状況に対して自分たちの信念を示す勇気を見せていた。これらの市民は、成果よりもその精神性において立派にヒトラーに対する反感を示し、命じられてハーケンクロイツの旗を掲揚することも、小銭を募金箱に入れることも拒否した。彼らはこれ見よがしに教会へ行き、党の大衆向け集会にも参加しなかった。参加しないと目をつけられることを知っていながら、である。

彼らは、反抗心と絶望感がないまぜになった感情から行動していた。安全装置を外したピストルをポケットに忍ばせて、ベルリンの通りでヒトラーを待ち伏せした若者、ダヴィド・フランクフルターもその一人だった。このユダヤ人の青年は、ユーゴスラヴィア出身で、ユダヤ教の神職者（ラビ）の息子であり、暗殺者というよりは夢想家であった。侮辱や迫害や財産の略奪などよりもずっとひどく彼に堪えたのは、ユダヤ人は臆病で、何もせずに全てなされるがままにしている、という非難だった。フランクフルターは次第に、自分が世界のために変革ののろしをあげなければ、という考えに深く入り込んでいった。彼はヒトラーには近づけなかったので、せめて彼の代理を務める地方役人を殺そうと考えた。彼はスイスに行き、後にダヴォスで――ヒトラーの代わりに――スイスのナチ党地区指導者ヴィルヘルム・グストロフを射殺した。

一九三四年九月五日、ヒトラーはニュルンベルクで開かれた全国党大会で、国家社会主義革命は完了した、と発表した。実際、今やドイツ国内は静寂が支配していた。墓場のような静寂が。レーム粛清事件で行方不明になった者の所在は判らないままだった。だが時々、死んだと思われていた者が再び現れたりもした。例えば、保守派の君主制支持者、エーヴァルト・フォン・クライスト＝シュメンツィンである。彼の名は、粛清対象者の「全国候補者名簿」のごく上位に記載されていた。

クライスト＝シュメンツィンは、やはり命の危険にさらされ、ナチに「口先だけの過激派」と非難されていた作家エルンスト・ニーキシュに匿われていた。生命の危険を感じつつ何週間か過ごすうちに、政治的に反目し合っていた二人は友人に、そして結託した謀反人になった。というのは、ニーキシュは、ウィーンとプラハにあるオットー・シュトラッサー率いる「黒色戦線」、さらにはドイツ国内の反ナチ活動家、例えば弁護士のファービアン・フォン・シュラープレンドルフ、グッテンベルク男爵、ヨーク・フォン・ヴァルテンブルク伯爵などと連絡を取り合っていたからである。

このグループには、実業家で工場経営者でもあったニコラウス・クリストフ・フォン・ハーレムもいた。彼は、海外に持つ幅広いコネクションを抵抗運動グループに提供した。せっかちな彼は、友人たちとは異なり、政権を倒したらヒトラーは殺さねばならない、と最初から考えていた。仲間の一人フリッツ＝ディートロフ・フォン・デア・シューレンブルク伯爵が反ヒトラー派の国防軍将校に全幅の信頼を寄せていたのに対し、ハーレムは伝統とか功名とか偏見とかに囚われている軍人は、事を遂行するのに不適格だと見ていた。いずれにせよ、彼には暗殺計画の準備にかける時間はあまりにも長く感じられた。彼は暗殺計画のごく初期から実行の時まで精力的に行動した。そして話し合いによる解決ではなく、殺害を要求した。

どのように事を起こすべきかについては、ハーレムにはもちろん、何も言えることがなかった。彼は漠然と、その道のプロを雇って実行させることを考えていた。そのような人間ならばもうとっくにいて、契約するまでもなかった。それは、ベッポ・レーマーという男で、第一次大戦から生還した手練れの勇猛な兵士であり、かつて「山岳」義勇軍のリーダー（もっともその革のニッカーボッカー姿は義勇軍というよりむしろ密猟者の旅団と呼ぶにふさわしかったのだが）として活動し、ミュンヒェン一揆に参加し、大学で学び、そしてナチ党員から共産主義者へと転向するなど、多彩な経歴を持っていた。彼は最初は一人で活動していたが、ヒトラー殺害の準備を着々と進めていたのだった。レーマーはなんとも形容しがたいタイプの男で、見事な射撃の腕前を持つスパルタクスであり、自分が信奉しているものの価値を常に信じきっていて、そのために命を賭ける覚悟もできていた。彼は、モルヒネ中毒患者が薬を必要とするように、危険を必要としていた。

彼のような人間とその一味は、度胸の点でも腕前の点でも、総統用の特別列車を爆破することもヒトラーを党大会の人ごみの中で射殺することも、可能だった。レーマーは、歯止めのきかない向う見ずな男で、硝煙の扱いにも長けており、ヒトラーを片づけるのにまさにうってつけの人物に思われた。この絵に描いたような暗殺者は、一九三四年六月のレーム粛清事件を生き延びていたが、その後逮捕され、ダッハウ強制収容所に送致された。彼がまだ生きていることは、半分は奇跡のようだったが、彼のような武者修行の旅を続ける者は、敵陣営の中にも友人がいるもので、そんなわけで彼はそう簡単には粛清されなかったのである。

レーマーには、第一次大戦の戦友だった将校仲間の中に、有力な味方となってくれる人物がいた。彼らは、レーマー釈放のために尽力した。ハーレムは、時間はかかるがうまくいくだろうと信じて疑わなかった。彼は、レーマーが釈放されたら、オーバーシュレージエンの鉱山のベルリン代理店を営むバレシュトレムのところで名ばかりの職を世話してやり、それを隠れ蓑に本来の仕事のために自由に動ける時間をとってやろうと考えた。

ベッポ・レーマーの考え方に共鳴する友人には、パウル・ヨーゼフ・シュトゥルマー博士を中心とする抵抗運動小グループも含まれていた。彼らはヒトラーが政権を掌握する以前から、ナチ政体打倒のために積極的に戦おうと結集していた。メンバーは、かつての「鉄兜団」のメンバーや、大学教授、イエズス会の神父、将校数人、それに社会民主党の幹部だった。策士であるシュトゥルマーの人脈はドイツ南部にまで及び、シュトゥットガルトでは工業経営者ロベルト・ボッシュと地方政治家アルヌルフ・クレットを中心とする反ヒトラー派にたどりついた。

◎…ゲルデラーの活動

彼らに劣らずかなりうまく活動をカモフラージュしていたのが、「マルクヴィッツ・グループ」であった。主なメンバーは、社会民主党員、労働組合活動家、一般市民らで、彼らは地下に潜って非合法のビラを貼ったり、発禁処分となった文書を配ったり、危険な目に陥った人々をかくまうか国外へ逃すかしたり、ヒトラーの殺害もしくは失脚を考えている人物がいないか、つてをたどって探したりしていた。

ゲシュタポは、「マルクヴィッツ・グループ」の連絡係の中にスパイを潜り込ませることに成功した。一九三五年五月、このグループはつぶされた。メンバーは死刑になったり、自殺したり、国外に逃亡したりした。彼らを追跡してきた者たちは、社会民主党員や労働組合活動家を逮捕する口実としてこのグループを利用した。数千人が拘禁されるか拘禁状態に留め置かれ、数百人が「通常の」裁判によって重い懲役刑の判決を受けた。

それは、ハイドリヒの放った追っ手がこの時点までに摘発できた、数少ない抵抗運動の一つだった。ゲシュタポには恐ろしい評判がついて回っていたが、それは彼らの活動の成功率ではなく、残虐非道さによるものだった。社会主義者を標的とした狩りが行われている間、後に抵抗運動を代表するスポークスマンの一人となるカール・フリードリヒ・ゲルデラー博士は、嫌悪感をはっきりと表明した。彼はライプツィヒ市長であるだけでなく、国家物価審議官をも務めており、市民の間に大きな支持を得ていた。そのため、ゲルデラーが党のザクセン州支部との間で長いこといざこざを続けていたにもかかわらず、ナチスは彼を解任することができなかった。

省庁や行政機関には、ナチ党員になったことがなく、抵抗運動のメンバーに貴重な情報を提供できる人間が、まだ重要ポストに留まっていた。ゲルデラーのような人物はやがてその地位を追われることになるが、それまでは、暴力の横行する機構全体に目を光らせ、身の危険の迫った人物に対し、急いで地下に潜るよう

▲…カール・フリードリヒ・ゲルデラー

しばしばサインを送った。

ゲルデラーは、ナチ党にとって目障りな人物だったが、同時に、志を同じくする者たちの目にもしばしば、少なくとも分別を欠いていると映った。例えば、ベルリンの司教コンラート・フォン・プライジング伯爵に初めて会った時、ゲルデラーはこう挨拶した。「もちろん、ナチ政権は抹消せねばなりません」。後に枢機卿にもなる高位聖職者のプライジングに対して、彼は分別をもって接している自信があったのだろう。しかしゲルデラーは、あまり信頼できない人物の懐にも、爆弾を抱えて飛び込む癖があった。もっとも、その爆弾が爆発するのは、まだかなり先の一九四四年七月二〇日のことであったが。

ハロルド・C・ドイチュは、アメリカのミルウォーキー出身で、ハーヴァード大学とパリ、ウィーン、ベルリンの大学で学んだ歴史家だが、一九三六年春、ライプツィヒ市役所にやって来た外国人訪問客のひとりだった。彼はいくつか質問を準備していて、それを用いてドイツ人とのやりとりの中から彼らの政治的本音を引き出そうとしていた。彼はゲルデラー市長に挨拶した後、こう投げかけた。「今日のドイツにおける最大の問題は何だとお考えですか」――「最大の問題は、素朴で人間らしい礼儀を回復させることです」とライプツィヒ市長ゲルデラーは返答し、いかによからぬ状況にあるか、あれこれと挙げ始めた。

話の最中に、彼は立ち上がり、窓の方に歩み寄ってドイチュに、こちらに来るよう手招きした。「ご覧下さい」と、彼はゲヴァントハウスを指した。その前にはユダヤ人作曲家フェリックス・メンデルスゾーン＝バルトルディの記念碑が立っていた。「あれが我が市の抱える重要な問題のうちのひとつです。突撃隊はしつこい。私にあの記念碑を撤去させようとするのです。しかし奴らがあれに手を触れたりしたら、私はその場で辞職します」。

半年後、市長は出張に出かけねばならなくなった。党は彼の不在を利用して、記念碑を台座から突き落とした。ゲルデラーは帰還すると、メンデルスゾーンの碑と運命を共にすると表明し、その日のうちに辞任した。

辞任する前、国家物価審議官でもあったゲルデラーは、何度かヒトラーと顔を合わせていた。言葉を交わす中で、彼は、幾つかの細かな問題点に関して、この「危険な神経症患者」（H・ハイバーがヒトラーをこう呼んだ）の考えを――正確には単なる見せかけだったが――変えさせることに成功した。こうした経験もあって、根っからの楽観主義者だったゲルデラーは、「この独裁者は、正当な論拠を呈示しさえすれば、まともに話ができる相手だ」という、命取りとなるような誤った推論を導き出した。

後に、ヒトラーを首尾よく暗殺できたら、彼に代わって首相の地位に就くことが期待されるようになったゲルデラーは、様々な土地を渡り歩く訪問販売員のように、策謀を試み始めた。ライプツィヒ市長を辞めた後、クルップ・コンツェルンが高い地位を用意して彼を迎え入れようと申し出たが、ヒトラーはそれを阻止した。ゲルデラーはあきらめて、代わりにロベルト・ボッシュの会社で職を得た。ボッシュは、一流の工業経営者のひとりとして、ヒトラーがいかに誤った投資先であるかを認識していた。

ゲルデラーは、膨大な記憶力と汲めども尽きぬエネルギーの持ち主だった。H・C・ドイチュは以下のように書いている。「彼の活動は広く、国内各地域はもとより、国外にも及んだ。こうした旅行の口実に、ロベルト・ボッシュ・コンツェルンで得た名ばかりの職が役に立った。背が高く、つば広のソフト帽をかぶり、マントをなびかせ、節だらけの杖を持つと、冗談めかして『巡回説教師』と呼ばれたが、本当にそう見えた。

反対派グループもしくはサークルは、大抵は自然発生的に、ほとんど偶然に形成された。影響力を持ち、名声もある人物の周囲に、志を同じくする者たちが集まって意見を交わし、支援し合った。そうした秘密の集会はまた、考え方の似たほかのグループと地域の枠を超えてつながりを持つ傾向を強めた。この段階になると、指導的立場の人物は、さらに重要な役割を演じた。なぜなら、彼らは国内の他地域にいる同志と自由に連絡を取り合っていたからである。その次の段階は、方向性の異なるグループ間で連携することだった。カトリックの抵抗運動に加わっている人々は、プロテスタントの人々と対話を始めた。保守派、自由主義者、社会主義者らは意見交換を開始し、共通の基盤を見出そうとした。連絡を取り合うのは、比較的小規模なグループ間に見られるように、ほとんどの場合は純粋に狭い地域内部で始まり、次第に地域を広げて、最終的には国内各地を結ぶレベルにまで発展した。このために、やりとりが何倍にも増え、混乱を引き起こすこともしばしばだった。非常に基本的な、危険を予防するために求められた規則は、知っておくのは必要不可欠なことだけに限ること、とりわけ参加者の身元についてはできるだけ知られないようにすることだった。この危険なゲームにおいては、知は力ではなかった。知ってしまうと、本人も仲間も、死の危険にさらされる恐れがあった。知らなければ、拷問を受けても答えようがない。複数のグループが参加する会合では、参加者を紹介することは全く行われなかった。そんなわけで、集会の多くは早朝まで続いたにもかかわらず、出席者のほとんどは、語り合った相手の名前や人となりについて、ろくに知らされないままだった」。

ゲルデラーを中心に、反ナチ派は結集した。彼は倦むことなく町から町へと飛び回り、請願し、呼びかけ、扇動した。彼は抵抗運動の駆動エンジンだった。それも、かなり大きな音を響かせるタイプの。彼は、話しかける相手によって態度や出方を変えたりはしなかったし、激怒している時に声のトーンを落としたりもしなかった。ある日、ゲルデラーは一人の将校に同行して、外科医のフェルディナント・ザウアーブルッフを別荘に訪問した。その夕刻、運転手を務めた実直な将校は、隣室で座って待ちながら、聞こえてくる声高な激しいやり取りに耳を傾けていた。

将校は、ゲルデラーを自宅まで送った。夜のベルリンの街に車を走らせながら、運転手役の将校が振り返った。「それで、一体いつやるんですか」。仰天した二人の乗客に、彼は尋ねた。「あのヒトラーの奴はとうとう殺されるんでしょう、いつなんですか」。

疑問に思わずにはいられないのだが、ある男とその周辺の人物を追いつめて捕まえることもできなかったとは、ゲシュタポは、どれほど出来の悪い組織だったのだろうか。その男は、一〇年以上もの間、体制に対してあからさまに敵意を見せていたというのに。

◎…好景気に支持を広げるナチ政権

陰謀を企てる者だけでなく、それを追う者にも経験が欠けていた。長いこと彼らは、お互いに何の関わりもないかのように併走を続けていた。時々、地下に潜って争うことはあったが、お遊びのようなものだった。ベルナルド・アットリコ駐独イタリア大使は、次のように揶揄した。「ドイツ人は、陰謀を企てる人間などではない。陰謀を企てる人間には、忍耐力、人情を解する力、人間心理への洞察力、他者への思いやりなどが備わっているものだが、彼らには何一つない。そう、彼らは皆、職を追われ、収容所の中で露と消えていく。

暴力を行使する手段を持ち、それをいつでも使用する準備のある、暴力で統治する政府に対して、反乱など起こりえない。当地のような状況と戦うには、粘り強さ、偽装する才能、フランスのタレーランやフーシェ［訳注：ともにフランス革命期、第一帝政期の政治家］が持っていたような才能が必要なのだ。ドイツの南の端から北の端まで探したとしても、どこにタレーランのような人物が見つかるというのだ」。

アットリコは、ムッソリーニ政権がベルリンに送った駐独大使で、自らの体験からこのように冷やかしたのである。彼は、ヒトラーがいかにしてドイツ国民の大多数をとりこんだかを、実際にその目で見つめてきた。一九三六年に、失業者は本当に路上から姿を消した。完全雇用が主流となり、賃金も物価も安定した。S・ハフナーはこう述べている。「この奇跡のような状況に対してドイツ人が示した、ありがたさとあきれた思いをないまぜにした感情は――この感情のゆえに、特にドイツの労働者階級は、一九三三年以後、その支持政党を、社会民主党や共産党からナチ党に鞍替えしたのだが――あまりに大きく、その大きさは想像の域を超えている。この感情は、一九三六年から一九三八年までの間、大衆感情を完全に占拠し、ヒトラーを相も変わらず拒絶する人々を、文句ばかり言っている不平屋だと貶めた。『あの男には欠点があるかもしれないが、我々にまた仕事をくれたのだ』――一九三三年の時点で反ヒトラー勢力の中核を形成し、以前は社会民主党や共産党に票を投じた人々の大半は、このころにはこうした意見になっていた」。

何百万人もの人々の貧困問題は解決した。たとえ、労働者の職が軍需産業のベルトコンベアーについたり、アウトバーンの建設現場に立ったりすることであり、彼らが救われるのは一時的なもので、その代償に、想像を絶するような、経済的な貧困をはるかに超える困窮状態に間もなく追い込まれることになろうとも。

状況はよくなっていた。反ヒトラー派ですら、ナチの挙げた成果には太刀打ちできないようだった。冬期貧民救済事業では困窮する貧しい人々を飢えと寒さから保護した。結婚資金の貸付事業や、妊産婦の法的保護、母親たちのリフレッシュ事業、児童疎開、ナチの組織である「歓喜力行団」〔訳注：ナチ政権下で、国民に多様な余暇活動を提供した組織〕などの施策が行われた。一九三七年までに二二〇〇万人もの人々が、大挙して歓喜力行団の企画する旅行に出かけ、休暇を過ごした。出生数は、一九三三年の九七万一〇〇〇人から、一九三九年には一四一万三〇〇〇人に増大した。親衛隊創設の母子福祉団体である「レーベンスボルン（命の泉）」での数字は含めずに、である。

賠償金の支払いは中止された。ヴェルサイユ条約はすっかりなし崩しにされたが、それが戦争につながることにはならなかった。外国からの訪問者は、ドイツを去る時にはヒトラーを賛美するようになった。例えば、太平洋横断飛行のチャールズ・リンドバーグ、ウィンザー公夫妻、フランス銀行総裁、それから第一次大戦後のパリ講和会議をリードした「偉大なる四人」の一人、ロイド・ジョージなど。ザール地域は再びドイツに帰属することになり、諸外国はヒトラーと条約を結んだ。まずはよりによってバチカンが。

新しく開発された歓喜力行団の車の宣伝も流れた。後になると、この車を目にすることができるのは、北アフリカかロシアにいる兵士だけになったが、当初は国民車として、一〇〇〇ライヒスマルク未満で手に入るという触れ込みだった。いずれにせよ独裁国家の人々は、現実によってではなく、夢や希望によって生きるのだ。ヒトラーが世界中の若者を呼びよせた時――一九三六年のベルリンオリンピックは、彼の国際的な評価を決定的に高めた――、既に建設されたアウトバーンの総延長距離は一〇〇〇キロメートルに達していた。ドイツを訪れた人々は、驚嘆し、称賛した。

アルコール依存気味のドイツ労働戦線全国指導者ロベルト・ライ博士は、強制収容所の労働力を利用して労働休戦を確立した人物だが、聴衆であふれ返ったある工場のホールで「ドイツは天国よりも素晴らしい」と声高く叫び、割れんばかりの拍手喝采を浴びた。

◎…一九三六年一二月、ニュルンベルクの暗殺未遂事件

こうした考えに同調できない者が、独裁者殺害の道をすでに歩み始めていた。オットー・シュトラッサーによる、ヒトラーの時代を終わらせようとする最初の試みがそれであった。計画を実行する場として、彼が思いついたのは、全国党大会が行われるニュルンベルクの会場であった。象徴的な効果が期待できた。党大会は、ヒトラーが毎年、在庫品の総ざらえといわんばかりの大規模な宣伝活動をやらかす場だったからである。ヴァーグナーの音楽に、大規模なパレード、制服を着たプロレタリア、うっとりと見とれる小市民、平和への誓い。併せて開催される軍事ショー。ツェッペリン広場には旗の海が、空には航空機のパレードが、地上には戦車の小演習が、そして夕暮れには「光のドーム」が、一三〇本ものサーチライトで六〇〇〇メートルから八〇〇〇メートル上空に形づくられた。「時折、雲がこの光の輪の中を通っていき、荘厳な効果に、シュールリアリスティックな非現実味がさらに加えられた」と、考案したアルベルト・シュペーアは述べている。彼は、パウル・ルートヴィヒ・トロースト教授亡き後にナチの主任建築家に昇格した人物だった。また駐独イギリス大使ネヴィル・ヘンダーソンは、「ヒトラーの蜃気楼」について、「厳かで美しく、まるで氷でできた大聖堂の中にいるようだった」と記している。

そんな氷の大聖堂など跡形もなく壊してしまいたい、と願う若者がいた。建築を専攻する大学生で、ヘルムート・ヒルシュという名のユダヤ人だった。裏で糸を引いていたオットー・シュトラッサーが情報と爆薬を提供してやると、ヒルシュは爆薬の取り扱い方を徹底的に学んだ。彼は、人気のない時間に建物の中に忍び込み、地獄への扉を開く恐ろしい爆破装置を演壇のそばに仕掛け、予定時刻に爆発させることになっていた。

暗殺実行を任されたヒルシュは、「同盟青少年団」の一員だった。シュトゥットガルト出身の彼はシュヴァーベン地方の方言が話せたので、周囲から特に奇異の目で見られることなく国内を自由に移動できた。政治や社会の情勢にも通じており、外見でも振る舞いでも目立ち過ぎる点はなかった。このヒルシュは、ヒトラーの死後はこの任務を与えてくれたシュトラッサーがナチ党を引き継ぎ、党の基本政策を緩和し、中でもユダヤ人排斥を目的とした部分を削除してくれると信じていた。彼は、プラハから秘密裏にドイツに戻る前に、この点をシュトラッサーからはっきりと確約してもらっていた。

ところが、この計画は、ヒルシュがもっていた固定観念のせいで実行が困難になった。ヒトラーを暗殺するなら、扇動新聞『シュトゥルマー』の発行責任者で、ドイツで最も有名な反ユダヤ主義者、ユリウス・シュトライヒャーをなんとしても一緒に始末したい、というのがヒルシュの強い願いだった。しかし以前とは違って、ヒトラーは、自ら「フランケン地区の指導者」を任じていたシュトライヒャーと公衆の前に出るのを好まなくなっていた。それでも、シュトラッサーはなんとか、この二人が出席する内々の集まりがあるとの情報をつかんだ。どんな危険も顧みないヒルシュにとって、二人を一度に殺害するチャンスがめぐってきた。ヒルシュを突き動かしていたのは、ダヴィド・フランクフルターと同じ動機だった。つまり彼は、ユダヤ人は意気地なしなどではなく、独裁者と、ポルノまがいの記事で世間を煽動する政治家を、支持者の眼前で抹殺することだってできるということを、世界に証明して見せたかったのである。

一九三六年一二月二〇日、彼はシュトゥットガルトに到着した。ホテルに泊まったが、宿泊客名簿にはパスポートに記載された名前を記入した。三日後、彼は「全国党大会の町」ニュルンベルクに入り、前もって決めてあった待ち合わせ場所で爆薬を受け取るつもりでいた。その爆薬は、別のルートを通った運び屋によって後から届けられる手筈になっていた。ヒルシュは待ち合わせの時間よりも早くニュルンベルクに着くと、遊び人のように通りや広場を歩いて回り、逃走経路をしっかりと頭に刻み込んだ。

彼は、何百人という野次馬にまぎれてツェッペリン広場を見に行き、そこで爆薬の組み立て方とその爆発力について改めて簡単におさらいした。アルベルト・シュペーアは、木製の観覧席を巨大な石造りのものに造り替えており、その規模は幅三九〇メートル、高さ二四メートルにもなっていた。「ここの幅は、ローマのカラカラ浴場よりも一八〇メートル長くなった。つまりほぼ二倍になったということだ」と製作者シュペーアは書いている。

この時点でも、ヒルシュは、運び屋が爆薬を抱えて国境を越えようとした際に見とがめられ、捕まっていたことをまだ知らなかった。運び屋はゲシュタポの粗暴なやり方に持ちこたえられず、あっという間に全てを白状した。爆弾を仕掛けることになっている人間の偽名が分かったので、検挙には、警察がドイツのホテルの宿泊者カードをしらみつぶしに探すだけでよかった。最初の足跡はシュトゥットガルトで見つかり、それを追跡するとニュルンベルクにたどり着いた。ヒルシュは逮捕され、厳しい取り調べを受け、裁判にかけられた。この学生は公判で、オットー・シュトラッサーに実行を命じられたのだと認めた。彼は死刑判決を受け、処刑された。

そのころ「黒色戦線」のリーダー、シュトラッサーは、プラハやウィーン、パリなどを拠点に、謀反活動のネットワーク拡大をさらに推し進め、初めてイギリスとスイスを活動の出発点として利用するようになっていた。だがその一方で、一九三八年、デープキングとクレミンという二人の男に暗殺者の嫌疑がかけられた。さらに、カール・ホフマン、エーリヒ・シュルツ、ヴィルヘルム・トッシュの三人が、爆薬による暗殺の準備に関わった——ただ、その経路まではばれなかった——として、ベルリンのプレッツェンゼー刑務所で斬首刑にされた。

第二次大戦が始まる前、親衛隊保安部の国外情報部は、有名無名を問わず、暗殺計画を企てた者、国外亡命者、また亡命から帰還した者、政治思想上転向した者などについて頻繁に報告を送ってきた。根拠もなく騒ぎ立てただけというケースも多かったが、それでもオットー・シュトラッサーは、ウィーン、プラハ、パリがドイツに占領されるまで、巨大な物言わぬ影のように、ＳＤ長官ハイドリヒの上にのしかかっていたのである。

第4章
独裁者と危険

◎…総統官房の警護をくぐり抜ける侵入者

エーファ・ブラウンは、ヒトラー生涯の伴侶でありながら粗末な扱いを受けていた。彼女がヒトラーを帝国総統官房に訪ねようとする時には、衛兵に特別許可証――それは当時発行されていた九種類の特別許可証のうちの一つだった――を提示せねばならなかったうえ、チェックの回数も一度ではなかった。これに対して、酒に酔った肉屋のフランツ・クロルは、一九三七年二月一四日、誰にも見とがめられずに、千鳥足の状態で警備網をくぐり抜けた。この男は、酒臭い息をぷんぷんさせ、ガラスのような生気のない眼をして、止める者もないまま官邸の中をよたよたと歩き回り、総統の執務室に押し入ろうとしたところでようやく取り押さえられた。警察に（本人の申し立てによれば）一三五ライヒスマルクを巻き上げられたことで苦情を言いにやってきたのだった。

クロルは武器を所持していなかったが、そのひと月前、一月一一日一四時三〇分頃、元訪問販売員で失業中の男がフォス通りの工事現場の板囲いをよじ登り、開いていたトイレの窓から帝国総統官房に侵入した時には、威嚇射撃用のピストルを持っていた。最終的にこの男を発見したのは用心深い小間使いであって、兵士でもSS総統護衛隊の護衛でもなかった。この男は、ろくに取り調べも受けずにつまみ出され、SS総統護衛隊の隊長が戻ってきた時になって初めて、再び捕えられて尋問を受けた。

これらの例が示すように、総統との面会を望む国民同胞の招かれざる侵入事例はなかなか止まなかった。繰り返される事件は、ヒトラーに近づくことがいかに簡単だったかを証明していた。組織が複雑になり過ぎ、警備を担当する職員に要求される内容も過大になっていた。何日間も交代せずに警護に就いた後、何週間か手持ちぶさたな日々が続き、その間に感覚が鈍ってしまった。保安上、これでは危険ではあったが、ヒトラーは知らない顔が身の回りにあるのを好まなかった。ヒトラーに顔を覚えてもらったら、よほどのヘマをしてヒトラーの機嫌を損ねない限り、側仕えのチームから降ろされることはなかった。ヒトラーの家僕や事務職員や副官は、彼がひいきにした社交仲間であり、話に耳を傾けてくれる相手であり、信頼のおける友人だった。彼らの前では、ヒトラーは臆せず振る舞うことができたのである。

「生半可な教養の持ち主の典型」（S・ハフナー）だったヒトラーにとって、学のある人間はおぞましい存在だった。学者に囲まれると、彼は落ち着かなくなった。後に軍需相となるアルベルト・シュペーアは次のように断言している。「国家首脳部のエリートだというのに、五〇人の全国指導者や大管区指導者のうち、まともに大学を卒業しているのは一〇人そこそこだった。何人かは、途中でつまづいたまま卒業できず、ほとんどは中等学校を出た後、進学していなかった。彼らのうち、なんらかの分野で目ざましい成果を上げている者はほとんどいなかったし、ほぼ全員が、知的なことには驚くほど無関心だった。ヒトラーにとっては、側近の中に自分と同じ素性の者がいると判っているほうが基本的には好ましかった。たぶん彼は、そうした人々と一緒にいる時が一番居心地がよかったのだろう。そもそも彼は、身近な側近になんらかの先天的な欠陥があると、むしろそれを愛おしく思う人間だった」。

ゲッベルスの秘書で、後にニーダーシュレージエン大管区指導者になったカール・ハンケもこう証言している。「部下にちょっとした欠点があり、それを上司に知られていることを本人が知っている場合、それはいつもメリットとなる。欠点ゆえに、総統が部下を交代させることはめったになかった。なぜなら、彼らと共にいるのが総統には一番気安かったからだ。ほとんど誰もが、やましいところを持っており、だからこそ、彼らを囲い込んでおくのに好都合だった」。

帝国保安課報部（ＲＳＤ）の職員と親衛連隊の兵士——彼らは、協力して旅行中のヒトラーの身辺警護や私邸・官邸の警護に当たるとき、ＳＳ総統護衛隊という名の組織になった——は、遵守すべき規程が矛盾していたため要求に応じ切れなかったり、指揮系統の曖昧さに振り回されたりすることが多かった。彼らはヒトラー直属だったが、実際にはあらゆる命令を受けねばならなかった。親衛隊全国指導者、帝国保安課報部長官、内閣官房長官、親衛連隊隊長、大勢の副官、書記官、さらには女性秘書、使用人、パイロット、車の運転手——外国新聞局局長ハンフシュテングルが「総統お気に入りの運転手」と呼んで嘲笑した彼らは「もうひとつの政府」を形成していた——までもが彼らにしばしば命令した。

護衛たちは厳格な服務規程を守らねばならなかったが、現実には絶えずそれに違反するよう強いられた。ゲーリング、ゲッベルス、それに「ヒトラーのオウム」（総統に心酔していたリッベントロップを、Ｈ・Ｃ・ドイチュがこのように形容した）などナチの大物は、随行してきた部下のなかに護衛要員の知らない顔が混じっていても、身分確認を拒否したからである。昔から突飛な発想の持ち主として知られていた総統代理ルドルフ・ヘスなどは、いろいろな中仕切りがついたブリキの容器に自分が食べる食事を詰め、副官に命じて帝国総統官房内に持ち込ませたが、官房の護衛が求めても容器の中はチェックさせなかった。随行した部下は、その特製弁当箱を厨房に運び、食事を温めてもらった。

この件では帝国保安諜報部の職員もかなり気を揉んだが、まもなくその心配はなくなった。密告する者があり、ヘスが官房内に弁当を持ち込んでいることをヒトラーが知ったからである。ヒトラーはヘスに、「栄養管理が完璧にできる腕のいい料理人」の女がいることを指摘し、以後、官房内に食事を持ち込むことを禁じた。ところが、その後まもなく、総統に絶賛された料理人の女が、非アーリア人の血筋であることが発覚した。ヒトラーは彼女を解雇せざるを得なかったが、自分の口からは解雇を言い渡せなかった。

ヒトラーの護衛たちは、服務規程があるため勝手な行動はとれなかったものの、リスクを覚悟のうえで自ら決断せざるを得ないような事態には、頻繁に遭遇した。たとえば、ヒトラーへの贈り物として、モーターボートが一台、大型貨物車に乗せられて官房の中庭に運び込まれたことがあった。暗殺用の時限爆弾を隠すにはうってつけの品だった。だが官房入口の衛兵たちは、ろくにチェックもせずに邸内に通していた。また、一九三七年一月三〇日には、外国人外交官八四人が総統官房に招待され、窓からたいまつ行列を見物した。このときも、官房入口の衛兵たちは、招待客のボディーチェックをせず、身分証明書をチラッと見ただけだった。

護衛担当の職員にとってそのような機会は、別の理由で悪夢に等しいものだった。旧首相官邸は鉄血宰相ビスマルクの時代に建てられたが、ビスマルクは己の政治目的を達成するのに大衆を熱狂させる必要などなかった。だが、偉大なる俳優ヒトラーは、総統お出まし用のバルコニーを必要とした。アルベルト・シュペーアは、記録的な速さで新しく帝国総統官房を建設したばかりだったが、追加工事としてそのバルコニーを二万八三六〇ライヒスマルクもかけて取り付けた。ヒトラーを銃撃から守るため、八ミリ厚の鋼板が胸壁に使われた――しかし彼は、隠れるどころか、自分の姿を見せたがった。夜のパレードが官房の前を通る際、彼は照明を浴びたその身を公衆の前にさらした。腹の据わった暗殺者なら、彼を撃ちそこなうことはなかっただろう。

護衛たちはヒトラーの命を狙う敵が来ないか見張っていたが、失敗することも多く、何度か監視を怠った後、発砲事故を起こしたこともあった。だがそれでも、彼らが――初期の頃のように――ふざけてわざと通りを横切ってパレードを足止めさせたり、ヒトラーの執務室の控えの間で調子に乗ってコート掛けのフックをはぎ取ったり、カードゲームに興じるあまりに大声を上げて、総統の国務を妨害したり、などということはもはやなくなっていた。

規律に違反すると、さらに厳しい任務が待っていた。警備職員は、もっと注意深く見張るよう申し渡された。にもかかわらず、一九三七年一一月二六日には、エルバーフェルト出身で、精神病院を退院したばかりのヨーゼフ・トーマスという男が、弾丸を装填したピストルを持って官房内をうろつくという事件が起こった。ヒトラーを射殺しようとしていたのだろう。彼は標的にたどり着く寸前で捕えられたが、ただ「総統かせめてゲーリングと話をする」ためにここへ来ただけだ、と主張した。ゲシュタポに引き渡された彼の消息は、その後二度と聞かれることはなかった。

短刀を隠し持った「陳情者の女」がヒトラーのすぐそばまで近づいたことがあった。また、外部から遮断された帝国総統官房の庭園――動物好きのヒトラーは、午後になると、ここでときどきリスに餌を与えたり、愛犬のシェパードを散歩させたりしていた――に二人の女が入り込んで、ヒトラーを待ち伏せしているのが見つかったケースもあった。彼女らは立ち入りが厳重に禁止されている区域に、まるで近くの動物園の中にでも入るような感覚で、監視の目をくぐり抜けてここまで入り込んでいたのだった。

◎…ミュンヒェンのヒトラー

ヒトラーは、遅くとも金曜日にはベルリンを発つのが習わしだった。執務に戻るのは、早くて月曜の夕刻からだった。ドイツ南部への週末ごとの旅行は、随分前からお決まりのスケジュールになっていた。知りたいと思えば誰でも、ヒトラーの行き先はすぐ教えてもらえた。まず、ミュンヒェンのボーゲンハウゼン地区にある私邸に一泊した後、――ミュンヒェンのカフェやティーハウス、レストランなどでぼんやりと過ごすほうを選ぶこともたまにあったが――オーバーザルツベルクへ向かった。

ヒトラーは、ベルリンでは国を背負う公人として振る舞ったが、ミュンヒェンでは私人――もしくは党首――として行動するのが常だった。この町は、彼が思い入れたっぷりに言い切ったように「一番気の置けない」町であり、ここで過ごす時、ヒトラーは全く別の顔を見せた。リンツの学校で落第し、ウィーンでも美術学校の受験に続けて失敗したヒトラーは、ミュンヒェンに移って浮浪者から志願兵になることができた。そんな彼にとって、ミュンヒェンは真の故郷となった。ナチの草創期における一連の出来事はこの町で起こった。その段階ではナチの運動は、まだビールをひっかけた上での戯れ事でしかなかった。ヒトラーは、頼まれもしないのに、この町に「ナチズムの首都」という称号を与えた。そして、以前はナチ党とは何の関わりもなかった多くの住民さえも、この称号に誇りを抱くようになっていた。その一方で、ホーフブロイハウスでやっていた政治ごっこが、一つの世界観にまで発展したのは運動の中心がドイツ北部に移ってからだ、と主張する一派もいた。

「闘争期」と呼ばれる頃のミュンヒェン市民は、褐色のシャツの男たちを率いるヒトラーを「ミュンヒェンの王様」と呼んで、半ばからかいながらも、半ば尊敬の目で見ていた。その彼は、一九二九年九月一二日、「国籍のない画家兼著述業アドルフ・ヒトラー」の名で、市当局に転居願を出した。この申請書からは、彼がそれまでティアシュ通り四一番地の住居を又借りしていたこと、ミュンヒェン税務署に税金を滞納していたこと、転居先はプリンツレゲンテン広場一六番地のこれまでより広い住居であること、が読み取れた。転居願は「申請者の政治的、社会的地位に配慮して」受諾された。こうして、政治家になると決心したヒトラーは、市内でも指折りの高級住宅地にあった豪華な住居——部屋数は九つ、バスルームが二つ、キッチンと納戸付きで家賃は年四一七六ライヒスマルクだった——への転居を果たした。さすがは最高級の住宅地にあるアパートだけあって、住人の中にジークフリート・ローゼナウという名のユダヤ人の商人がいたが、ナチ党員は一人もいなかった。

二年後にようやく、マイスターの資格をもつ料理長で古参の党同志、エルンスト・ツァスケが引っ越してきて、ヒトラーの身辺警護に当たる男たちの食事を任された。続いて、新聞発送係——後に彼は武装親衛隊の上級大将にまで出世した——のヨーゼフ（ゼップ）・ディートリヒも移ってきた。一九三三年、ユダヤ人のローゼナウ一家は二四時間以内にアパートから出ていくよう強制されたが、その他の住人は追い立てを免れた。一九三八年、それまでアパートの三階部分を間借りしていたヒトラーは、持ち主の商人フーゴー・シューーレから建物をそっくり買い取り、一七万五〇〇〇ライヒスマルクの抵当権を抹消させた。

一階部分は、帝国保安諜報部の職員が詰める監視室に改装された。首相と同じ建物に住む住人のところには、無料で通話できる電話が備え付けられた。これで警護の者たちは、異変があればいつでも住人から聞き出すことができるようになった。ただ、身辺警護の観点からいえば、ヒトラーが終生この私邸を手放さなかったのは不可解だった。真向かいにはプリンツレゲンテン劇場があり、何か公演があると、自家用車やタクシーが何十台も乗りつけた。大にぎわいになる点では、すぐ隣のプリンツレゲンテン・スタジアム――ここは、冬はスケートリンクとして、夏場はプールとして利用された――も同じだった。近隣の建物の屋根からは、簡単に一六番地の地所に侵入することができた。だが、煙突には金網と鉄格子を取り付け、爆発物が投げ込まれないようにした。

Ｐ・ホフマンはこんなふうに書いている。「ヒトラーが私邸に来ているあいだは、緊急の場合を除き、来訪者を中に入れないように――同じ建物の住人は、この規則を守るよう要請されていた。明文化された公式の禁止令のようなものはなかった。住人に無用の迷惑をかけることをヒトラーが厳しく禁じたからである。だが現実には、上の要請は非常に徹底しており、ヒトラーが来ているあいだ、部外者はもちろん、住人の友人すら建物の中に入ることができなかった。もっとも、住民たちが身体検査や、書類や持ち物の検査、家宅捜索を受けたことは一度もなく、彼ら自身は自分の鍵で自由に出入りできた。だが、ヒトラーが来ているあいだは、入口のドアは昼夜を問わず開放されていた。どんな時でも、住人は警護の者にチェックされ、怪しまれた場合はアパートの住人であることを自ら証明せねばならなかった」。

このアパートの警備には、常に七人の見張りが任務についていた。ヒトラーが来ているあいだは、さらに七人増員された。平和の天使像からプリンツレゲンテン広場に至る区間をできるだけ目立たぬようにパトロールすることは、彼らの任務の一つだった。ヒトラーが私邸に来ているか否かは、近隣の住民にはすぐにわかった。ヒトラーが来ていたら、警官は、建物前の駐車場を一台分必ず空けておかねばならなかったからである。

オーバーバイエルン地方ではフェーン現象がよく発生する。頭までおかしくなりそうな熱風の中で、この「悪魔のような賭博好き」（P・ホフマンがヒトラーをこう形容した）は、身の安全をどこまでも省みることなくせわしなく動いていた。彼は、ほとんどお供を従えずにほうぼうの店を訪れた。「ドイツ芸術の家」――ここは「アーリア人のガス製造工場」と嘲笑された――の屋上庭園カフェ、聖母教会のそばのレストラン「ブラートヴルストグレッケル」、「褐色の家」（党本部）の近くでは、「カールトンの喫茶室」や「カフェ・ルイトポルト」、ホーフガルテンに隣接した「カフェ・ヘック」、イタリア料理のレストラン「オステリーア・バヴァーリア」、そしてもちろん「ホーフブロイハウス」もである。

戦前のクリスマスイブの日、ヒトラーは自分の第一の側仕えであるカール・クラウゼと共に、私邸の床の上でプレゼントを詰めていた。その際、この親衛隊員はうっかりして、総統の親指も一緒に紐で結んでしまった。

この場面について、伝記作家のJ・トーランドは次のように描写している。「ヒトラーは笑って、クラウゼのうなじをポンポンと叩くと、タキシードを持ってきてくれ、と頼んだ。彼は昔よくやったやり方でクリスマスイブを祝おうと思い、若者にお供を命じた。二人は、まるで陰謀者のように、親衛隊の護衛たちのそばをこっそり通り抜け、忍び足で階段を下りると、待っていたタクシーに乗り込んだ。『誰にも見られなかったな』とヒトラーは心底ほっとして言った。クラウゼは助手席に座ろうとしたが、ヒトラーに腕をぐいとつかまれ、後部座席に総統と並んで座らせられた。それからの二時間、タクシーはミュンヒェンの中心部をあちこち走り回った。そしてようやくヒトラーはこう言った。『カフェ・ルイトポルトまで頼む』。

運転手は乗せた客が誰なのかさっぱり分からず、彼らを降ろしてほっとした様子だった。そしてヒトラーが運賃を支払うと、脱兎のごとく走り去った。クラウゼは、後でこう言っている。『多分、あの運転手は我々二人を気違いだと思ったでしょう。無理もありません。私にも、この一部始終は、どこかおかしいとしか思えませんでしたから』。カフェに入る代わりに、ヒトラーはケーニヒス広場に向かった。彼は、クラウゼが絶えず神経質に辺りを見回しているのに気付くと、こう言った。『心配するな、アドルフ・ヒトラーがここで護衛もなしにミュンヒェン市内をうろうろしているなんて、誰も思わないだろうよ』。そうは言いながら、自分たちの方に向かってやって来る者があると、ヒトラーは顔をうつむけた。霰が降り始め、ヒトラーはクラウゼと腕を組んだ。滑りやすい靴を履いてきてしまったからである。こうして二人はとても長い道のりを歩き、ようやく私邸にたどり着いた。ヒトラーの喜びようといったら、まるで小学生の子どものようだった。護衛たちの目を盗んで抜け出すことに成功したうえ、最後まで正体を見破られずに町を歩き回ることができたからだった。だが、翌朝、ヒムラーは、総統の脱線行為に加担したクラウゼを非難した。今後、このような計画が出てきた場合は、総統が何とおっしゃっても、報告するように。ヒムラーは彼にそう命じた」。

忌々しい独裁者に一番簡単に接近できる町——それはミュンヒェンだった。暗殺を考え、その下調べを少しでもしたことがある者なら、すぐに分かることだった。第二次世界大戦勃発の前後、お互いの接触こそなかったが、暗殺の素人もプロも同じ認識に到達し、それに沿って計画を実行しようとした。

◎…レストラン〝陽気な首相〟亭

ヒトラーは旅行に出てばかりいたため、事務処理は遅れがちだった。「食べていくための職業」を身につける生き方を拒み続けてきたこの男は、移動政府というスタイルを編み出した。彼がデスクに向かうことはほとんどなく、会議の席ではいらいらした様子だった。閣議も一九三七年を最後に開かれなくなった。H・ハイバーの言葉を引用しよう。「それ以降、彼の執務は、空を飛ぶようにひとところに留まらない形で、立ったままで、また歩きながら、せかせかと執り行われるようになった。ヒトラーに話がある者は、しばしば何週間も、彼のすぐ後ろをついて回ったり、執務室の控えの間でぼんやり突っ立って待ったりせねばならなかった。外相ですら嘆いていたように、ようやく機会を捕まえても、直接話ができるのはほんの二分もあればいい方だった。(中略)統治機構は、ヒトラーが首都ベルリンに滞在する時間がどんどん減っていったことによって、さらに機能しなくなった。不安や苛立ちのために、文字通り彼は滞在地を転々と変えた。ベルヒテスガーデンからベルリンへ、ベルリンからミュンヒェンへ、ミュンヒェンからまた別のどこかへ、気分の赴くままに移動せずにはいられなかったのである。ユダヤ人を心から憎むこの『さまよえるユダヤ人』がくつろげる場所は、すべての場所だったとも言えるし、どこにもなかったとも言える」。

ヒトラーが帝国総統官房にいる時は、特権を与えられた者たちが昼食のテーブルに押しかけた。彼らはいつも、食事を共にするよう誘われていた。出席希望者から事前にかかってくる電話は形式的なもので、厨房に知らせるためだった。厨房では、何人分の食事を準備しなければならないのか、その都度知っておきたかったからである。

「私もヒトラーの住まいに自由に出入りすることが許されていたので、しばしばその特権を利用させてもらった。前庭の入り口に立っている警官は私の車を知っていて、何の詮索もせず、扉を開けてくれた」とアルベルト・シュペーアは回想している。訪問の際、彼は車を中庭に停め、一人で帝国総統官房の袖にあるヒトラーの住まいに入っていった。「警備に当たっているSS総統護衛隊の隊員は、親しげに私に挨拶してきた。私は筒状の図面入れを預けると、まるでそこに住んでいる住人のように、一人で広い玄関ホールに入っていった。（中略）他のところなら『ハイル・ヒトラー』という言葉で挨拶することが義務づけられていたが、ここではそうではなかった。『こんにちは』という挨拶のほうがずっと多かった。上着の襟章で党員の証を示す慣習も、ここでは一般的でなかったし、軍服姿もあまり見かけなかった。ここまでのし上がってきた者は、形式に縛られないという特権を持っていたのだ。（中略）ヒトラーは、いつ姿を現すか、全く当てにならなかった。食事の時間は二時ごろと決められていたが、ヒトラーが来ないことには始まらないため、大抵は三時か、それより遅い時間までずれ込んだ。（中略）ただし、ヒトラーが現れても、会食者は一〇分から一五分、食堂に通じるガラスのドアにかかったカーテンが引き上げられるまで、ぼんやりと突っ立っていなくてはならなかった。食堂に入る順番は総統が先頭と決まっていたが、それ以外の者は階級順とは関係なく彼についていった。（中略）ヒトラーはこの食堂を『レストラン〝陽気な首相〟亭』と名づけ、しばしばその名前を会食者に披露した。彼の席は窓側にあったが、誰を自分の両隣に座らせるか、食堂に入る前から決めていた。残りの者たちは空いた席に適当に座った。（中略）食事は目立って簡素だった。スープの後は前菜なしで、肉料理、つけあわせに野菜とじゃがいもが少し、デザートと続いた。飲み物の選択肢も少なく、ミネラルウォーター、どこにでも手に入るベルリンの瓶ビール、安いワインの三つだった。（後略）」。

マルティン・ボルマンは、この昼食会には欠かさず出席した。ゲッベルスも頻繁にやって来たが、ヘルマン・ゲーリングは滅多に来なかった。彼は一度、シュペーアにこう言った。「はっきり言って、あそこの食事はひどすぎる。それにあのミュンヒェン出身の、党のことしか頭にない俗物どもときたら。我慢ならん」。

ヒトラーはベジタリアンだったが、会食者に気を遣い、野菜を使って肉料理にうまく似せた、肉団子のようなものを作らせた。また、彼は胃痙攣を患っていたので、食事前にいつも薬の瓶から自分で薬を出して飲んでいた。その瓶は、スープに入れるスパイスの瓶のように、無造作に置いてあった。

しばらくのあいだヒトラーのテーブルトークを記録したヘンリー・ピッカー博士は、自ら観察した光景を次のように記している。「ヒトラーの席から見てはす向かいの隅に、荷物置きに使われる小さなテーブルがあり、その上に彼が飲む胃薬の入った瓶が、特に誰かが見張るでもなく、一日中置きっぱなしになっていた。これこそ、彼が（中略）暗殺をほとんど警戒していなかったことを示す何よりの証拠である。当時は、帝国総統官房に勤務する者でも、会食に招待された者でも、その気になりさえすれば、いつでも簡単にヒトラーを殺害できただろう」とピッカーは断言している。

ファービアン・フォン・シュラープレンドルフも、そうしようと思った一人である。彼は、暗殺実行の直前、ヒトラーのこれが最後になると思われた食事――暗殺は失敗に終わったため、最後の食事とはならなかった――の様子をその目で見ていた。回想録から引用しよう。「ヒトラーの食べ方は、不快きわまりないものだった。左手は膝の上に置いたままで、いろいろな野菜を混ぜ合わせた料理を、右手のスプーンですくっては、口の中に入れる。といっても、スプーンを口にもっていくのではなくて、右腕は食事中ずっとテーブルの上についたままで、口のほうをスプーンの方にもっていくのだ。皿の前には何種類かノンアルコールの飲み物が並んでいて、彼はときどきそれを飲んでいた」。

胡散臭いのはヒトラーのテーブルマナーだけではなく、彼が周りに集めていた面々も同様だった。その多くは、たんに自分の地位を他の誰かに取られないためにやって来た連中だった。そして、質素な上に味気ない食事にありつくために、緊張に身をこわばらせてヒトラーの話に耳を傾けた。戦争が始まり、官房での昼食会でも「ごった煮」が出されるようになった頃には、会食者の人数もようやく減った。ごった煮の他に出されたのは、テリーヌとスープだけだった。いや、テーブルには一覧表も置かれていて、そこには寄付金の額を書き入れるようになっていた。アルベルト・シュペーアは、ごった煮を食べるたびに五〇～一〇〇ライヒスマルクほど寄付したうえ、同志たちの犠牲をいとわぬ精神に関する、総統の嫌味たっぷりな話まで聞かされた。「官邸での昼食会に出席してよいといわれていた人は、四〇人から五〇人いた」とシュペーアが断言しているにもかかわらず、ごった煮の日には、ほんの二、三人しか出席しないということもしばしばだった。「大抵の場合、やって来たのは、党の大管区指導者や全国指導者、大臣、それに親しい内輪の仲間だった。しかし、国防軍内のヒトラーの副官、シュムント大佐を除くと、将校は一人もいなかった。

ヒトラーは何度もシュムント大佐から、軍人も食事の席に加わらせるようにと忠告を受けた。だがヒトラーはそれを拒み続けた」。

それには十分な理由があった。独裁者と大将たちとの間には、溝ができていたのである。大将たちの反感は怒りへと、そして怒りは行動に向かう意志へと急速に変わっていた。彼らは、ヒトラーに最後通牒をつきつけるだけでは腹の虫が収まらなかった。初めて、国防軍の灰緑色の制服を着た暗殺者が現れたのだ。

第5章 首相官邸をねらった突撃小隊

◎…ヒトラーの戦争計画

一九三七年一一月五日午後四時一五分、ヒトラーは、国防軍の陸・海・空各軍の総司令官、国防相、外相を首相官邸（帝国総統官房）に呼んだ。今後のドイツ人の生存圏の拡大は断固たる侵略政策によってのみ可能になるとの考えを伝えるためであった。話し終えた独裁者は、その後数時間続いた議論のあいだ、賛否いずれの側にも与せずじっと耳を傾けていたが、陸軍総司令官のヴェルナー・フォン・フリッチュ男爵上級大将ならびに彼を支持する国防相のフォン・ブロムベルク陸軍元帥は、再建途上にあった空軍の総司令官ヘルマン・ゲーリングと激しくやり合った。ゲーリングは、総統の計画を断固擁護した。

午後八時半頃、合意が得られぬまま散会となった時点で、ヒトラーが戦争を強く望んでいることは、陸軍トップの二人には明らかだった。一方、独裁者ヒトラーは、こんな連中と組んでいてはいかなる戦争にも踏み切れないことを悟った。歴史的な日となったこの日の会合の公式議事録は、参謀本部のホスバッハ大佐によって作成された。この「ホスバッハ議事録」は、ヒトラーが遅くとも一九三七年以後、完全に侵略を視野に入れた外交政策をとって戦争という賭けに出たばかりか、その戦争を意図的に引き起こしたことも示す——唯一の証拠というわけでは決してないが——最初の証拠となった。

ナチスによる政権獲得後、最初の四年間は比較的平穏に過ぎたが、当時国防相だったブロムベルクは「熱狂的な盲目さで」(ヒトラーの伝記を著したJ・フェストの評)総統に忠誠を示していた。彼は、レーム粛清事件、州制度の廃止、諸政党の禁止、マイノリティに対する迫害、言論界の同質化、正規の裁判手続きの廃止といった一連の改革を唯々諾々と受け入れた代償として、再軍備と一般徴兵制の復活を手中に収めていた。イギリスの歴史家J・W・ウィーラー゠ベネットの言葉を借りれば、ブロムベルクは「権力という幻想のために軍の名誉を売り飛ばし」たのである。

一九三六年の早春、ヒトラーの火遊び(゠ラインラント進駐)は、それまで忠実だった何人かの大将の心に芽生えた権力欲をもぎ取った。彼は生涯で最も大胆な賭けの一つを実行に移した。まだ弱体で装備も不十分な国防軍部隊によるラインラント進駐が、その賭けであった。それはもはやヴェルサイユ条約の修正——英仏両国民はかなり以前から同条約の修正に事実上同意していた——などではなく、ドイツが自らの意思で締結したロカルノ協定の明らかな破棄を意味していた。ドイツの軍人はこのラインラント進駐に警告を発し、憂慮の念を表したが、最終的には黙って従った。国際法という後ろ盾をもち、軍事力の点でもまだ断然優位にあったフランスの大将たちは、ほんの少し介入すれば、ヒトラーを撤退に追い込み、世界中の人々の前で彼に大恥をかかせられると高をくくっていた。実際、ラインラントに進駐してきたドイツの連隊は、撤退命令が出るものと信じて疑わなかった。

だが、イギリスの歴史家、Ａ・ブロックが断言しているように、「ドイツ以外のどこからも進駐する軍はなかった」。ドイツの歴史家、Ｈ・ハイバーも、「この忌まわしい神経症の男を、血を見ることなく歴史から抹消するには最良の条件がそろったチャンス、しかも最後のチャンスを逸してしまった」と述べている。これに対し、賭博師ヒトラーは、勝利の喜びを次のように表した。「嬉しい限りだ、これほどスムーズに事が運んでくれるとは。そうだ、勇敢な者こそ世界を手中に収めることができるのだ。ラインラント進駐を開始してからの丸二日間は、これまでの人生で最もスリリングな時間だった。あのときフランス軍が進駐してきていたら、わが軍は大恥をかいて撤退させられていただろう。我々の軍事力には僅かの抵抗を試みるだけの力すらなかったからだ」。

ヒトラーの言葉はこのときも現実のものとなり、フランス人やイギリス人のみならず、自国の大将も犠牲を払わされることになった。だが、そのラインラント進駐から一年半が経った一九三七年一一月、ヒトラーが戦争を計画していることが明らかになった今、国防軍の指導的立場にあった大将たちは、自分たちの「自己満足的な職業気質」（Ｊ・フェスト）ではもはや乗り越えることのできない壁にぶつかった。道義的ないし国際法上の理由からというより、現実的な理由からではあったが、今すぐ戦争を始めることに彼らは疑義を抱いていた。

これに反してヒトラーは次のように見ていた。「首相になる前、参謀本部というところは、首根っこをしっかり押さえておかないと誰に襲いかかるかわからない猛犬に似ていると思っていた。ところが、首相になってからは、ドイツの参謀本部が猛犬以外の何物でもないことを認めざるを得なかった。私が必要だと考えたことを実行に移すのを邪魔ばかりしてきたからだ」。

厚顔無恥な独裁者と遠慮深い大将たちの決闘が間近に迫っていた。引き金になったのは偶然だったが、本来この決闘は避けられないものになっていた。

◎…敵対者の排除

一九三七年一二月、エーリヒ・ルーデンドルフ大将が没し、同二二日に埋葬された。当初、熱烈なナチス支持者だったルーデンドルフは、一九二三年のミュンヒェン一揆で、バイエルン州警察が向けた銃口に怯まず向かって行った自分とは対照的に、上等兵だったヒトラーが尻尾を巻いて逃げてしまったことに業を煮やし、一四年前に関係を絶って以来、言葉を交わすことさえなかった。ところがヒトラーは、自分を蔑んでいたルーデンドルフのために荘厳な国葬を執り行なった。そこに第三帝国のお歴々が勢ぞろいしたのである。ブロムベルクはこの好機を逸すまいと、ルーデンドルフが眠る棺の傍らで、ゲーリングに極めて私的な問題を持ち出した。五九歳の男寡で、子どころか孫もいるブロムベルクは、「全国食糧身分団の下部組織である国営鶏卵管理所」の秘書ルイーゼ・マルガレーテ・グルーンという二四歳の「身分上不釣り合いな婦人」に恋してしまったが、身分の差が障壁にならないようなら「庶民階級出身のこの素朴な子」と結婚したいと考えている、と打ち明けた。

ゲーリングはその場で機転を利かせ、ナチズムは欺瞞だらけの身分制をついに撤廃したのだと応じると、長身のブロムベルクはやや気後れしたように、「実は、彼女には過去に交際相手がいたのだが」とさらに打ち明けた。ゲーリング空軍総司令官はなおも同志らしい理解を示し、ブロムベルク国防相よりかなり若いその恋敵を南米に追い払うよう取り計らってもよいと申し出た。

こうして婚姻の障害が取り除かれ、一九三八年一月、ヒトラーとゲーリングが結婚立会人となった。ところが、新郎新婦の写真が載った新聞が古紙に出される前から、国営鶏卵管理所の秘書が、実は風紀警察のブラックリストに登録された女であることが判明した。警察本部内部では、ポルノ写真よろしくいかがわしくデフォルメされた陸軍元帥夫人の裸の絵が回覧される始末だった。きわどい詳細情報を寄せる匿名の電話もかかってきた。ベルリン警察本部長のヘルドルフ伯爵は、事を内々にしたままゲーリングに関係文書を直接渡し、ゲーリングも直ちにそれをヒトラーに見せた。総統は後ろ手を組み、興奮した様子で部屋の中を行ったり来たりしていたが、やがて副官（第一次世界大戦時には中隊長を務めた）のフリッツ・ヴィーデマンに、「ドイツの陸軍元帥が娼婦を娶るようでは、この世は何でもありになってしまう」と述べた。

ブロムベルクは初めは離婚するといったが、すでに用済みの人間だった（離婚についてはその後撤回した）。ハネムーン先のカプリ島から呼び戻され、出頭したブロムベルク国防相には、他の大将がみな賛同している以上、辞職以外に選択肢はなかった。この「張子の虎」は、伝統とか名誉といった古い徳目にではなく、己の色欲とゲーリング空軍総司令官につまづいたのであった。

ゲーリングは引き続きヒムラーと手を組んで、今度はブロムベルクの後継者と目されたフリッチュ上級大将を蹴落とそうと画策した。二人は、ヒトラーがフリッチュ――および少なからぬ数の他の大将たち――をなんとか厄介払いできないものかと思案しているのを知っていたが、それぞれ個人的な利害も追い求めていた。親衛隊全国指導者ヒムラーは、自分が長を務める武装親衛隊の増強を望んでいたが、事あるごとにこれに異を唱えていたのがフリッチュ陸軍総司令官だった。他方、ゲーリングも、国防軍全体の最高指揮権を手に入れたいと躍起になっていた。

生真面目で折り目正しいフリッチュ上級大将の私生活から、浮いた話は一切出てこなかった。プロイセン

▲…ナチ党大会でのブロムベルク（左）とフリッチュ（中央）

将校の鑑ともいえるこの厄介な男を事件に巻き込もうとすれば、怪しげな手を使わざるを得なかった。利用されたのは、金持ちの同性愛者に男娼を世話してやって、後でそれをネタに強請《ゆす》るという手口を得意とする常習犯オットー・シュミットの供述だった。同じ罪状ばかり前科を一四犯も重ねたこの証人は、二年前にハイドリヒの部下から尋問をうけた際、顧客のなかに「フィリッシュとかそんな感じの名前の」将校がいると供述していた。それどころか、シュミットはその後、自分の「お客さん」は陸軍総司令官フリッチュ男爵だったと主張したのである。

プリンツ・アルブレヒト通りに本拠を構える親衛隊は、ライバルである国防軍の顔に泥を塗るこの好機を直ちに嗅ぎつけ、大胆にも国防軍の手入れに乗り出したが、ヒトラーはこの件には一切関与しようとしなかった。ゲシュタポ（秘密国家警察）は、フリッチュ上級大将ではなく、すでに年金暮らしに入っているフリッシュ騎兵大尉が真犯人だという事実を掴んでいたにもかかわらず、ブロムベルクの失脚に続いてこの「事件」を取り上げた。恐らくヒトラーはこの件について実際何も知らなかったのだろう。同性愛の問題については党内から激しい非難の声が上がったが、ヒトラー自身はずっと昔から不快感をもっていなかった。レーム突撃隊幕僚長のときも、ヴァルター・フンク経財相のときもそうだった。しかし、彼は、自分が望んでいる戦争を阻止しようとする者を厄介払いできるのなら、そのチャンスは容赦なく利用したのである。

フリッチュ上級大将は、そんなヒトラーにあっさり葬られた。謂われのない嫌疑をかけられたことに激怒した彼は、当初は黙秘を続けた。その後、一転して不器用ながら言葉を尽くして弁明したが、結局は八方塞がりの状況に追い込まれ、自暴自棄になり、ヒムラー親衛隊全国指導者にピストルでの決闘を申し込んだ。フリッチュに対する非難を聞いた他の大将はみな彼を擁護し、正規の軍法会議の手続きを踏むよう強く主張したが、フリッチュ自身は疲れ果てていた。

ヒトラーは引き延ばし戦術に出た。事実関係の調査を行なうことは許可したが、故意にそれを遅らせたのである。フリッチュは反政府主義者ではなかったが、張り子の虎でもなかった。他の大将たちはフリッチュにとって強力な味方だったが、ヒトラーは彼の名誉回復を再三先延ばしにしたうえ、最終的には形ばかりの名誉回復でごまかした。ヒトラーは何か月も経ってようやく――軍法会議での審理では、フリッチュへの非難がまったくの事実無根であることはとうに立証されていた――将校たちを前に、フリッチュ男爵も自分自身も「悲劇的な誤謬の犠牲者」になったと言い放った。ところが、「遺憾なことに信頼関係が崩れた結果、総統と仕事を続けていくことがもはや困難になったため」、フリッチュ陸軍総司令官の復職は叶わぬ夢となったのである。

危機が頂点に達した頃、ライプツィヒの元市長でナチスに抵抗したカール・フリードリヒ・ゲルデラーは、ヴィルヘルム・リスト歩兵大将とその上司フリードリヒ・オルブリヒト歩兵師団長に、至急ベルリンに進軍してゲシュタポを「燻し出し」、ゲーリング、ヒムラー、ハイドリヒの三名を取り押さえ、ヒトラーに既成事実を突きつけてもらいたい、と要請した。

だが、リストたちにその要請に応じる気はなかった。それは彼らがヒトラーに立てていた服従の誓いのためだけではなく、こんな準備不足の計画では技術的な問題で頓挫してしまうことが目に見えていたからでもあった。それでもゲルデラーは、たんなる言葉での抗議だけでなく、何らかの行動を起こそうという気を起こした将校に初めて出会えた。フリッチュ男爵の事件——彼自身、「自国の陸軍総司令官にこれほど屈辱的な仕打ちを与えた例は、ドイツに限らず前代未聞だ」と吐き捨てるように言った——は、多くの人々が回心する契機となった。彼らは公然とフリッチュ支持の立場を表明し、時には力ずくで彼の無実を主張した。侮辱を受けた当のフリッチュは自らを慰めるように、「この男はドイツの運命そのものだ。そしてその運命は最後まで己にふさわしい道を歩むだろう」と述べた。弱視のため普段は片眼鏡をかけていた彼だったが、その目は将来をよく見抜いていた。

◎…オーストリア進駐

しかし、不幸はすでに始まっていた。一九三八年二月四日、ヒトラーは国防省を解体する代わりに国防軍統合司令部（ＯＫＷ）を創設し、その総長に「想像力ゼロの男」（Ｈ・Ｃ・ドイチュの評）ヴィルヘルム・カイテル砲兵隊大将を据えた。この新しい追従者は、着任するやいなやゲーリングを国防軍全体の総司令官に抜擢してはどうかとヒトラーに具申した。

総統はけんもほろろに「冗談じゃない。あの男は根っからの怠け者だし、軽薄だ」と一蹴した。残念賞としてゲーリングが代わりに貰ったのは元帥の称号だった。二月四日の人事ではこの他、一六名の大将が突然退役を命ぜられ、さらに二四名の大将が名前だけの司令部に左遷された。フリッチュの後任として陸軍総司令官に任命されたのは、政治的には未知数だったヴァルター・フォン・ブラウヒッチュ大将であった。

新たにポストを与えられた若い将校の多くは、「ナチズムを国防軍に近づける」という、ブラウヒッチュが総統にした約束の実現に寄与した。

権力掌握の時点でドイツに四四人いた大将の数は、このころには三〇五人に膨れ上がっていた。その数は近いうちに一〇〇〇人を軽く超えるだろうと予想された。立身出世のためなら手段を選ばぬ者、ためらいもなく主義主張を変える者、熱烈なヒトラーユーゲント指導者――そうした連中が大手を振って歩くようになっていた。しかし、その一方で、勇気や忍耐、知性をもった者たちの時代も到来していた。自分たちの忠誠の誓いは騙されて立てたものだから、自分たちが今後ヒトラーの操り人形になる必要はない、ようやく彼らはそう悟ったのである。

ドイツ国民の大部分は気づいていなかったが、国防軍内部では、卑劣さと礼節が、混乱と明晰さが、服従と反抗が、無言の激しい抗争を繰り広げていた。だが、外交上のあるできごとのためにその抗争は急遽停戦を余儀なくされた。一九三八年三月一二日、ヒトラーは、国境を超え、自分が生まれたオーストリアに進駐するよう、軍に命令を発したのである。この企ては一か八かの大博打であったが、一石二鳥をねらった見事な戦略でもあった。というのもヒトラーは――流血の事態を招くことなく――「オーストリアをドイツに併合したうえ、将校たちに対しては、他のすべての問題を覆い隠す効果があったからである。

ヒトラーは以前から隣国オーストリアとの摩擦を徐々に高めていたが、今回の奇襲はあまりにも突然だったので、先発の戦車部隊でさえ旅行者用のガイドブックを頼りに現在地を確認し、一般市民が利用する給油所で燃料補給しなくてはならぬほどだった。悪質なデマを利用するのは歴史の常套手段だが、この進軍の口実にも〈少数派が外国に救援要請を出した〉というデマが用いられた。手っ取り早く事を運ぶため、ゲーリングは、オーストリアのナチス指導者アルトゥール・ザイス＝インクヴァルトに電話をかけ、ドイツに保護

▲…ウィーンに入ったヒトラーと、ザイス＝インクヴァルト（左）

を要請する電報の全文を口述筆記させておきながら、最後に「そちらの要請内容は知っているので、わざわざ電報を打ってくるには及ばない」とシニカルに言ったという。

ドイツ陸軍の縦隊は疾風のように駆け抜けた。彼らの進軍を唯一鈍らせたのは、沿道を埋め尽くした何万というオーストリアの国家社会主義者の熱狂的な歓声だった。緊密な同盟関係を築いてオーストリアとの結束を固めようと目論んでいたヒトラーは、当初、ウィーンのナチス信奉者を権力の座につけてやるところまでしか考えていなかった。ところが今や、オーストリアを急襲した彼自身が住民の大多数の態度に驚いたのである。

リンツでザイス＝インクヴァルトが「オーストリアはドイツ国の一地域である」という条文で始まる新憲法を見せに来たときの様子を、A・ブロックは次のように記している。「ヒトラーは強い感動に襲われた。頬を伝う涙を拭おうともせず、周囲にいた者たちに〈正しい政治的行動を行えば無駄な流血を節約することができる〉と言った。その夜から逮捕の嵐が始まり、ウィーンだけで六万七〇〇〇人が逮捕された」。

フランス政府はイギリス政府に対し、力を合わせてオーストリア併合に対抗すべきだと申し入れたが、アーサー・ネヴィル・チェンバレン首相は下院において、「わが国——ならびにわが国の盟邦——に武力を行使する気がなかったのだから、ほかにドイツの野望を阻止できるものなどなかっただろう。これは明明白白たる事実である」と述べ、従来主張してきた宥和政策を弁護した。

結局、英仏は動かず、オーストリアはオストマルクと改称された。今回の成功は、次の目標としてチェコスロバキアを手に入れたいと願う独裁者にとって、心理的に弾みをつけるものとなったうえ、戦略上の布石にもなった。

◎…集まり始めた反ヒトラー派

ドイツ軍部隊がオーストリアとの国境線にあった杭を撤去していた頃、陸軍参謀総長のルートヴィヒ・ベック大将は、ヒトラー宛ての意見書――それはヒトラーの好戦的な政策が孕むリスクを強い調子で戒めるものであった――を作成していた。結局、ヒトラーから返事は届かなかったが、ベックももはや返事を期待してはいなかった。相手が何を企んでいるかを悟ったからである。

「名誉と、何よりも清廉潔白を重んじる男」とJ・W・ウィーラー＝ベネットに評されたベックにとって、プロイセン軍人の掟である服従の二文字を捨てて、武力でヒトラーを排除する決心を固めるのは、容易なことではなかった。

豊かな感性と高い教養を兼ね備え、熟慮の人でもあった彼は、権力掌握から二、三年しか経っていないころからすでに「あの犬は、麗しきわが祖国を一体どうするつもりだ」と嘆いていた。そうかと思えば、フリッチュ事件が起きた際、ベックは、「暴動や革命という言葉は、ドイツ将校の辞書には存在しない」と述べ、蜂起の呼びかけに反対の意を示していた。

オーストリア併合から息つく暇もなく、今度はチェコスロバキア併合に向けた外交圧力がかけられ、第二次世界大戦の勃発が確実視された頃、ベックは親しい人間にはっきりこう語った。「チェコスロバキアが攻撃を受けたらイギリスが参戦するという確たる証拠を持って来たまえ。そうすればこの私が現体制を潰して進ぜよう」。

ヒトラーが戦争を始める前に独裁者をその体制もろとも潰そうという意志を共有する者が、大勢の軍人のなかから少しずつ出てきた。気質こそ十人十色だが、エルヴィン・フォン・ヴィッツレーベン、フリードリヒ・オルブリヒト、カール・ハインリヒ・フォン・シュテュルプナーゲル、ヴァルター・フォン・ブロックドルフ＝アーレフェルト伯爵、エーリヒ・ヘプナーらは、いざというときには配下の部隊をヒトラーや親衛隊と戦わせる覚悟でいた。曲がったことが嫌いなフォン・ハマーシュタイン上級大将は、一九三四年に退役していたが、猛烈な勢いで再軍備が進められる機に乗じて新たな特別攻撃隊を手に入れ、反ヒトラー活動に加われるのを一日千秋の思いで待っていた。

「政治的な」意識にようやく目覚めた反政府主義者は、仮に独裁者を始末できたとしても、その後速やかに政権を掌握できなければ不十分だと考えた。そこで彼らは、ヒトラー亡き後の計画を練るため、外務省内部の反政府勢力や優秀な世界経済学者、ナチ体制からどんどん露骨な攻撃を受けているようになっていた教会の代表者らとコンタクトを取った。

道徳家というと、大抵は銃の扱いが上手くないものだが、国防軍情報部所属の将校を介して、専門知識を有する人の協力が続々と得られた。ハンス・オスター中佐、ヘルムート・グロスクルト中佐、フリードリヒ・ヴィルヘルム・ハインツ大尉、ヴェルナー・シュラーダー大尉といった実務家が夜の集会に加わったおかげで議論は白熱した。そればかりか、彼らはヒトラーのごく近辺にいる者しか入手できない第一級の情報や、絶大な効果をもつ爆薬に関する情報も提供してくれたのである。

ティアピッツウーファー通りにあった国防軍情報部本部の部長、ヴィルヘルム・カナーリス海軍少将は、計画中のクーデターに直接関与したわけではないが、その内容は知っていた。身長が一六〇センチ足らずだった彼についた渾名は「ちっちゃいレバント人〔訳注：レバントは東部地中海沿岸地方の歴史的名称〕」。軍人のくせに平服ばかり好んで着用していたとか、胃痙攣に始終悩まされていたとか、夏の一番暑い盛りでも寒さに体をがたがた震わせていたとか、自分の身の安全よりも飼っている二匹のダックスフントの具合のほうが心配でならない、といった逸話が示すような変わり者で、乾杯の挨拶を求められると、「総統のことを忘れずに」と言ってから少し間をおいて、「われわれは片づけるつもりだ」と付け加えるのが常であった。

カナーリスについて、H・C・ドイチュはこう述べている。「小柄で、体を小刻みに震わせる神経質な男だった。見るからに弱々しく、死んだ魚のような目をしていた。今にもぽきんと折れてしまいそうな体格なのに、歩行時にやや前屈みになるため、いっそう痩せた感じを与えた。年齢に関しても、髪が白く身なりもだらしないため、実際よりも老けて見えた。立居振舞や仕事のやり方は、軍隊のイメージとはかけ離れたものだった。話し声は小さいし、興奮するとs（エス）の音がちゃんと聞こえない。『真のカナーリス像』について相矛盾する見方があるのは、周囲の人々が下した『ずる賢い』とか『不誠実だ』といった評価が、高い倫理観や感情の純粋さといった性格の特徴と結びつきにくいためである」。

変わり者のカナーリスがヒトラーの信任を得たのは、彼の指揮する国防軍情報部がライバルの親衛隊保安部国外諜報員よりずっと優れた成績を上げることができたからである。当時のイタリア大使がいみじくも言ったように、この「ちっちゃいレバント人」は、ドイツ人の大将たちにはない反逆者の資質をもっていた。政府に批判的だった外務次官のエルンスト・フォン・ヴァイツゼッカー男爵はこう評している。「ドイツのような国でさえ、狡猾な人が同時に純粋な心根も持っている例は極めて稀なことである。蛇のように賢く、鳩のように素直な人間〔訳注：新約聖書マタイによる福音書第一〇章第一六節〕は、わが国には滅多に出てこない。他ならぬ独裁体制のおかげで表舞台に登場し、その個性が完全に花開いた人々のなかで、カナーリスはあの時代が生んだ最も面白い人物の一人といえよう」。

◎…チェコスロバキアへの圧力

将校、外交官、経済学者らが人目を忍んでヒトラー排除の問題を協議していた部屋に、オーストリア併合の報せに沸き立つ街頭の歓声がどっと響いてきた。まるで、ここで行なっている協議が時代錯誤の馬鹿げたものだとせせら笑っているようだった。「彫像のように直立不動の姿勢で立つ彼は、すでにこの世の尺度では測れないほど大きく成長していた」。ナチ党の機関紙『フェルキッシャー・ベオバハター』（一九三五年一一月九日付）にこう書かれたヒトラー像を、いまや何百万もの人々が信じているのだった。

独裁者排除の必要性は日に日に増していたが、逆にその実現可能性は、日々遠のいていくように思われた。たしかに、ウィーンのヘルデン広場などでの群衆のすさまじい熱狂は、拡声器で中継する際に、扇動効果を高めるため、レコードに録音された子どもの甲高い声をかぶせて放送したことによるものだったが、聴衆は自分たちが操作されていることに気づいていなかった。ともかく、九九・二二％（オーストリア地域では九九・七三％）が併合を支持したという一九三八年四月一〇日の国民投票で極めて愚かな不正が行われたのは間違いないとしても、独裁者ヒトラーは疑いなくドイツ・オーストリア両住民の絶対多数に支持されていた。こうして誕生した大ドイツ国は、再三宣伝されたように、ヨーロッパ最強の戦闘力を誇る軍をも手に入れた。だが、何百万人もの住民が浮かれ騒いでいたどさくさに紛れて、おぞましい人間狩りが行われていたのである。ナチスの進駐によってウィーンを追われたシュテファン・ツヴァイク――ジークムント・フロイト、ヴァルター・メーリング、カール・ツックマイアーら多くの知識人も同じ目に遭った――は、自分が目にした放埓三昧の光景を以下のように描写している。「大学教授の先生が素手で道路を磨かせられたり、白い髯を蓄えた敬虔なユダヤ人のお年寄りが礼拝堂に引き摺り込まれ、わめき散らす若者たちに、跪いて〈ヒトラー万歳!〉と大声で合唱させられたりたりした。通りを歩いていただけの何の罪もない人々がまるで兎のようにひっ捕えられ、突撃隊の兵舎に連行されて便所掃除をさせられた。長いあいだ、病的でしかもいかがわしい憎悪の妄想が考え出してきたことのすべてが、誰に憚ることもなく堂々と暴れ回った」。

ヒトラーが今や最後の判断力さえ失っていたことで、事態はさらに悪化せざるを得なかった。ヒトラーに対する個人崇拝を、ヒトラー自身がもっていた。彼は自分がどこまでも「神の摂理」に護られた「選ばれし者」だと認識していた。自分の邪魔をするものはもう何もないと信じた彼は、これからはどんな賭けでもやってやろうと思ったのである。

ヒトラーは一刻も無駄にしなかった。オーストリア全土を覆った熱狂的な歓喜が冷めぬうちに、彼はズデーテン・ドイツ人三二二万五〇〇〇人の指導者で元体操教師のコンラート・ヘンラインと、今後の措置について秘密裡に協議した。オーストリア併合におけるザイス=インクヴァルトやその一味と似た役割を、ヘンラインは後のチェコスロバキア解体において果たすことになる。第一次大戦の戦勝国はどこも大いに動揺した。「昔、ミュンヒェンのビアホールで民衆を扇動していた男」(A・ブロックの評)が、今や国際政治を動かす人間の一人になっていたからである。

ゲッベルスのプロパガンダ政策によって、チェコスロバキアに関する虚報――それは日を追って悪意に満ちたものになっていった――が毎日のように発表される一方、気分を盛り上げるためニュース番組の最後には「エーガーラント行進曲」が流された。このころ、ヒトラーは「緑の件」の暗号名をもつ奇襲作戦の計画をとうに完成させていた。

宥和政策をとってきた六九歳のチェンバレン首相にしてみれば、自党内の反対派勢力を勢いづかせてしまう結果になった。W・L・シャイラーの記述を見よう。「事態が緊迫したのは五月二〇日の金曜から始まる週末だった。その後の二日間、時間が経てば経つほどイギリス、フランス、チェコスロバキア、ソ連の各政府の混乱はひどくなり、ヨーロッパは一九一四年以降最も深刻な戦争勃発の危機にある、との見方が強まった。国防軍統合司令部（OKW）が立案し、二〇日の金曜にヒトラーに提出したチェコスロバキア侵攻にかんするドイツの新計画がどこからか漏れたのかもしれなかった。ともかく、イギリスとチェコスロバキア両政府は、ヒトラーがチェコスロバキアへの攻撃を開始すると確信していた。その確信に基づき、チェコスロバキアは軍に動員令を下した。また、ドイツ軍の攻撃がすぐ目前に差し迫っているとの懸念を拭えなかった英仏ソ三か国も、強さや結束力を誇示した。この三か国は、第二次世界大戦で滅亡の寸前にまで追い込まれてやっと、そうした強さや結束力を再び見せることになった」。

三か国の〈挑発〉に激怒したヒトラーは、徹底した神経戦に出た。彼は、同盟国が――フランスとソ連はチェコスロバキアと援助協定を結んでいたにもかかわらず――チェコスロバキアのために参戦することはないと予想していたが、初めのうちはまだ威嚇する素振りにとどめていた。しかしそれは偽装だった。ヒトラーは、一九一八年に誕生した国家、すなわちヴァイマル共和国を潰す最善のタイミングをひたすら待っていたのである。

その後、暗殺計画に関与していたグループとは一切無関係で、戦争そのものというより、その開始時期をめぐって総統に異を唱えていた大将たちも、戦争を思いとどまるように願い出た。西部国境を防御する

〈ジークフリート線〉なるものは文書やプロパガンダの中の言葉に過ぎず、実在するわけではなかった。それなのに、恐ろしいほど無思慮なヒトラーの計画は、いくらドイツの軍事力が弱いとはいえ、〈ジークフリート線〉は少なくとも四日は持ちこたえるだろう、その間にチェコスロバキアを制圧し、直ちにチェコスロバキアに向けた部隊を西部防衛のために移動させることができる、としていたのである。

苦悩の末、ベックは良心の声に従って決断した。生来真っ正直な彼は、侵略戦争を指揮する参謀総長と、ヒトラー排除後の国家元首代行予定者という二つの役を同時に演じられるほど器用な男ではなかった。彼が用意した声明文にはこんな一節がある。「もしも軍の指導者が、専門知識ならびに国政を担う者がもつべき良心に従って行動しないならば、歴史は彼らに殺人罪の極印を押すことになるだろう」。

一九三八年八月一八日、ベックは、戦争への道を突き進む政策に対し抗議の意を表すため参謀総長の職を辞任したが、ヒトラーから辞任の公表は控えるようにとの要請を受け、これに従った。この点についてH・C・ドイチュは次のような評価を下している。「彼の辞任は早すぎたうえ、世間にもほとんど知られていなかったので、期待していた方向に事を運ぶ契機にはならなかった。辞任があと何週間か後、すなわち危機が頂点に

▲…ベック上級大将

達し、世界の注目がドイツに向けられた頃になされていたならば、ベックはひょっとしたら絶大な影響力をもち、革命の空気を作り出すことに成功していたかもしれない。だが、ベックはヒトラーの説得に折れ、辞任をすぐには公表しなかった。辞任の公式発表を人々が知ったのは一〇月に入ってから、しかも広報を通してだった。ベックは辞任を政治的行動にしたかったが、その決断を下す最後の時点で、自身の階級に特有の伝統や、身についた考え方に屈してしまった。このようなチャンスは、彼には二度と巡って来なかった」。

後任にはバイエルン出身のプロテスタントで、優秀な軍事専門家のフランツ・ハルダーが就いた。彼は、参謀総長代行時代から、ベック総長に対し、ヒトラーにはもっと断固たる態度を取るべきだ、と主張していた。そのハルダーに職務の引き継ぎを行なった際、ベックは「今にしてやっと君の言っていたことが正しいとわかったよ」と述べた。

◎…不調に終わった英仏政府へのはたらきかけ

一刻の猶予もならなかった。謀反を計画していたグループにかねてから共感していた何人かの将校は、独裁者を裏切っても構わないが、国家反逆罪の汚名を着せられるのは御免だと考えていた。しかし、ヒトラーが開戦に成功すれば、彼らが考え方を変えるのは目に見えていた。戦争が始まってしまったらヒトラーの排除はもはや不可能になる、と思われた。ベックやカナーリスの周りに集まった軍人は、狂信的な大衆の頭を冷やす方法はただ一つ、戦争勃発の危機を説く以外にないと見ていた。ヒトラーに騙された人は多かったが、そんな人でさえ、戦争を望む者は一人もいなかったからである。その点では、第一次世界大戦が勃発した一九一四年と状況は異なっていた。彼らが熱狂的に支持したのは、ヒトラーが軍事衝突せずにこれまで成功を収めてきたからであった。ヒトラーが政権を握り続ければ否応なく戦争が起こる、それを大衆に理解させることができれば、放っておいても大衆は彼に背を向けるはずだ。〈ヒトラーは過去に行われた大量殺戮を繰り返そうとしている〉――このことを説得力をもって主張できたときにはじめて、自分たちはドイツの世論に対して独裁者の追放を正当化し、大衆を味方につけることができる、ヒトラーに反旗を翻そうとした人々はそう考えていた。

そのために彼らが要したのは、ドイツの仮想敵国である英仏両政府の支援であった。かくしてチェコスロバキアとは反対側にある前線部隊との、腹の探り合いが始まった。パリとロンドンの政府機関に突然ドイツ人が現れ、ベルリン駐在の外交官の多くから寄せられたものとはまったく異なるヒトラー像を伝えた。個人差はあったが、匿名で動いていた使者たちが本物なのか、たんなるお喋りやほら吹きなのか、はたまたナチスが送り込んだスパイなのか、誰一人として断言できなかった。黒幕の名を挙げることは彼らには禁じられていた。彼らに許されていたのは、せいぜい抵抗運動がすでにどの程度広がりを見せているかをほのめかすことであった。しかし、話を聞いたイギリス人やフランス人の多くはかなり無愛想で、確たる証拠、実名、具体的なデータや行動、事実を要求した。

ずっと以前からゲシュタポにマークされていたライプツィヒの元市長ゲルデラーは、イギリスとフランスに何度も足を運んで協力を要請した。ヒトラーの連隊が国境を越えてチェコスロバキアに侵入した場合、連合国は必ずドイツを攻撃するという明白な保証を取りつけられるなら、ゲルデラーにはそれで十分だった。彼が望んだのは、たんなる口約束や政治的義務の遂行とは明らかに違うものだったが、恐らくそんなものは一つも得られなかっただろうし、得られるはずもなかった。友人のもとに戻った彼は、保証のない誓言を伝えるのがやっとだった。

ナチスに批判的な外交官で、後に暗殺実行犯グループの一員になったエーリヒ・コルトが置かれた状況は、ゲルデラーよりましとは言えなかった。コネを使って英政府の中枢機関が集まるダウニング通りにうまく潜入したところまではよかったが、チェンバレン首相に話を信じてもらえなかった。

また、エーヴァルト・フォン・クライスト＝シュメンツィンは、イギリス外務省の最高顧問のヴァンシタート卿に面会した際、「〈絞首刑も覚悟で〉こちらに参りました」と切り出したが、不信感を払拭するには至らず、話し合いは失敗に終わった。それでもゲルデラーに比べれば彼はまだましだった。ゲルデラーは、同じヴァンシタート卿を相手に一生懸命説明したが、その途中で、ヒトラーを心底毛嫌いしていたヴァンシタート卿に、「あなたが言われることはまさに売国行為ですな」という言葉を挟まれて会談はそれきり打ち切られたからである。

このようにイギリス政府の見解は、程度の差はあるにしても首尾一貫していた。さらにフランス政府へのはたらきかけも不調に終わった。イギリスはフランスの顔を、そしてフランスはイギリスの顔を立てようとし、どちらも口では行動すると言いながら、もう一方が動かない限り自分から動く気はさらさらなかった。両政府とも、ヒトラーとはまだ交渉の余地がある、と高をくくっていたのである。

ところで、ヒトラーの排除はドイツの内輪の問題であって、連合国側の問題ではなかった。ドイツから交渉に臨んだ面々は、人間としても、抱いていた理想、計画、目標の点においても実に千差万別だったので、本人たちはそれぞれ一生懸命だったにもかかわらず、統一的な抵抗運動が行われているという印象を相手方に与えることができなかった。

ドイツの国益に反しない——彼らが一様に気にかけていたのはこの点だった。ポーランド回廊——ここは、東プロイセンのドイツ領からの分離を命じたヴェルサイユ条約によって生じた地帯だった——の撤廃を要求する者がいたかと思えば、君主制の復活を望む者もいた。招かれざる客だった彼らは、同志を増やせる見込みは皆無で、一緒に行動を起こすという約束どころか、せいぜいのところ慇懃な外交辞令を手土産に帰国するのがやっとだということに当然気がついていた。このガラスの壁を壊そうと試みたクライスト＝シュメンツィンは、第二次世界大戦期間中に首相を務めることになるW・チャーチルを別荘に訪ねた際、「私は国家社会主義者ではなく、愛国者です」と彼に述べた。これに対するチャーチルの答えは、「私もですよ」というそっけないものだったという。

無名の部外者が難問を一気に解決しそうになったことがある。J・トーランドが情報源をぼかしたまま述べた話によると、ヒトラーに失望した匿名の親衛隊隊員が、ナチス関連の行事が行われたベルリンのオリンピックスタジアムで演壇に密かに爆弾をしかけたという。それはまさにヒトラーが長い演説を行なった場所であった。この親衛隊隊員は、雷管のスイッチを入れる前にどうしても我慢できずにトイレに駆け込んだのだが、なんと本人が意図したわけではないのにその日の行事が終わるまでずっとトイレの中に閉じ込められて出られず、爆弾は爆発せずに終わった。この男の友人曰く、「あれこそ一〇〇年に一度あるかないかの笑い話だよ。あいつがトイレに行かずに済んでいたら、世界史の展開も変わっていただろうに」。

◎…作戦計画

このように事態は切迫した状態が続いていた。ナチスのプロパガンダは一九三八年の盛夏に頂点を迎えた。九月に入ると状況は一触即発の様相を呈した。ヘンラインはズデーテン・ドイツ人による義勇軍を組織した。一九三八年九月一二日、ニュルンベルクで開催された党大会においてヒトラーは、「チェコスロバキアに暮らす三五〇万人のドイツ人が受けている抑圧と迫害」をこれ以上傍観し続けるわけにはいかない、と述べた。それから二週間後、ヒトラーはベルリンのオリンピックスタジアムの演壇に立っていた。彼は文字どおり怒りのあまり爆発し、ズデーテンの割譲を要求した。そのあとこの「名うての嘘つき」（フランツ・ハルダーがヒトラーをこう呼んだ）は、急に改まった態度を見せて、「これは私がヨーロッパに対して行わなければならない最後の領土要求である」と言明した。

参謀総長に就任する以前からハルダーがヒトラーを怪訝な目で見ていたことは、周囲もよく知っていた。事実、就任の挨拶に訪れたハルダーはヒトラーと早速口論になっている。今や軍のナンバー2になったハルダーは、錯綜した政治の茨のなかで良心に恥じぬ道を歩む困難さを痛感していた。それでも彼は、独裁者ヒトラーよりはむしろ反対派に近い位置にいた。彼の前には困難な道が待っていた。だがこのころすでにハルダーは、「あの男を消してやろうという人間はいないのか」と親しい友に漏らしていた。

▲…ハルダー参謀総長

ハルダーは、よほどのことがない限り普段は丸腰の自分が、実行犯になるためまもなく拳銃を所持することになろうとは、この時点ではまだ想像もしていなかった。彼が謀反集団側につくことがはっきりしたのは九月半ばだった。彼は、露骨な暗殺にはなお反対していたが、P・ホフマンが述べているように「ヒトラーを排除することに反対していたわけではなかった」。ホフマンはさらにこう続けている。「むしろ、ハルダーは、逮捕するよりは目立たないやり方で殺害するほうがよいと考えていた。その方が自分や軍の関与を隠蔽できるし、その結果、危険なヒトラー神話が生まれるのを阻止できるからであった。それゆえ彼は、列車で移動中のヒトラーを列車ごと爆破し、総統は爆撃を受けて死亡したと公表するのが最善の方法だと考えていた。この計画を実行に移すには、もちろん敵国との戦闘が始まるのをひたすら待たなければならなかった。これに対し、ヒトラーの悪行を全国民に明らかにするには生きたまま逮捕し法廷に突き出さねばならない、というのが、クーデター計画に関わった多くの人々、ことに前任者ベックの確信であった。それによってあの〈匕首伝説〉が再び作られるのを未然に防ぐことができる、というのがその理由であった。クーデター計画に関与していたライヒ最高裁判所法務官ハンス・フォン・ドナーニー博士とオスターもベックと同じ見解で、ヒトラーを逮捕した後、医師らで構成される専門委員会に〈ヒトラーは精神病患者である〉と宣告させるつもりだった」。

なんとか事態の進展を図りたいと考えた国防軍情報部のオスター中佐は、面倒で時間のかかるこうした手続きに同意は示しながらも、もっと効果的で現実的な解決策の準備を秘かに進めていた。細身で品があり、中背で聡明、社交的で遊び上手だった中佐は、ロンドンでの陳情行脚にも、ヒトラー追放後の手続きをめぐる理論的討議にも辟易していたクーデター計画グループの中心的存在になっていった。ヒトラーを排除するまでの手続きに関するものであれ、排除した後の手続きに関するものであれ、彼は討議というものを毛嫌いしていた。オスターならびに彼を支持するグロスクルト中佐やハインツ大尉らにとって、ヒトラーに対する短期の裁判ですら、耐えられないほど悠長なものに思われた。三人は、謀反に加わった他のメンバーの与かり知らぬところで犯行手順を申し合わせたが、それは、変更も議論も排除された最終的なものであった。ヒトラーを解任・逮捕した後は、判事もしくは精神科医に引き渡す、と他のメンバーには信じさせておきながら、三人はヒトラーをその場で射殺することを申し合わせていた。そうでないと、帝国総統官房襲撃時に帝国保安諜報部（ＲＳＤ）と親衛隊の護衛兵が抵抗し、武力衝突の事態になるのは避けられないと考えたからである。そして万が一、護衛兵たちが突然の襲撃に混乱して麻痺状態に陥り、まったく動きを見せない場合、彼らを挑発して銃撃戦に持ち込めば、総統はその最初の犠牲者となる、というのが彼らの計算だった。

この現実的な解決法がもつ利点は確かに無視できなかった。ヒトラーが死んでしまえば大衆が陶酔することはなくなるし、そもそも抵抗を呼びかける必要もなくなる。それに、「ヒトラーの取り巻きは確かに悪党だが、ヒトラー自身は彼らのやった行為は一切関知していない」という迷信がこれ以上広まる恐れもなくなる。さらに、オスターら国防軍情報部の計画には、労せずして、目立たずにクーデターのプロセスの中に組み入れることができるという利点もあった。

首謀者たちは以下のような作戦計画を申し合わせていた。参謀総長という立場上、ヒトラーからチェコスロバキアへの進駐命令を最初に受け取るのはハルダーと予想された。ハルダーは進駐命令を受け取ったら、ただちにヴィッツレーベン大将に電話をかけて蜂起命令を出す。これを受けて、ヴィッツレーベン率いる第三軍管区の幾つかの部隊がブロックドルフ＝アーレフェルト少将のポツダム師団の応援をもらって出動し、ヒトラーに退陣を迫るため帝国総統官房に乗り込む。ただし、ヴィッツレーベンにすんなり面会許可が下りない恐れもあったので、若手の将校が数名随行し、やむを得ない場合には武力でヴィッツレーベンを官邸内に入れる――ざっとこんな計画であった。

同じ頃、グライツ、プラウエン、ケムニッツ地区では、ヘプナー中将率いる第一軽歩兵師団が、ナチス党大会開催中ニュルンベルクに移されていた親衛連隊がベルリンに戻る道路を封鎖するため、待機していた。ヴィッツレーベンとハルダーは、ランツベルク・アン・デア・ヴァルテ［訳注：現ポーランド西部のゴジュフ・ヴィエルコポルスキ］に配置されていたパウル・フォン・ハーゼ少将の第五〇歩兵連隊も、いざという場合には投入可能な予備軍に数えていた。また、クーデター計画に通じていたベルリン警察本部長ヘルドルフ伯爵およびその代理のシューレンブルク伯爵も、少なくとも警察は介入しないと請け合ってくれた。

ナチ党員から転向していたアルトゥール・ネーベ刑事警察局長官も、反乱グループに情報を流していた。彼は、たとえばオスター中佐と協力して、全国の親衛隊部隊の配属や人数を記載した関係書類を提供したりした。また、元参事官のギゼヴィウスは、第三軍管区司令部の中で反政府勢力の調整役を務めていたが、ヴィッツレーベンの執務室に隣接する会議室を与えられた。軍の関係者ばかりが往き来するホーエンツォラーンダム通りで、背広姿のギゼヴィウスは変な目で見られたので、ヴィッツレーベンは、遠い親戚が家族に関する重要書類を整理しに訪ねてきたのだと説明していた。

後に国防軍情報部将校となるシュトリュンクの夫人は、人目を避けるため、ブロックドルフ＝アーレフェルト少将とギゼヴィウスを自家用車に乗せ、首都ベルリンの中で一気に制圧する必要のあった戦略上の拠点——具体的には、ゲーリングの豪邸、ケーニヒスヴスターハウゼンのドイツ放送局の施設、リヒターフェルデの親衛隊の兵舎、プリンツ・アルブレヒト通りにあるハイドリヒの司令部、諸省庁、ナチ党の事務所、国営郵便の電話交換局など——を下見して回った。ギゼヴィウスから事前に情報を得ていたブロックドルフ＝アーレフェルト少将は、占拠すべき拠点をじっくり視察し、必要な兵士の数を検討した。

予備兵の数は十分だったし、下見も気づかれなかった。決行の際、突撃小隊が突入できるよう、大きな観音扉を開け放つ役を引き受けたコルト大使館付書記官は、守衛に顔を覚えてもらうため頻繁に帝国総統官房に出入りしたが、官房の監視が強化された気配はなかった。

◎…命令を待つ突撃小隊

秋に入っても記録的な猛暑が続いていたが、ヨーロッパはまだ戦火には包まれていなかった。さながら戦争がスローモーションで起ころうとしているようだった。国防軍情報部の将校たちは、ヴィッツレーベン大将を警護する護衛隊を編制していたが、表向きには「特別訓練課程」という看板を掲げていた。隊長に指名されたのは、ドイツ義勇軍の兵士や鉄兜団のリーダーを務めた経験をもつハインツ大尉であった。彼は、帝国総統官房の見取り図を使って訓練を積んだ。総勢四〇名の先遣隊——ハインツ隊長自ら「謀反集団」と呼んだ——の大半は腹の据わった将校たちだったが、一部に補強要員として学生や労働者も混じっていた。これは意図的なもので、計画している奇襲が軍人のみによるクーデターだと世間の人々に受け取られることのないようにとの配慮から出たものであった。

爆薬や武器、それに小隊の指揮官はカナーリスの組織から調達された。「帝国総統官房突撃小隊」には、無鉄砲で知られたハンス・アルブレヒト・ヘルツナー中尉とヴォルフラム・クナーク中尉が加わっていた。後に二人は、ポーランドのヤブルンカ峠での急襲に加わったり、敵を欺くためソ連赤軍の軍服を着てダウガヴァ河に架かる橋を防備したりしたが、それらに比べれば、官邸への突撃は彼らにとって難しい任務ではなかった。

▲…特別攻撃班で総統官邸への襲撃を準備したハインツ

細身ながら筋肉質のフランツ・リーディヒ海軍大尉をはじめ、「青少年鉄兜団」や「ランゲマルク学生鉄兜団」に属し、リーディヒと同様、君主制を支持していた兵士はみな、忌々しい独裁者を消せるなら喜んで命を捨てる覚悟でいた。

九月半ば、アイゼナハ通り一一八番地に突撃小隊本部が置かれた。隊員は複数の民間住居に配置され、そこで出撃命令を待った。緊急警報が入っても、逆にそれが解除されても神経は擦り減るが、彼らはそうした運命のいたずらにも動ぜず、何時間も、何日も辛抱強く待った。ただ、当事者にしてみれば、あとほんの数分で自分たちが計画した世界史の一大事件が実際に起こると思われたことも一度ならずあった。

▲…1938年9月15日、チェンバレン首相を出迎えるヒトラー。右端はリッベントロップ外相

一九三八年九月一五日、イギリスのチェンバレン首相がベルヒテスガーデンの別荘にヒトラーを訪ねると緊張は一層高まり、突撃小隊隊員は武器の安全装置を外した。一週間後の二二日、バート・ゴーデスベルクで行われた二度目の交渉でヒトラーが要求を強め、「一〇月一日に戦争に踏み切る」と白髪のイギリス首相を脅したことをうけて、隊員たちは出撃態勢を整えた。

すでに空気は張りつめていたが、情勢はその後さらに緊迫の度を増した。フランスは予備兵を召集し、イギリスも全艦隊を戦闘準備態勢に入らせた。チェコスロバキアも軍に動員をかけた。九月二七日の晩、ヒトラーの命令を受けた機甲部隊が、轟音を上げて首都ベルリンの官庁街を突っ切った。数名のヒトラー・ユーゲントの若者を除けば、一般市民は、感激というよりはむしろ恐怖感をもってこの軍事的示威行動を眺めた。それを聞いたヒトラーはがっかりしたという。

イギリス政府の通商顧問ホーレス・ウィルソン卿は、ドイツが万一チェコスロバキアに侵攻すれば英仏も参戦せざるを得ないだろうとヒトラーに語った。そこまで言う権限は彼になかったものの、発言の中身は正しかった。翌日、今度はムッソリーニが、戦争による脅迫を思いとどまるようヒトラーに忠告した。このように九月末の数日間は、脅しとはったり、恫喝と和解というふうに、状況は回転木馬のようにめまぐるしく変わった。

九月二六日、ハルダー参謀総長は、復職を控えたハマーシュタイン上級大将に「行動を起こすなら今だ」と語った。オスター中佐は、チェンバレンが出したぎりぎりの提案に対するヒトラーの最終的な回答を入手していた。ギゼヴィウスからその写しを受け取ったヴィッツレーベンは、ハルダーのところへ飛んでいった。ハルダーがブラウヒッチュ陸軍総司令官を訪ねると、彼も「作戦行動」を起こすしかないと腹をくくっていた。これを受けてハルダーは、謀反に加わったメンバーに対し、やむを得ない場合にはブラウヒッチュの命令がなくても行動を起こすと約束した。ヴィッツレーベンも、場合によってはハルダーからの命令がなくても行動を起こすと約束した。

その辺りの事情をJ・フェストは次のように述べている。「かくして準備は万端整った。準備の周到さという点では暗殺を試みた過去のどのケースにも勝っていたし、成功する公算も明らかに大きかった。軍と警察に関してはすでにあらゆる手が打たれていた。ラジオ局の円滑な引き継ぎの手配も済んでいたし、国民向けの声明文の草稿もできていた。奇襲攻撃をかける合図としてハルダーが予告していたのは、ヒトラーがチェコスロバキアへの進軍命令を出す、まさにその瞬間であった。皆がその瞬間を待っていた。昼ごろ、ヒトラーが最初の波状攻撃に入る準備をするよう指示し、さらにその二、三時間後、一九の師団に動員命令を出したことから、総動員がかけられるのは翌日の一四時と予想された」。

同質化政策に呑み込まれ、虚飾に満ちたプロパガンダを得意とした国営ラジオ放送といえども、刻一刻と劇的に緊迫していく国際情勢を隠し通すことはできなかった。チェコスロバキアとの国境で起きた残虐な事件のニュースの後は、巧みなトークで雰囲気を和ませ、エンディングにはお決まりの「エーガーラント行進曲」がかけられた。聴く者の心を高揚させるきびきびしたその音楽は、帝国総統官房の近くに設けられた突撃小隊のアジトにもガンガン響いてきた。そこには、無鉄砲な男たちが、世界を変える事件――それは彼らのピストルと手榴弾によって引き起こされることになっていた――が次の瞬間に起きてもおかしくない極度の緊張状態のなかで、何日も前からずっと待機しているのだった。

リボルバーの撃鉄を起こして射撃態勢に入っていた彼らの顔は緊張で硬直していた。待たされる時間で神経も擦り切れそうだった。謀反という任務のため、昼夜の区別がない長期の露営生活に入っていたようなものだった。けたたましく電話が鳴るたびに、感電したように跳び上がるものの、それが関係ない電話だとわかると、がっくり肩を落として再び嵐の前の重苦しい静寂の底へ落ちていくのだった。眠るのではなくて、うつらうつらするだけだった。食事も決してよくなかった。人目につくと怪しまれてしまうので、クーデターを起こそうとする者は、髭の手入れを毎日欠かさないようにするのが常識だ。だが、隊員は不十分な衛生設備とも格闘しなければならなかった。

◎…土壇場での大逆転

緊張が再び高まった。突撃の合図はいつ出されてもおかしくなかった。J・フェストの記録を見よう。「ハインツ率いる突撃小隊の隊員が各々持ち場で待機しているところへ伝令がやって来た。伝令は、ヒトラーが仲介に入ったムッソリーニの説得を受け入れ、ミュンヒェンでの会談に臨むことにした、とハルダー参謀

▲…エルヴィン・フォン・ヴィッツレーベン

総長に伝えた。この知らせは、文字通り爆弾のように炸裂した。謀反に加わっていた者は皆、作戦計画全体が土台から崩れてしまったことを瞬時に悟った。当惑と放心が全員を襲った。隊員のなかで軍人でなかったギゼヴィウスだけは別だった。絶望のあまり突如饒舌になった彼は、こういう事態になっても出撃すべきだ、と必死でヴィッツレーベンに訴えていた」。

予想と正反対の展開になって、突撃小隊長のハインツにははっきりわかった。ヴィッツレーベンが動かせる全軍団をもってしても、一人の生きたヒトラーにはかなわないのだ、と。

H・C・ドイチュは次のように総括している。「ミュンヒェン協定は、ヒトラーにそれまでの政治活動のなかで最大の成果をもたらしたように思われた。彼の声望は恐ろしいほど高まったため、仮に大戦の回避を争点にして争ったとしても、国民を反ヒトラー派に鞍替えさせるだけの力が反体制勢力にあるかどうか、疑わしい状況になってきた」。英仏の同意のもと、チェコスロバキアがズデーテン・ドイツ地方をドイツに割譲したのは、なんといってもヒトラーの功績であった。

体制におもねる報告をし続けてイギリスの宥和政策に少なからず寄与してきたヘンダーソン駐独英大使は、自戒の念を込めて「われわれは平和に固執するあまり、結果的にヒトラーとその政権を救済してしまった」と上司である英外相に書いた。さらにゲルデラーも、「ヒトラーを片づける好機だったのに」と米国の友人に宛てた手紙の中で書いている。

今回は外交を取り巻く状況が悪かったため、またしても暗殺計画は実行に至る前に潰れた。ヒトラーは、実行犯の優柔不断によってではなく、譲歩を好むイギリスやフランスの政治家によって、それまでで最も危険な襲撃を免れたわけである。

ズデーテン地方をせしめたヒトラーは、首都に戻ると、戦争勃発が延びたことへの失望を側近にぶちまけた。ベルリンに到着するや、親衛隊の衛兵たちに「あの男のせいで私のプラハ入りはご破算になった」と話している。「あの男」とは、チェンバレン英首相のことだった。チェンバレンは、ヒトラーとの会談に臨むために、老骨に鞭を打って、生まれて初めて飛行機に乗って来たのだった。

R・ホッホフートはヒトラーを「時代の命運を決定的に動かす男」と形容したが、国民のヒトラー人気は、ミュンヒェン協定以後、まさに絶頂期を迎えた。ヒトラーが神のように大衆から崇拝されたのは、彼が戦争という賭けに出たからではなく、戦争を阻止した——と大衆は思っていた——からであった。何百万もの人間がそう盲信していたし、ある程度冷静に状況を見ていた人の疑念も消えていった。だが、その一方で、将来を正しく見据えた慧眼の士もいた。そんな人間の一人ゲルデラーは、すでに紹介した米国の友人宛の手紙の中で次のように述べている。「チェンバレン氏は、小さな危険を恐れる余り、戦争を不可避のものにしてしまった。英仏の国民は、奴隷の身分に堕ちたくなければ、これからは武力で自分たちの自由を守っていかなければならないだろう」。

暗殺計画に関わった集団は解散した。それぞれ、元の部隊や職場に復帰した彼らは、留守中の行動について説明したり、突撃命令を待っていたアジトに至るまでのあらゆる痕跡を消したりする作業に追われた。数週間、いや数か月もの間、彼らは、突然の電話や訪問があったりすると、逮捕されるのを覚悟せずにはいられなかった。しかし、ゲシュタポが「首相官邸をねらった突撃小隊」の計画を知ったのは、ずっと後の、一九四四年七月二〇日以降のことであった。その頃には、ヒトラー暗殺の準備に関わった人々のうち、かなりの数の人が、ヒトラーのためにすでに戦死していた。

ミュンヒェン協定を境にして、反ヒトラー勢力はすっかり姿を消してしまったかに見えた。左派の抵抗運動の担い手は、殺害されるか、投獄されるか、そうでなければ国外亡命の道を選んだ。彼らに比べると、右派内部の反ヒトラー派は、それまで迫害を受けた経験がなかった分、状況はましだったが、殺人鬼ヒトラーの蛮行や失策によって国民の支持が下がり始めるまで、じっと身を潜めていなければならなかった。それまでは国民のあいだのヒトラーの支持は年を追って高まるばかりだった。

無力化させられた反体制派が絶望の淵をさまよっているあいだに、初めて国外から刺客がドイツにやってきた。彼らは、第二次世界大戦の勃発を阻止するため、武力でヒトラー問題を解決しようとした人々であった。

第6章　エキスパートとアマチュア

◎…「水晶の夜」事件

ヒトラーの「ヨーロッパに対する最後の領土要求」が充たされたとき、次なる要求、すなわち「残りのチェコスロバキア」の粉砕はすでに予定に組み込まれていた。三五ライヒスマルクという破格値で購入できた「国民ラジオ」は、ヒトラーの栄光と妄想をがなり立てていた。大ドイツを絶滅戦争に引きずり込もうとする独裁者に死角はなさそうだった。それはドイツ国内に限った話ではなかった。ヒトラーに激しい憎悪を抱く人が多い国外でも、彼の手腕を賞賛する人々は大勢いたのである。

イギリスはムッソリーニと結んだ協定でイタリアのエチオピア併合を承認したが、このときムッソリーニは、それまで否定し続けてきたヒトラーの人種理論を受け入れた。そのヒトラーは、ドイツの出生数を増やそうと、「母親十字勲章」を創設した。これは四人以上の子を産んだ母親を顕彰する制度で、八人以上出産した女性には金メダルが授与されたが、実のところは生物学を活用した戦争の準備にほかならなかった。

アメリカは、ミュンヒェン協定締結後、軍備増強に着手したが、驚くべきことに当時一四四〇万人もの失業者を抱えていた。ただ、それだけ失業者が多かったからこそ労働時間を週四〇時間に移行できたのかもしれない。デンマークではドイツから亡命していたB・ブレヒトの『第三帝国の恐怖と悲惨』が出版された。ただし、ブレヒトの新作は西側ではさほど注目されず、あっという間に広まった流行のダンス『ランベス・ウォーク』の足元にも及ばなかった。ドイツでは、グスタフ・グリュントゲンスを主演にした映画『危ない綱渡り』が封切られたばかりだった。

一九三八年一一月九日の夜、映画館から出てきた観客は、全国数百か所で同時に発生した放火事件を目の当たりにした。突撃隊のならず者が「抑え難い国民の怒り」を代弁して起こした行為とのことだった。

話は少し遡るが、同じ九日の午後、パリで、ポーランド系ユダヤ人のヘルシェル・グリュンスパンに狙撃されたエルンスト・フォム・ラート大使館付書記官が――皮肉にも彼自身は反ユダヤ人主義に批判的だった――二日前に負った傷がもとで死亡した。これをうけ、ゲッベルス宣伝相は、ミュンヒェンの市庁舎でヒトラーと軽い打ち合わせをした後、「帝国水晶の夜」事件を仕組んだのであった。

国家による放火を仕組んだゲッベルスは、狂信者の卑しい衝動を煽り立てて「不可抗力」にすり変えた。警察は放火犯の狼藉を悠然と傍観し、断固たる態度をとるどころか、逆に放火犯の保護に乗り出す始末だった。全国一九〇のシナゴーグから炎が天高く昇った。火先はくねくねと気味悪く立ち昇り、夜空を真っ赤に染めた。破壊された家屋は一七一軒、略奪された店舗は八四〇軒にのぼった。ユダヤ人の中には、撲る蹴るの暴行を受けたり、刺されたり撃たれたりして殺された人がいた。結局、死者と重傷者がそれぞれ三六人、逮捕者は二万六〇〇〇人を数えた。

諸外国も、第三帝国時代に起きたこのユダヤ人狩りをこれ以上黙過しておくわけにはいかなかった。『ニューヨークタイムズ』紙の通信員も、ドイツでは三十年戦争（一六一八〜一六四八）以来絶えてなかったテロ行為をこの目で見た、と本国の編集部に打電した。

ナチスの暴徒がドイツ各地で起こした狂乱は丸一日続いた。どこに行っても人々は両腕をだらりと垂れて突っ立ったまま、神聖なシナゴーグを汚す蛮行を呆然と眺めていた。狼狽のあまり体が言うことを利かず、恥辱と憤怒に震えながら暴徒の悪行を見つめていたミュンヒェンの目撃者の中に、ヒトラーを暗殺すべく極秘でドイツに潜入していた男が二人混じっていた。二人ともスイスから入国してきたが、互いに面識はなく、相手に関する情報ももっていなかった。一人はスターリンの命令で、もう一人は己の良心に突き動かされてやってきた。前者は共産主義者でプロの殺し屋、後者はカトリックの信者で、暗殺に関してはまったくの素人だった。

◎…スターリンの優秀なスパイ

国家転覆をかけて独裁者を暗殺しようと近づいた男たちのうち、一番成功しそうな条件を備えていたのが前者のアレグザンダー・フットだった。イギリス人の彼はスイスで暮らしていたが、ジムの暗号名でソ連に仕える極めて有能なスパイだった。出身こそスコットランドだったが、筋金入りの共産主義者で、スペイン内戦時には共和国側について戦ったものの、正体はばれず、スペイン内戦で挫折した後はフランス経由でスイスに逃れていた。

▲…アレグザンダー・フット

広い額に薄い髪、耳は少し外側に張って、目は小さくて眉は濃い――フットの容貌はこんな感じだった。金はたっぷり持っている様子で、ジュネーブ湖畔のローザンヌで、仕事にも就かずのらくら暮らしていた。近隣住民や知人の受けはよく、彼らを自宅に招いたり、逆に招待を受ける仲だった。相手がスイス人であろうとなかろうと誰とでもすぐに打ち解け、交友関係を広げていった。戦争直前や開戦後、スイスは各国の秘密情報機関が入り乱れる舞台となったが、そうした地下組織の匂いがフットにはまるでなかった。「時代の潮流とか政治とは一切関わりをもたない外国人」というイメージを周囲の人間にもたせることに彼は成功したのである。その彼が、実はスターリンが抱える最も優秀なスパイの一人だったこと、さらにラドーを首班とする、ソ連の在外秘密情報機関のネットワークの中心メンバーの一人だったことがわかったのは、何年も後のことだった。ドイツ国防軍情報部が「アカの三人組」と呼んでいたこのネットワークは、戦争中、スイスからドイツの連絡員に膨大な量の軍事機密を探り出させ、それらをモスクワに送っていた。ネットワーク内のフットの役割は、無線通信業務と資金調達だった。肉体的にも精神的にも地下闘争に即応できる訓練を受けていた彼は、ヒトラーに対して終始変わらぬ激しい憎悪をもつ優秀なスパイだった。

一九三八年秋、そのフットが突然指令を受けた。もう一人のスパイ、ビル・フィリップスとともに、書類を偽造し、適当な理由をでっち上げてドイツに潜入せよという指令だった。ヒトラーに対するソ連の政策には、当初から矛盾するところがあった。「赤いツァー（皇帝）」と呼ばれたスターリンは、イデオロギーとしてのナチズムが共産主義の打倒を目指していることは承知していたが、他方、ヒトラーを、ドイツのボルシェビキ化を準備するうえで必要不可欠な中間物、芝居に例えて言えば幕間狂言のようなものだと認識していた。ナチスがドイツ国民のブルジョア的（かつプチブル的）な考え方をプロレタリア化してくれるならそれは大いに結構、というのがスターリンの見方だった。ただしこの頃には、ナチスの幕間狂言は、ソ連の予想を超えて肥大化し過ぎていた。

ドイツの圧力に簡単に屈しないよう、少し前までチェコスロバキアを励ましていたソ連は、ミュンヒェン協定締結後、西側諸国に歩調を合わせ、チェコスロバキアを見捨て始めた。その西側諸国は、場合によっては盟邦関係を結べる相手になり得るとの観測から、これまで孤立を続けてきたソ連との歩み寄りを模索していた。だが、ソ連との不慣れな浮気を考え始めていた点ではナチスも同類だった。

ヒトラー暗殺の可能性を見極めるため、フットとフィリップスがドイツに潜入するようソ連の秘密情報機関から指令を受けたのは、かかる時機であった。フットはかなり流暢にドイツ語を話せたが、入国に際してはイギリス人観光客——さらに言えば、ナチスのプロパガンダにあっさり引っ掛かり、「政治的に偏った報道」ばかり本国に送っているとして自国の新聞特派員を非難する典型的なイギリス人観光客——を装った。二人はミュンヒェンに向かった。ブリエナ通りの「褐色の家」（ナチ党の本部）、ボーゲンハウゼン地区にあるエーファ・ブラウンのアパート、「カールトンの喫茶室」、あるいはバルトハムにあった彫刻家ヨーゼフ・トーラク（「ナチズムが生んだ石膏の巨人」と呼ばれていた）の国立アトリエなど、ミュンヒェンは独裁者の足跡をたどるには願って

▲…ブリエナ通りの「褐色の家」

もない町だったからである。

フットはスイスから幾つかの情報を持ち込んできていた。それらをミュンヒェンで補っていくのは難しい作業ではなかった。ここは、「片方の目を覆い隠すように前髪を垂らした男」(アメリカの歴史家E・ディヴィッドソンによるヒトラーの形容)が、地元では名の知れた男として政治活動を始めた「ナチズムの首都」だったからである。ミュンヒェン市民は、ヒトラーがプライベートで出かける小旅行や、お気に入りの場所、特に好んで親交を結んでいる人々を知っていた。そこまで熟知していなくても、公式の催しは必ずマスコミで大々的に宣伝されたし、街頭ではどの新聞売店でも、たとえば一一月九日に行われる行事の予定を載せた小冊子がただ同然の値段で買えた。そこには、ヒトラーが姿を見せる通りや広場の名前が事細かく記載されていた。

フットは、賑やかなパレードの最中にヒトラーを狙撃することが、困難ではあるが不可能でないことを、ドイツに入る前からすでに把握していた。だが、護衛もろくにつけずにプライベートで外出する時の方が成功の確率ははるかに高いというのが彼の見方だった。ヒトラーには、急に思い立って、懇意にしている支持者を訪ねることが時折あった。昼食や午後のお茶の時間にもふらりと外出したが、その場合も店への連絡は直前になるまでなかったうえ、護衛をほとんどつけないケースも多かった。公の場で人目を引くような護衛をつけるのをヒトラーは嫌っていた。自分の来店によって居合わせた他の客が邪魔者扱いされるのも好まなかった。あるとき、ライン河畔のバート・ゴーデスベルクにあるドレーゼンというホテルで、護衛担当の生真面目な親衛隊将校がテラスのカフェでくつろいでいた大勢の客を一人残らず追い払ったところ、ヒトラーは客を連れ戻すよう将校に命じた後、一般客としてカフェに行き、他の客に混じってコーヒーを飲んだという。

ヒトラーがミュンヒェンで公務や党務を執ったのは、市の中心部と南部のシュヴァービング地区の中間に位置する一帯だった。機能性という点でこの辺りはすぐれていた。ブリエナ通りには「褐色の家」（党本部）があり、その近くには「将軍廟」すなわち「ナチズム犠牲者追悼廟」——ここには、一九二三年のミュンヒェン一揆の犠牲者が改葬され祀られていた——や、ナチスに典型的な、極端に簡素な様式で建てられた党関連の建物が立ち並んでいた。党の機関紙『フェルキッシャー・ベオバハター』の編集・発行が行なわれたシェリング通りもさほど離れてはいなかった。

◎…総統お気に入りのレストランに爆弾を

大学教授の地位を与えられ、後に「ヒトラーのお抱え写真家」になったハインリヒ・ホフマンも、ここから目と鼻の先の場所に店舗を兼ねたスタジオを構えていた。エーファ・ブラウンは、この店で雇われていた頃にヒトラーと知り合っている。この通りにはさらに「シェリング・サロン」というレストランがあった。一九三三年以前のいわゆる「闘争期」に、若いナチ党員は、手頃な値段で食べられるこの店によく通った。ヒトラーと幹部クラスの党員は、もう少し先に行った「オステリーア・バヴァーリア」でときどき食事をした。ゆったりくつろげるイタリア料理のレストランで、家族経営の小ぢんまりした地味な店だった。一九世紀末から二〇世紀初頭にかけてシェリング通りとツィープラント通りがぶつかる角地に建てられた家の一階部分が店になっていた。家族的な温かさが感じられる店内は手入れが行き届いており、本場のイタリア料理とイタリア直輸入のワインを出すレストランとして知られていた。金持ちのイタリア人実業家もミュンヒェンを訪れた際によく立ち寄ったというこの店には、上流階級の市民が常連客として通っていた。馴染みでない客の顔を見かけると、ウェイトレスは、きのう（あるいはもう少し前に）首相がお見えになりまして、それが一般のお客様とまったく同じように平服で、くつろいだご様子でした、あの大きな油絵の静物画の下のお席でした、と得意気に話したものだった。その油絵は「総統」になっていなければ、ヒトラーが自分で描いていていたかもしれなかった。

ヒトラーがトマトソーススパゲッティを特に好んで食べたこのレストランには、大小二つの部屋があり、両者はドアのない通路で行き来できるようになっていた。ヒトラーが席を予約したのは決まって小さい方の部屋だった。二人の刺客は、労せずしてさらに詳しい情報を入手した。ヒトラーの来店は不定期だったが、頻度はかなり高いとのことだった。突然電話が鳴って、あと数分で総統がそちらに到着する、と店の主人が知らされることもあったという。そんなとき、主人は狭い方の部屋にいた客に頭を下げて回り、広い方の部屋に移ってもらわなくてはならなかった。店の入口は一つしかないので、来店した総統の姿は誰でも拝むことができた。店に到着すると、総統は広い方の部屋を通り抜けて、入口の真向かいにある小さい方の部屋に入って行った。大抵の場合、まず親衛隊隊員が二、三名先に入り、その後、ゲストを連れたヒトラーがついて行くというパターンだった。小さい方の部屋への侵入を妨げていたのは、通路の監視を任された親衛隊隊員が張った一本のロープだけだった。

フットとフィリップスは、レストランの近くで監視を続けた。長く待つ必要はなかった。一発でうまくいったようなものだった。二人は入口の左右に分かれて立って待った。店内に入ろうとすれば、ヒトラーは二人の間を通って行かねばならなかった。フィリップスはわざとポケットに手を突っ込んで、親衛隊の反応を窺った。

シガレットケースを取り出すふりをして拳銃を取り出すことも可能だったはずなのに、フィリップスの身振りに反応を示した親衛隊は一人もいなかった。

続いて二人の刺客は、ヒトラーから二、三メートルしか離れていない席についた。ちょっと観察すれば二人が外国人であることはわかるはずなのに、誰も二人を警戒していなかった。時折、物見高い客が立ち入り禁止のロープのところまで来ては総統を盗み見ていた。ヒトラーを射殺するのは困難ではない、というのがフットとフィリップスの出した結論だった。ただし、狙撃に成功したとしても、逃走できる見込みがまったくないのが難点だった。

ヒトラーの席の背後の壁はコート掛けになっていた。ここに掛けられたコートや傘、帽子の下に時限爆弾を入れた書類鞄を隠しても気づかれる恐れはまったくなかった。隣の部屋との間仕切りは、薄いベニヤの合板でできていた。おまけに、爆発するまでの間に、爆弾を仕掛けた人間が避難する時間も十分にあった。

深く検討すればするほど、二人には、自分たちの計画がますます簡単に実行に移せそうに思われた。ヒトラーお気に入りのレストランに爆弾を仕掛けるという計画は、実現可能な案として急浮上してきた。予想されるリスクもほとんどなかった。これ以外の方法についても一通り検討してみた後、二人はこっそりとドイツを出て、スイスからモスクワに向けて、「オステリーア・バヴァーリア」に爆弾を仕掛けてヒトラーを暗殺するという提案を無線で送った。

◎…アマチュア・スナイパー

二人は返事を待ったが、結局、返事は来なかった。もしかしたら、一九三九年八月の忌まわしい独ソ不可侵条約へと傾いていくような大きな政策転換がソ連ですでに計画されていたからかもしれない。ともかく、

▲…1923年から15年目の、1938年のナチ党の11月記念祭は盛大に行なわれた

二人が待っているあいだ、暗殺者に求められる条件を全然もたない、スイス生まれの二一歳の神学生が、苦労の末、ヒトラーとの距離を徐々に縮めつつあった。後年、彼を裁いたベルリンの民族裁判所は「一九三八年一〇月から一一月にかけて、彼はバーデン・バーデン、ベルリン、ベルヒテスガーデン、ミュンヒェン、ビショフスヴィーゼンといった町を転々としながら、絶えず総統を殺害しようと企んでいた」と立証している。

　オクトーバーフェストの狂騒が収まったと思ったら今度はナチ党の一一月記念祭が始まったが、町もこうしたサイクルにはすっかり慣れていた。ホテルの多くは何か月も前から予約がびっしり埋まり、町の中心部の見晴らしのいい場所は、高い値がついた見物席に早変わりした。党の事務局は、空いている部屋があれば宿泊施設として提供するよう日刊紙を通じて市民に協力を求めた。とにかくミュンヒェンは、熱狂的なナチス信奉者からたんなる野次馬に至るまで大勢の見物客でごった返していた。将軍廟を目指して進んだ一九二三年のミュンヒェン一揆における行進は、始まったときは馬鹿げた茶番劇だと失笑を買ったが、結果的には銃弾による死傷者を出す血塗られた行進となった。一一月記念祭ではこの行進を再現し、犠牲者を追悼するのが恒例になっていたが、その何日も前からヒトラーユーゲントの鼓笛隊が市内を練り歩いていた。学校は休校となり、家々には旗が掲げられた。街頭に設置された拡声器からは、組織的に扇動された群衆の声が響いていたが、やがてそれはものすごい太鼓の連打に変わった。

同じバイエルンに住む住民が、親戚の訪問や買い出しを兼ねて、ヒトラーの仰々しい自己演出や群衆による一糸乱れぬ行進を見ようとミュンヒェンに集まってきた。そして迎えた一一月九日、かつて一揆を引き起こした張本人が、生存している戦友を従えて、一九二三年と同じ編成でイーザル川からイム・タール通りを経て将軍廟まで行進する様子を、数十万の人々が、苦労の末ようやく確保できた場所から見守った。

ミュンヒェン市当局に押しかけ、観覧席を執拗に所望した者の中に、ドイツ語をまったく話さない、モーリス・バヴォーという名のスイス人が混じっていた。彼は、自分がスイス西部の新聞に記事を書いている通信員だと説明したが、報道関係者に支給されるはずの身分証明書も携帯していなければ、身分を請け合ってくれる地位の高い人間もいなかった。それでもバヴォーは周囲から特に目立つ存在ではなかった。多くのドイツ民族同胞がそうだったように、ヒトラーに心酔している外国人は掃いて捨てるほどいたからである。政権側にも、ナチズムを信奉する観光客を優遇する習慣があった。応対した市職員は、臨時に設けられた「一一月九日担当課」の窓口に行って相談するようバヴォーに助言した。

早速同課に赴いたバヴォーは、課長のエーミール・ゼンフティンガーに面会することができた。細身で、櫛でぴちっと後ろに撫でつけられた髪、広い額、あるときは夢想に耽っているような、またあるときは活発な印象を与える目をしたバヴォーは、フランス語しか話せなかった。一方、ゼンフティンガーは、突撃隊中隊で学んだことを生き方の指針としているような男だった。冷たく追い返すのを躊躇したゼンフティンガーは、「外国新聞調査研究班」の代表をしているアルベルト・ビンツの所へ行くように言った。

ビンツの前でも、バヴォーはヒトラーと第三帝国が築き上げた成果に対する賛辞をまくし立てた。その甲斐あって、彼は、それ以上審査されることもなく、聖霊教会の向かいにしつらえられた特別観覧席の招待券を手に入れた。その最前列でヒトラーを待ち伏せ、射殺する算段だった。万一ヒトラーがずっと離れた所を行進するようなら、観覧席の柵を跳び越えて彼に近づき、路上から発砲するつもりだった。ただし、その場合、興奮した群衆からリンチにかけられることは覚悟しておかねばならなかった。

こうして、暗殺を遂行するうえで最も重要な必要条件は整った。あとは拳銃に籠める弾薬と射撃の確かな腕だけだった。彼はその日のうちにアーベレという武器店で弾薬を二箱買い求め、パージング近郊の森に入って射撃練習を試みたものの、人目につきやすいのが気になった。そこで彼は列車に乗ってアマー湖畔のヘアシングまで遠出し、ボートを一艘借りた。そして、紙で作った小舟を標的に見立てて湖面に浮かべ、一一月九日に独裁者ヒトラーを撃つ距離をイメージしながら射撃練習を繰り返した。

世間知らずで、正気の沙汰とは思えないアマチュアスナイパーの滑稽な悲劇は、こんな馬鹿げた調子で幕を開けた。後に民族裁判所が下した判決によれば、彼は「少なくとも二度、総統を直接、生命の危険」にさらした。バヴォーの事件からは、無鉄砲な一匹狼の衝撃的な運命が垣間見えてくる。同時にこの事件は――総統を警護する措置はいろいろと講じられていたにもかかわらず――少なくとも第二次世界大戦が始まって最初の二、三年間は、覚悟さえあれば、「有史以来のおぞましい人物」(E・デイヴィッドソンの表現)の暗殺を企てるのが容易だったことを示す証拠にもなっている。

◎…M・バヴォーの生い立ち

モーリス・バヴォーは、厳格なカトリックの家庭に六人兄弟の第一子として生まれた。何事にも熱中しやすいタイプだった少年が育ったのは、スイス西部のヌーシャテルだった。実家は旧市街の中にあり、すぐ近くには鄙びた噴水が三つあった。一家は裕福ではなかったが、暮らし向きは決して悪くなかった。父は主任郵便配達員で、母は家を切り盛りする傍ら、八百屋を営んでいた。小遣いを上げてもらおうと、子どもたちはせっせと手伝い、店も繁盛した。モーリスは、初めは製図工になるつもりで、小学校と実科学校を卒業し、フリブールにあった専門学校に通った後、ある建設会社に製図工として就職した。この頃のモーリスは、精神的に不安定で感化を受けやすい青年だった。本をよく読んだが、いわゆる乱読だった。たとえば一七歳のとき、反ユダヤ主義を標榜する新聞をドイツから取り寄せて定期購読し、潜在的なファシズム政党である「国民戦線」に一時的に入党したが、二、三か月後には再び離党している。この頃の彼は気まぐれで、人間として未熟だった。抱いている政治的世界像も支離滅裂で中途半端だった。

▲…モーリス・バヴォー

大戦前夜ともいうべきこの時期、国民の大半が自国の中立を維持しようと奮闘していたにもかかわらず、スイスは決して「安全な平和の島」ではなかった。厳格に組織されたナチ細胞がスイスに存在し、地区指導者や管区指導者が好ましからざる人物のブラックリストを早々と作成し終え、時節の到来を待っていたことは、ナチ党国外組織スイス支部指導者ヴィルヘルム・グストロフがダヴォスで暗殺された頃にはすっかり自明になっていた。大抵の新聞は、スイス政府からの制約がない限り、ヒトラーのドイツをありのまま報道した。だが、その一方でスイスには、『スイスのファシスト』、『鉄の箒』、『スイスの旗印』、『本国ドイツ人』、『スイスのナチス』、『民族同盟』、

『前線』など、ナショナリズムに凝り固まった三流記者を抱えた新聞も少なくなかったのである。

上述のように、バヴォーは活字なら手当たり次第に何でも読む若者だったが、そんな彼がバランスのとれた人格を形成していくうえで貴重な存在となったのが、「聖ヨセフ協会」というカトリック系の青少年組織であった。彼の宗教的表象世界はここで深められ、あどけなさを残す少年は、フランスの聖霊修道会に入って宣教師になるための教育を受ける決心をする。入学試験に合格した彼は、ブルターニュのサンブリュー神学校に入学した。

彼は聖職に就くという大きな夢を抱いて、そのための準備に励んだ。神学校はたしかに俗事と関わりをもたないところだったが、反共産主義、反ナチズムが明らかにその基本的立場であった。入ったばかりの寮でバヴォーも、ドイツではキリスト教の諸宗派がミサを妨害されているとか、教会からの脱会が奨励されているとか、ナチ政権は「一宗派に属さない」という婉曲的な言い回しを使って一種の新たな邪教を盛んに宣伝している、といった話を聞かされた。

バヴォーの級友にマルセル・ジェルボエという青年がいた。彼は、ヒトラーを武力で排除する以外に世界の秩序を元に戻す方法はない、とあけすけに主張した。無論これは理論上の訴えであって、実際にそうしろという要求ではなかった。だが、精神病を抱えたジェルボエと特に親しく付き合うようになったことで、人一倍敏感なバヴォーの運命は大きく変わった。統合失調症の発作のため、たびたび学校を離れなければならなかったジェルボエには妄想癖もあった。自分はロシアの皇太子だ、と言ってみたかと思えば、別のときにはド゠ゴール将軍の息子だと言い張り、しかもそれが交互に繰り返されるのだった。

ジェルボエは「神秘の会」という怪しげな秘密結社を作ったが、この団体を真面目に取り上げる者は——後年の民族裁判所を別とすれば——いなかった。だが、感じ易いバヴォー——彼はいつでもリアリストというより理想主義者だった——は、ヒトラーを殺さねばならない、そうすれば教会を迫害者から守ることができる、という思い込みを次第に募らせていった。成功の見込みから判断すると、この計画はナンセンスで現実離れした話に見えたが、バヴォーは何かでっかいことをやってみたいとの思いを強く抱いていたのだった。

◎…単身ドイツへ

三年目を迎えたバヴォーは、休暇中に帰省していた実家から神学校にはもはや戻らず、ドイツに行って不可能なことを成し遂げる決心をした。彼の決心を知る者はいなかった。己の内なる衝動に突き動かされて暗殺を決意した彼であったが、それまでピストルを握ったことすらなかった。旅費もなかったので母親の八百屋の金庫から六〇〇フランを盗んだ。息子が果たそうとしている行為の目的の大きさを知れば、両親もこの窃盗を大目に見てくれるだろうと彼は思った。「お父さんとお母さんへ。ぼくのことは心配なく。自分で食べて行ける道を探します。モーリスより」。小さな紙切れに綴った僅か二行の文が、両親への別れの手紙だった。

一九三八年一〇月九日の早朝、ヌーシャテルを出発した列車は、一〇時にはバーゼルに着いた。バヴォーはここで両替をした。五五八・三五スイスフランは五五五ライヒスマルクを超える額の旅行信用状になった。その後再び列車に乗ってバーデン・バーデンまで行き、祖母の姉に当たるカロリーネ・グッテラーを訪ねた。身振り手振りでの意思疎通は大変だったが、大伯母は、若者がバーデン・バーデンまでやって来たのは製図工として働き口を見つけるためだということをなんとか理解した。バヴォーはナチの連中がするような、反ユダヤ主義的発言をごちゃごちゃまくし立てたが、それらは職探しの話と同様、全部カムフラージュだった。年金を貰いつつアパートの管理人をして暮らしていたグッテラー夫妻は、モーリスの力になろうと思い、職業安定所に問い合わせてみた。同時に夫妻は、スイスのいとこが突然訪ねてきた、バーデン・バーデンが気に入った様子で、大ドイツの建設に参加したがっているという話を、息子のレーオポルト——立身出世主義者で、第三帝国内で宣伝省の局長にまでなっていた——にも伝えた。

ここ数年、バヴォー家とグッテラー家は一切連絡を取り合っていなかった。瞬時におかしい、と感じた宣伝省の高官レーオポルト・グッテラーは、従弟をゲシュタポに告発した。その際、自称製図工のバヴォーが、建設中のジークフリート線を密かに探り出そうとしている可能性もある、と指摘しておいた。さらにレーオポルトは、両親に警告しようと、妻と六歳の息子ディートリヒをバーデン・バーデンに里帰りさせた。ところが、最初の数日間は、嫌疑をかけられたバヴォーが幼いディートリヒを連れて市内を散策する姿がしばしば見かけられるなど、成果らしい成果はほとんどなかった。レーオポルトが出した告発届もゲシュタポの書類の中に埋もれてしまい、ようやく再び出てきたときには、手遅れになる寸前だった。

一九三八年一〇月二〇日、居候のバヴォーは、仕事の口がないか、マンハイムのスイス領事に直接問い合わせてみたいとグッテラー夫妻に申し出た。ところが、彼が実際に出かけたのは逆方向のバーゼルで、そこでシュマイサー式六・三五ミリ口径の拳銃一挺と弾薬一〇箱を購入した。この時彼は暗殺はベルリンで決行しようと考えていたが、そのために買った拳銃は女性用で、至近距離からの射撃にしか使えないものだった。それでもヒトラーを暗殺しようという彼の決心は固かった。

翌一〇月二一日、首都ベルリンに入ったバヴォーは、取りあえずミッテル通りの「アレクサンドラ」というホテルに入って荷物を預けたが、その際、警察への提出が義務づけられている宿泊届は実名で記入した。

その後彼は、もっと安い宿と暗殺に適した場所を探し求めて市内を歩き回った。中央官庁街をぶらぶらし、首相官邸（帝国総統官房）を観察した。粘り強く探した末、彼はベルリナー通り一四六番地に家具付の部屋を見つけた。家主はアナ・ラートケという寡婦で、バヴォーには不信感を抱いたようだった。片言のドイツ語でなんとか宿泊の交渉が成立すると、彼は警察への届け出もやっておくと約束した。

まずは拳銃の扱い方を覚えねば――そう考えたバヴォーは、フリードリヒ通りの武器専門店で弾薬をさらに二五発購入した。当時のドイツでは、弾薬は届け出なくても自由に購入できたのである。ホテルに戻って荷物を取ってきたバヴォーに対し、ラートケ夫人は家のバルコニーから、転入届の手続きをする警察署の場所を教えてやった。その後彼は、どうしたら暗殺を決行できるかを改めて思案しながら外国の新聞に目を通していたが、ヒトラーは目下オーバーザルツベルクに滞在中、と書かれた記事を見つけた。

ラートケ夫人には、二、三日ドレスデンに出かける急用ができた、と言い残してきたが、実際に彼が向かった先はベルヒテスガーデンだった。とにかく急いでいて、洗濯物や写真、書きつけたメモ、フランス語版の『わが闘争』、そして『わが信条』のタイトルで出版されていたヒトラーの演説集が置きっぱなしだったため、ただでさえ外国人への偏見が強かった夫人は、数日後、警察に届けを出した。ただし、それに対して警察が動いたという形跡は残っていない。また、その後、バーデン・バーデンのグッテラー家からも警察に届けが出されたが、こちらの方も局留で届いたバヴォー宛ての郵便物を警察が取りにきただけだった。そういう意味では、彼が悲劇的運命に襲われなかったならば、バヴォーの事件はまったくの茶番劇だったと一笑に付すこともできただろう。

◎…オーバーザルツベルグへ

ヒトラーの跡を追ってベルヒテスガーデンにやってきたバヴォーは、「シュティフツケラー」というホテルに投宿した。おおよその道を頭に入れ、ベルクホーフと呼ばれる別荘でのヒトラーの行動パターンを探り出すため、彼は数時間かけて近辺を歩き回った。一昔前まで「ヴァッヘンフェルトの家」という簡素な貸別荘だったところは、今や七平方キロメートルの広大な地所に変わり、その周囲に巡らされた一四キロメートルに及ぶ金網が、民族共同体の侵入を防いでいた。その金網の内側、標高一九〇〇メートルの高地に、ヒトラーのほか、エーファ・ブラウン、ヘルマン・ゲーリング、マルティン・ボルマン、アルベルト・シュペーアが住んでいたが、彼らが住んでいた土地は、さらに周囲三キロメートルの垣根で防御されていた。言ってみればアーリア人専用のゲットーのようなところだった。

「ルーペルティの隅っこ」と呼ばれるオーバーバイエルン南東端の一帯の中でも一、二を争う景勝地として知られていた山が、ヒトラーの私有地と化していた。この広大な土地は、策略、圧力、賄賂、恐喝——拒否すれば強制収容所送りが待っているという脅迫——を自在に駆使するボルマンの手管によってかき集められたものだった。接収同然のやり方は住民の反発をかったが、道端に建っていた多数の殉難記念碑——それは信心深いバイエルンの人々の風習を象徴する碑だった——が撤去されたことに対する住民の憤りは、それ以上に激しいものだった。ベルクホーフでは大工事が常時行われていた。戦争のさなかでも最大五〇〇〇人の労働力が投入され、オーバーザルツベルクの麓に最初の連合軍の戦車「シャーマン」が迫ってきたとき、最後の労働者がようやくスコップや鶴嘴、左官用のこてを捨てて逃げたという。

前年まで、一日二〇〇〇人ほどに限定されていたものの、一般市民もベルクホーフの内側の垣根の手前まで入ることが許可されていた。そのことも手伝って、オーバーザルツベルクにおけるヒトラーの暮らしぶりに関する情報を集めるのは困難ではなかった。たとえば、「幻想に飢えた人民に奇跡の業を行なえる者のなかで最も偉大な人物」（イギリスのジャーナリスト、S・デルマーによるヒトラーの形容）には、食後の散歩を兼ねて六〇〇メートル低い場所にあったティーハウスまで降りて行く習慣があった。同伴したアルベルト・シュペーアはその様子を次のように描写している。「まず二名の護衛官が先頭を歩き、少し間隔を空けてヒトラーとその話し相手が並んで続く。そのすぐ後ろにお茶に招待されたゲストが男女交互に列を作って歩き、最後にはまた警護役の職員がついた。ヒトラーが飼っていた二匹のシェパードは周囲をうろつき回るだけで、飼い主の命令を小ばかにしているようだった。ベルクホーフでヒトラーに逆らう唯一の存在だった。ボルマンが腹を立てていたことだが、ティーハウスに出かけるのにヒトラーは毎日、三〇分で行けるこの道しか使わず、数キロメートルにわたり森の中を通るアスファルト舗装された道には見向きもしなかった」。

▲…ベルクホーフ（右上）と検問所

これに類する情報を得ようとバヴォーが話しかけた地元の人々は愛想がよいうえ親切で、彼が暗殺しようとしている男の、本来なら内輪の者しか知らないような習慣まで熟知していることがよくあった。だが、如何せん言葉の壁は厚く、有力な情報はなかなか得られなかった。あるときなど、どうしたら「ヴァッヘンフェルトの家」に入る許可を貰えるか、と警官に尋ねてしまったこともあった。すると警官は、それには特別の通過許可証が要りますよ、と諭すように答えたという。

「ルーペルティの隅っこ」を何日もうろうろしているうちにバヴォーはすっかり目立つ存在になっていたが、それでも路上で呼び止められたり、身元確認の調査を受けたり、密告されたりするようなことは一度もなかった。スイスのロマンス諸語圏の出身だった彼は、宿泊先の「シュティフツケラー」の支配人に、話し相手がいないので死ぬほど退屈している、と愚痴をこぼした。でしたら、地元の高校でフランス語を教えている教員試補のヴィリー・エーレンシュペック氏に相談するといいですよ、という助言が返ってきた。そこでバヴォーは、授業が行われている午前中に学校にエーレンシュペックを訪問し、その日の午後、「ロッテンヘーファー」というカフェで落ち合う約束をした。エーレンシュペックは同僚のエーミール・ロイターを連れてカフェに現れた。母語での歓談は大いに盛り上がり、三人とも大満足だった。バヴォーはヒトラーへの賛美を母語で思う存分語り尽くすことができたうえ、不審の念を抱かれることなく二人の教師から情報を探り出すこともできた。

二人が学校で授業をしているあいだ、バヴォーはオーバーザルツベルクの山に入り、七メートル先の木に仮の標的を取りつけ、射撃練習に励んだ。七メートル――彼はこの距離までヒトラーに接近するつもりだった。購入した拳銃に減音器はついていなかったが、幸いにも建設工事を行なっている周囲からしょっちゅう鳴り響く爆発音が銃声をかき消してくれた。一〇月三一日、バヴォーはすっかり固い友情で結ばれた二人の要望に応え、彼らのフランス語の授業にゲストとして参加した。フランス語の文章を読んで聞かせたり、感激している生徒たちの前で、スイスの様々な言語圏について二人の教員と自由に喋ったりしてみせた。

アドルフ・ヒトラーにお会いしたい、それがぼくの最大の夢です――バヴォーが二人の友人に打ち明けたとき、この異常な事件は一つのクライマックスを迎えた。三人がこの話をしていた場に、オーバーザルツベルクの治安に関する最高責任者のデッケルト警部（階級は少佐）――エーレンシュペックと旧知の間柄だった彼は、かつて「ツム・テュルケン」というホテルだった建物に入った帝国保安課報部（ＲＳＤ）第九分署の署長であった――が居合わせていた。デッケルト警部は、ベルクホーフ滞在中の総統の身辺警護ならびに特にベルヒテスガーデンとバート・ライヒェンハル一帯における旅行客や外国人の監視を任されていた。エーレンシュペックは、総統に面会することが可能かどうか警部に尋ねてみた。

警部の回答はこうだった。「残念ながら目下それは無理だ。総統は現在多忙を極めておられ、リッベントロプ外相やラマース帝国総統官房長官でさえ面会を断られたくらいだ」。

それでも警部は、一一月八日と九日に予定されている恒例の記念祭に総統が出席されるのは間違いないから、ミュンヒェンに行ってみるといい、との助言をくれた。それを聞いたエーレンシュペックもこう付け加えた。ぼくも数年前、「シティ」というカフェから犠牲者追悼パレードが市の中心部を行進していくのを見たが、パレードがちょうど自分の目の前で渋滞してくれたおかげで、総統の顔を至近距離からじっくり拝むことができた、と。二人にそんな意図は毛頭なかったが、これらの発言が暗殺の誘い水になってしまった可能性は大いにある。

「総統とお話しさせていただくことも可能でしょうか」。バヴォーは尋ねた。

「難しいだろう。それには強い影響力を持った人物の紹介状が要ると思うよ」。エーレンシュペックは答えた。

一〇月三一日、ミュンヒェンに向かったバヴォーは、「シュタット・ウィーン」というホテルに荷物を預けると、特別観覧席の招待券を入手するため、市庁舎、外国広報局、将軍廟の衛兵詰所などを回った。そして、すでに述べたように、特に身分を調べられることなく、「一一月九日担当課」で招待券を手に入れた。

その後、ミュンヒェンは大勢の見物客で溢れかえることになるだろう、との予告が連日流されたが、気持ちに迷いは生じなかった。徐々に高まりを見せる群衆の恍惚からバヴォーを守ってくれたのは、使命感と神への信頼だった。彼は犯行現場となる特別観覧席の足場を組む作業員をじっとながめた。そして気づかれないよう慎重に距離を目測し、何度も午後にミュンヒェン近郊に出かけて行なった射撃練習の結果と頭の中で比べてみた。独学ではあったが、今では撃った弾が標的のすぐそばを掠めるほど彼の腕は上がっていた。発砲の間隔を次第に縮めて連射の練習もやったし、発砲直後のピストルの反動にも慣れた。ミュンヒェン郊外で計八〇発ほど使った射撃練習のおかげで、彼は自分の腕と冷静さと度胸に自信をもてるようになっていた。そして一一月九日の朝――まだ数時間早かったが――特別観覧席の最前列の席を取るため、ホテルを出た。

彼のほかに通りに出ていたのは、数名の道路清掃人だけだった。彼らには、こんな早朝からたった一人で観覧席に座っているあどけない顔をした若者は、暗殺を企てている人間というより、深夜徘徊明けの少年に見えた。だが、いつの間にか、自発的に、あるいは上からの命令で集まった人で、通りはごった返していた。例年どおり、浮かれ騒ぐドイツ人が押し合いへし合いの人垣を作る一方、彼らが道路の真ん中に出てこないよう、二列に隊列を組んだ突撃隊の隊員が必死で押し返していた。パレードが通過するあいだ、突撃隊は、隣の隊員と肩をぴったりくっつけて立っていた。しかも、命令に従い、見物客に顔を向けて立つ隊員とパレードの方を向いて立つ隊員が交互に並んでいた。

バヴォーが手に入れた招待券は何度もチェックされた。もっと席を詰めるよう求められたので、すでに装塡し、撃鉄を起こし、安全装置を外した状態でコートのポケットに隠し持っていたシュマイサー式の拳銃が右隣の男に触れるほどだったが、バヴォーにはちゃんと発砲できるという自信がまだあった。距離は申し分なかったし、席も暗殺のために用意されたかのような位置にあった。しかもきょうのヒトラーは、メルセデス社の装甲自動車に乗ってかなりの速度で走り抜けるのではなく、太鼓の音で刻まれた葬送行進曲の荘重なリズムでゆっくり通過するような気がした。

恍惚状態に陥った群衆の中から抜け出し、柵を超えてヒトラーに握手を求めたり、花を手渡そうと駆け寄っていくことが可能だということは、映画館でやっている週間ニュース映画を見て彼は知っていた。必要ならばその手で行こう、その後どうなるかはあれこれ悩んでもしょうがない、と彼は考えた。

特別観覧席の向いに建つ聖霊教会は、単独で独裁者の暗殺に臨もうとしていたバヴォーにとって、時代を破滅に向かわせている張本人を始末しなさい、と励ましてくれているように映ったかもしれない。周囲の他愛ないおしゃべり、熱狂、好奇心に耐えながら、彼は辛抱強く座って待っていた。

ついにその時が来た。ヒトラーの登場を予告するアナウンスは何分も前から流れていた。市の東部を流れるイーザル川から、かつてシュテルネッカー・ブロイ（この建物の奥の部屋にナチ党の最初の党事務局が置かれていた）のあった場所を通って、マリーエン広場の方へ、怒涛のような叫び声が響いてきた。ヒトラーユーゲントの少年団員が手や小旗をさっと高く振り上げ、ヒステリックな女性たちは金切り声を上げ、人々は通りに出ないように設けられた柵に押し寄せ、突撃隊隊員が必死でそれを食い止めていた。

あと二〇〇メートルだ。あと一五〇メートル。

特別観覧席にいた人々も、ジャンプしたり自分の席の上に立ったりした。後ろの席の人は怒鳴ったり悪態をついたりしていたが、やがて自分たちも前列の人たちの行為を真似た。嵐のような叫び声、熱狂的な歓喜に巻き込まれながらも、バヴォーはなお冷静だった。ゲーリング、次にヒムラー、それからヒトラーの姿が視界に入ってきた。だが、隊列が道路の中央ではなく、向こう側の端に近いところを行進していることに彼は気づいた。目標までは、予想をはるかに超える距離があった。

バヴォーがポケットから拳銃を取り出すより早く、彼の目の前に体を押しつけるように迫ってきた見物人の人垣がナチス式敬礼のため突然手を挙げたので、標的となるヒトラーが視界から遮られてしまった。バヴォーの位置から狙いを定めて撃つことは不可能だった。さらに、突撃隊隊員がほとんど隙間なく並んでいたので、そのあいだをすり抜けて路上に飛び出すこともできなかった。こうして彼は、熱狂した群衆の中を、取り巻きを従えて、ゆっくりと、しかし遠く離れたところを通過していくヒトラーを指をくわえて見送らざるを得なかったのである。この辺りの状況を、歴史家P・ホフマンは次のように描写している。『総統の集団』が聖霊教会を通過したころ、標的までの距離はあまりにも遠く、確実に狙撃できる状況ではなかった。それに、護衛が付いていたので、横からヒトラーを狙えるとしてもチャンスはほんの一瞬しかなかった。銃弾が命中するとすれば、斜め前、もしくは斜め後ろからという角度しか考えられなかった。しかも標的は小さいうえに、行進している他の人間や、ヒトラーの乗った車の左右両側に一列縦隊で行進する護衛官に絶えず遮られていた。だが最大の障害物は、特別観覧席の最前列の目の前にびっしり並んだ突撃隊隊員の壁であった。ミュンヒェン一揆の犠牲者の血がついた「血染めの旗」に続いてヒトラーが通過した際、彼らはナチス式敬礼のため右手をさっと挙げたので、バヴォーが撃とうとする方向の視界は完全に塞がれてしまった。道路に飛び出すという計画も実行不可能だと認めざるを得なかった。なぜなら、特別観覧席から出ようとしたらきっと阻止されていただろうし、成功の見込みがないのに、ヒトラー暗殺という意図はばれてしまっていたかもしれないからである」。

バヴォーは諦めなかった。生活は極端に切り詰めていたが、旅費は底を尽きかけていた。それでも彼はなおもドイツに留まり、手に入れた拳銃で射殺できる距離までなんとかヒトラーに近づこうとした。彼はフランスのフランダン元首相の筆跡を真似て偽の書簡を作成すると、ベルヒテスガーデンに行き、駅からタクシーでまっすぐオーバーザルツベルクに向かった。途中のシースシュテットブリュッケ検問所で彼は衛兵に呼び止められた。バヴォーは偽造した紹介状を示し、重要な任務のために来たと主張した。初め、通行を拒否していた衛兵は不安になって、ベルクホーフにいる上司と電話で連絡を取った。そして衛兵は、ヒトラーがここではなく、ミュンヒェンにいることをバヴォーに伝えた。

追跡に執念を燃やすバヴォーは、同じタクシーに乗って駅に引き返すと、そのままミュンヒェンに向かった。彼は、フランス国民急進党の市議、ピエール・テタンジェの紹介状なら役に立つだろうと考え、タイプライターを借りてきて二本の人差し指でたどたどしくキーを叩き、次のような書簡を偽造した。「閣下！　どうかモーリス・バヴォー氏にお会い下さいますようお願い申し上げます。小生はバヴォー氏に書簡を託しますが、それは同氏から閣下に直接お渡しするものです。中身は概ね私的な通信ですが、政治に関する用件も一部含まれております。敬具。パリ市議兼フランス国民急進党党首、ピエール・テタンジェ拝」。

是が非でも目的を達成したいバヴォーは、一一月一二日の午前、「褐色の家」（ナチ党本部）を訪ね、偽の紹介状を呈示したところ、カール・コッホ親衛隊大尉のところに行くよう指示された。対応したコッホはフランス語ができず、呼び出された女性秘書がテタンジェの書簡をなんとかドイツ語に訳した。バヴォーの身元を調査することも特になく、コッホが全国指導者ボルマンの部署と連絡を取ったところ、同部署の担当者だった地方裁判所所長のクルト・ハンセンは、バヴォーに会うと言ってきた。

ハンセンは、バヴォーの片言のドイツ語を最後まで聴いてやった。彼はバヴォーには何の疑念も抱かなかったが、総統に直接会うなどまったくの論外だと撥ね付けた。テタンジェ氏からは必ず私が総統に直接メッセージをお渡しするよう仰せつかっているのです、とバヴォーが執拗に食い下がると、ハンセンも、総統は目下、ベルヒテスガーデン近郊のビショフスヴィーゼンにある休暇用帝国総統官房に滞在中だから、一か八かそこに行って運試ししてみるといい、と答えた。

その日の午後遅く、バヴォーがベルヒテスガーデンに着いた頃には、日はとうに暮れていた。所持金が五ライヒスマルクしかなかったので、歩いて行かなければならなかった。途中で彼は通りすがりの何人かの人に道を尋ねた。ビショフスヴィーゼンで面会許可が下りる可能性はもはやないことをバヴォーは悟った。彼は踵を返した。ヒトラーを殺す計画を断念したわけではなかった。再び資金を調達できるまで、一旦中止にしようと考えたのであった。

◎…逮捕と裁判

こうして彼はひとまずスイスに戻ることに決め、フライラッシングまでの切符を買った。ごく簡単な軽食で空腹を凌ぎ、フランス国境まで行く急行に乗り換えたときの所持金は、一・五二ライヒスマルクになっていた。ドイツ、フランス、スイスの三か国が国境を接するところまで行ったら、あとは徒歩で故郷に戻るつもりだった。

疲れ切って列車に揺られていたバヴォーは、この時点ではまだ追われる身ではなかった。バーデン・バーデンの遠戚やベルリンで部屋を借りた婦人から何度か密告されていたうえ、たびたび――というより常に――目立つ存在だったにもかかわらず、彼の計画は一度もばれていなかった。もとより撤退など頭になかった彼は、数々のどじを踏んだ。例えば偽の紹介状は破棄し忘れ、弾薬の残りと拳銃も捨てずに所持していた。さらにミュンヒェンで泊まったホテル「シュタット・ウィーン」には、手書きの文書と弾薬が置きっぱなしになっていた。

あと少しで無事故郷に逃げられるところだった。だが、どこにでも転がっていそうな偶然によって、バヴォーは死の運命にたぐり寄せられた。訓練を積んだ護衛官、迫害のプロ、百戦錬磨のゲシュタポの毒牙がこれまでの遅れを挽回しようとするかのように容赦なく彼に襲いかかった。まずは、車内改札に回ってきたエッグという名の車掌が明らかな無賃乗車客だったバヴォーを取り押さえた。彼は無一文同然だったので、車掌は、後日運賃を支払ってもらう手続きをするため、アウクスブルクで下車し、同駅の鉄道警察にバヴォーを突き出した。バヴォーがドイツ人だったら、個人情報を確認し、後日、乗車運賃に罰金を上乗せして払わせる手続きをすればそれで済む話だった。しかし、外国人だったためにバヴォーはゲシュタポに引き渡された。このとき、かなり遅ればせながら初めて彼のポケットが調べられ、テタンジェが書いたという書簡や、装弾されたシュマイサー式拳銃と銃弾六発が出てきた。また、ミュンヒェンのホテルの部屋からは、ベルヒテスガーデン近郊の地図とさらに一九発の弾薬も見つかった。バヴォーは、乗車券詐欺ならびに武器の不法所持のかどで二か月と一週間、刑務所に収容された。これだけたっぷり時間があれば、バヴォーがこれまでやってきた暗殺の企てを再構成するのはゲシュタポにとって朝飯前だった。

ゲシュタポがつかんだ手がかりは誰が見ても明白なもので、バヴォーは――自分から進んで、もしくは強要されて——罪を認めた。供述調書を読むと、自己弁護しようとしたのか、第三者の名前が何度か出てくるものの、典型的な一匹狼であるバヴォーの件に関して、陰で糸を引く黒幕の存在は見つからなかった。民族裁判所は、一九三三年二月二八日の「民族と国家を保護するための命令」第五条第一項により、二二歳のバヴォーを、総統暗殺を企てたかどで起訴した。これによって、彼の運命は審理が始まる前から確定していたも同然だった。というのも、彼を起訴したのは、同裁判所首席検事の狂信的なラウツという男だったからである。ラウツは、後に民族裁判所所長のローラント・フライスラー率いる「血の裁判官」がやったのと同じベルトコンベアー方式で、次から次へ死刑を求刑する男だった。

審理は一九三九年一二月一八日に非公開で行なわれた。非公開にしたのは、公開裁判にすると、「暗殺を試みるのが比較的簡単であるかのような印象を傍聴者に与えてしまったり、他の暗殺未遂事件の詳細情報まで漏れ出てしまう恐れがあった」ためであった。ヒトラーからは裁判の経過を逐一報告するよう、直々に命令が下った。

判決文によると、被告人は、「ドイツ民族からその救済者——八〇〇〇万人のドイツ人が限りない愛と敬意と感謝の念を抱き、胸の高鳴りを禁じ得ないあの男性——の命を何度も奪おうとした」かどで起訴された。裁判では、犯行の時点においてモーリス・バヴォーに前科はなく、精神の異常も認められず、責任能力は十分にあることが確認された。被告人は、「スイスのほぼすべてのマスコミが、ナチスドイツへの恐怖心を煽るような、極めて悪質な報道を行なってきた結果、そして、ドイツから亡命したカトリック系教団組織のメンバーが、ナチスドイツは卑劣な残虐行為を働いていると言い触らしてきた結果、新生ドイツについて、完全に歪んだ、間違ったイメージを抱くようになり、カトリックの宗教的熱狂にうなされ、忌まわしい計画の刺激を得た」と推論された。さらに判決文は以下のように続く。「しかしながら、こうした事実は被告人の罪をいささかも軽減するものではない。なぜなら、ドイツ領内に足を踏み入れた最初の瞬間（一九三八年一〇月九日）から逮捕の日（同年一一月一三日）まで、ドイツの様々な町や地域において、ナチスドイツの実情が、ユダヤ人の影響を強く受けた外国の、とりわけスイスのマスコミによって描かれたイメージ、あるいは祖国も良心も失った亡命者の嘘つきどもが撒き散らしたイメージとはまったく違うということを自分の目で確かめる機会が、被告人には十分にあったからである」。

斬首刑を言い渡されたバヴォーは、プレッツェンゼー刑務所で「実情」を知ることになった。ここは、己の良心の声に従い、ヒトラーに抗い、そのために絞首もしくは斬首の刑に処せられた多数の人々の終着駅であった。最高齢は八三歳、最年少は一七歳。受刑者の中には四一組の夫婦もいたが、死刑執行の当日、刑場に向かう前に別れの言葉を交わすことさえ許されなかった。女性の受刑者二五〇人の中には、拘留中に出産した母親もいた。死刑執行の前の晩、靴職人の老人が「淡々と、何の感情も示さずに、ある種の気の抜けた充足感をもって」彼女たちの髪を切った――と、その様子を目撃した教戒師が証言している。

◎…孤独な最期

ドイツ外務省とスイス公使館のあいだには、バヴォーの一件については沈黙を守るという申し合わせができていた。死刑執行を思い止まってくれれば今回の件は絶対極秘にする――一人の自国民の生命を救済するために、弱腰のスイスの外交官が行なった唯一の試みがこの言葉だった。

スイスの現代史家、K・ウルナーの記述を見よう。「ベルリン駐在のハンス・フレーリヒャー公使は、極めて厳しい要求が自分に突きつけられたと感じた。死の脅威にさらされているスイス人の恩赦に向けて行動を起こすべし、という本省から届いた任務は、少しでも扱いを誤ると深刻な外交問題に発展しかねない非常に危険なものだった。そうは言っても、公使がバヴォーとその家族を見殺しにしたやり方は恥ずべきものだと評価せざるを得ない。仮に別の評価が可能だとしても――この点ははっきり言っておく必要がある――失敗そのものが正当化されるわけではない。政治的観点がどうであれ、人道的な重要性に鑑みて、バヴォーを見殺しにした罪を免れることはない。フレーリヒャー公使とその部下、カッペラー公使付書記官は、最低限の義務さえ果たさなかったのである。本省の明確な指示が無視されるほど、彼らの勝手な判断はエスカレートしていった。囚人として扱われているバヴォーの面倒を見るよう公使館に強く勧告したのはスイス外務省だったが、その外務省を動かしたのは、元をただせば、父アルフレッド・バヴォーから何度も寄せられた嘆願書と息子の救済を求める叫びだった。だが、スイス外務省の勧告は、いつもベルリンで沈黙の壁、もしくは政治的打算に基づく故意の無関心に当たって砕けるだけだった。ドイツ側でも法務省と外務省がそろって、バヴォーの母国が彼の救済につながる動きを起こせないことを望んでいた。こうしてバヴォーは、何らの保護も受けぬまま、『目には目を』の司法に引き渡されたままだった。ドイツには国選弁護という立派なお手本が存在したが、スイスには当時、これに相当する制度がなかった。絶望した父の手紙が今も書類の束の中に保管されているが、それらの史料を読むと心を強く揺さぶられる」。

一九四一年五月一二日、バヴォーは「明朝刑を執行する」と告げられた。彼はちょうどデカルトを読んでいたが、その後、両親に別れの手紙を書いた。

「ぼくは冷静さを失わずに来られました。明朝六時、ぼくの頭が落ちる瞬間まで、冷静でいるつもりです」。

彼が刑場に引かれて行ったのは、予告より一日あとのことだった。劇作家R・ホッホフートの文章を引用しよう。「彼ほど孤独のうちに断頭台に向かった者はいない。本来なら死にゆく者に慰めの言葉を掛けるはずの司祭さえいなかった。その司祭がモーリスの父に宛てて書いた、いかにもナチらしい、聞いたこともないほどおぞましい手紙は、挨拶の言葉ではなく、モーリスは両親の顔に『泥』を塗ったのです、と断罪する一文で締めくくられていた」。ホッホフートはさらにこう続けている。「プレッツェンゼーで斬首や絞首の刑を執行していたのは、馬の屠殺を生業とするレトガーという男──執行官はほかにもいたが──だった。モーリスは二八か月拘留された末ギロチンにかけられたわけだが、このうち一七か月間、彼は来る日も来る日もこのレトガーを待たなくてはならなかったのである」。ベルリン駐在のスイス公使館職員が、拘留中のスイス人に面会したり、時には同国人の裁判を傍聴したりした前例はあったが、フレーリヒャー公使は、バヴォーに対しては一度たりとも同国人が訪問するのを許可しなかった。その理由として公使は、バヴォーがまだ生きていた一九四〇年五月二日、上司である本国の外務大臣に対し、「有罪判決を受けたこの人間の唾棄すべき意図のため」と説明していた。

バヴォーの事件には幾つかエピローグもついている。一つ目は、彼の審理を担当した裁判長エンゲルトが、国選弁護を務めたフランツ・ヴァラウ弁護士をナチス法律家連盟に密告したことである。理由は、ヴァラウが訴訟依頼人に肩入れし過ぎ、刑の宣告は、実行の着手には至らなかった犯罪の「準備行為」に限定するよう申請していたからである。

この申請には、民族裁判所判定部会の各裁判官はもちろん、特に帝国総統官房内の人間も仰天した。国選弁護人としての義務をこれほどまでに見誤るような弁護士に、弁護士を名乗る資格はない、というのが判定部会の一致した見解であった。

一方、ヒトラーは、同種の事件が起こるのを未然に防ぐため、スイス解放の英雄ヴィルヘルム・テルを主人公にしたシラーの戯曲について、舞台での上演と学校のドイツ語の授業で扱うことを禁止する指示を自ら出した。

バヴォー事件の陰険かつ滑稽なエピローグに続いて、一九四〇年にドイツがフランスを手中に収めた後、冷酷なエピローグがもう一件起きた。親衛隊保安部の追っ手が、バヴォーの級友で精神病患者のマルセル・ジェルボエ――彼は最初、フランス国内の非占領地域に避難していた――を罠にかけて捕らえ、民族裁判所に突き出したのである。

再びK・ウルナーの文を引用しよう。「一九四二年一一月五日の起訴状がいかにぞんざいに作成されたかは、親友だった二人の供述内容に食い違う点があまりにも多いという事実を見れば一目瞭然である。そうした齟齬が解明されないまま、死刑が求刑された。精神鑑定を行なう気など初めからまったくなかったのである。鑑定結果はバヴォーの鑑定結果から予想できる、と決めつけられた。ブルターニュでの追加調査が実施されたのは、かなり後になってからのことだった。その調査も、ジェルボエに関する作り話がいかにばかげたものだったかをはっきり示していた。にもかかわらず、民族裁判所は、一九四三年一月一一日、この若いジェルボエに死刑を宣告した。誰をギロチンにかけようとしているのかが分かってきた時点においても、ナチスの司法当局は、今回の起訴内容の馬鹿らしさに気づいていないかのような行動をとった」。その後、まもなくバヴォーを教唆した廉で、ジェルボエに死刑が執行された。遺品の中には、バヴォーと交わした手紙と写真が一葉あった。写真の裏にはラテン語でこう書かれていた。「我、汝の星を信ず。我らは一つのからだ、一つの心、一つの魂なり。いずこにおいても、世々とこしえに」。

第7章 誕生日、あわやの謀殺

◎…ヒトラーの「無血」占領

一九三九年三月一五日、ヨーロッパは緊張状態に覆われた。ヒトラーが悩ましい講和条約をとうとう葬り去るかのように見えた。「ズデーテン地方以外のチェコスロヴァキアの片付け」を命じ、将校たちはいつものように団結し従った。彼らの中にはかつて、独裁者の失脚を夢み、実行しようとした者もいたが、腕前をみせる機会は訪れなかった。第一次世界大戦期以来、ヒトラーの副官で中隊長だったフリッツ・ヴィーデマン大尉が、彼らの状況を語っている。彼は敵対するハンス・フォン・ドナーニー軍法会議裁判官〔訳注：後にヒトラー打倒計画にかかわったとして逮捕され一九四五年、収容所内で殺害された〕にこう述べた。「リボルバーが役に立つことだけは認めよう。しかし誰がそれを実行するだろうか。自分を信じてくれた人間の殺害を手助けすることなんて私にはできない」。

ドイツを含む世界中が英仏の動員を待っているこのころ、ヒトラーの特別列車は、すでにチェコスロヴァキアとの国境地点であるベーミッシュ・ライパに到着していた。ここで独裁者はプラハへの乗り継ぎのため、三駆のオフロード車に乗り換えた。彼の護衛隊は初めて、黒い親衛隊の制服ではなく、灰緑色［訳注：ドイツ国防軍の軍服の色］のものを着たのだが、五か月半前のズデーテン地方への侵攻時と同様、安全対策も道半ばで、不十分なものだった。

偵察用装甲車に守られた総統の縦列は、ほとんど気づかれないまま夕方にプラハに到着し、すぐにプラハ城に上った。もう鉤十字の旗がたなびいていた。ヒトラーは将軍たちを待ち、彼ら同席のもと「ボヘミア・モラヴィア保護領」の設置を宣言した。ヒトラーはこのとき、英仏がミュンヒェン協定のあからさまな違反に、何の軍事的手段も採らなかったことも知った。彼は返礼として述べた。「最初から分かっていた。一四日間も経てば、もはやだれも協定のことなど話題にしないのだ」。

この理解は誤りだった。というのは、英国首相チェンバレンは、取り返しがつかないほど従順な政策――「我が時代の平和」と表わしたが――を推し進め独裁者の抑えがたい好戦性を増長させてしまった結果、今やそんな男とはいかなる条約も結べないという考えに至ったからだ。七〇回目の誕生日の前夜、彼はバーミンガムでの演説で宥和政策の終わりを宣言した。「ヒトラーは初めて重大なミスを犯した」とジョン・トーランドは述べる。「チェコスロヴァキアは時代の流れの中でやむをえずヒトラーの影響下に陥ってしまったように見えるが、実際には暴力による脅しで不当に取得されたのだ。彼は、自分の国の政府が自由意思で結んだ国際法上有効な条約を無視し、英仏の世論を完全に変えてしまった。チェンバレンと彼の支持者は、二度とヒトラーを信用しなくなった」。

ヒトラー軍は三月二三日には、リトアニアに協定を結ばせメーメル地方へ進駐した。英政府はポーランドへの軍事保障を打ち出し、その後ルーマニアやギリシャにもその対象を広げた。英国は同時に徴兵制度を導入した。ヒトラーが拡大外交を続けることで、戦争へのレールが敷かれていることにドイツ国民は気づかなかった。

ヒトラーの「無血」占領をめぐる熱狂の中で、数知れぬ不安がまたもやうずまいた。ナチ党のプロパガンダで、オーストリア生まれの外国人ヒトラーを「全ドイツ人中最高の偉人」として祝ったのでなおさらだった。「歴史をつくった男」の伝説は、大ドイツ〔訳注：オーストリアを含めたドイツを指す〕中にとどろいた。ヒトラー五〇歳の誕生である一九三九年四月二〇日には、発案者ゲッベルスの音頭で、総統礼賛が偶像化の域にまで推し進められた。祝祭の数日から数週間前のドイツ各地には、ほかに何の行事もないかのように、単調な響きと同一の歩調だけが充満していた。ベルリンは、自己顕示欲の強いいかなる体制の馬鹿騒ぎをも凌ぐ、パレードと忠誠の舞台になるはずだった。

前日にはすでに、延々と続く政権幹部たちの祝賀パレードが始まっていた。戦勝記念塔はケーニヒス広場からアドルフ・ヒトラー広場に移された。アルベルト・シュペーアは独裁者と五〇台の車に先導された来賓客に、東西の幹線ルートが凱旋通りとして完成したことを報告した。後にも先にもないほどの帝都大規模改造の先陣を切るものだった。計画がその後、実現されることはなかったが。

プログラムではたいまつ行列や立ち聞きコンサートが催され、帰営ラッパが鳴らされた。お抱えの建築家シュペーアは「誕生日プレゼントとして、計画中だった凱旋門の四メートル大の模型を政府公館に設置致しました」と「薄っぺらな教養しかない気取り屋」（E・ディヴィッドソン）に報告した。ヒトラーは紙とベニヤ板でできた夢の記念碑をじっくり見て悦に入ろうと、その夜何度もパーティーを中座した。

「私たちは会場と模型のある場所を往復するたびに、ビスマルクが一八七八年にベルリン会議を仕切った際に使ったかつての閣議場を通った」とアルベルト・シュペーアは振り返っている。「そこの長机の上にはヒトラーへのプレゼントが並んでいた。帝国や大管区の指導者たちは、『芸術の家（ハウス・デア・クンスト）』に展示される水準を念頭に、大理石の裸像、人気があった『とげを抜く少年』の小さなブロンズ、油絵などを貢いだものの、実態はがらくたの寄せ集めだった。ヒトラーが賞賛するものも面白がるものもあったが、見分けられる人間はほとんどいなかった」。

◎…老大佐のたくらみ

英国の駐在武官ノエル・メイスン＝マクファーレンは、ある手段で驚愕の誕生日にすることを思いついた。彼はパレードの中で名誉ある舞台に上ったヒトラーを、高性能の銃で撃ち殺すか誰かに射殺させようと思った。腕の確かな老兵は、ほら吹きではあるが、後には将軍に昇進し、さらには貴族の地位にまで上り詰めた熟練の将校だった。同時に、専門的技術を持った情報部のトップであり、ナチ党への評価を誤ったことについて在ベルリン大使を絶えず声高に非難するアウトサイダーであり、謀議やその計画の合間、聖書を読むのに毎日少なくとも一時間はかけるという変人であった。当時ヒトラーは、国家の破壊者だった。暗殺計画の生みの親の意思によれば、この国は「中欧のスイス」になるべきなのに、少数民族を抑圧する単なる「民主独裁国家（デモクラトゥア）」に成り果てていた。それゆえ腹をくくったこのスコットランド人マクファーレンは、祈りを捧げる一方で、暗殺を狙う両刀使いになった。

ヒトラーのプラハ進攻後、抗議のためネヴィル・ヘンダーソン大使がベルリンから一時的に召還され、ジョージ・オーグルヴィー＝フォーブス卿が代理を務めていた。筋肉質の駐在武官マクファーレンは彼に相談し、事務手続きに沿って三週間以内にヒトラーへの二正面戦争を採るよう要請した。第一次世界大戦中からトルコ、メソポタミア、アフガニスタン、インドでの戦いをくぐり抜けてきた老兵の荒っぽい要請は、本国の政府と議会でちょっとした笑いの種となった。

将校の家庭に生まれたマクファーレンは一九三〇年以降、まず駐在武官としてウィーン、ベルン、ブダペストに派遣された。英国の士官学校での特殊教育の後、一九三六年にはベルリンに配置換えとなった。彼は、肥えた目と湧き上がる怒りで、自分と同じ一八八九年に生まれた男による占領政治を注意深く観察した。この大佐は確信していた。ドイツが軍事的優位を保つ限り、ヒトラーは第二次世界大戦を起こす「おそれがある」程度の存在ではない。「起こす気満々」なのだと。

彼は詳しく根拠を示し、不吉な予言をロンドンに送った。はじめは何の成果もなかった。しかしマクファーレンは不可能というものに猛然と抵抗することには慣れていた。若いころ彼はポロの試合で落馬し、頸椎にけがを負った。少し後にはハンガリーで、脊柱にさらなる損傷を受けるほどの自動車事故に遭った。彼は苦難にもかかわらず、すさまじいエネルギーで将校としての出世街道を突き進んだ。「全部の指が揃っていることを確かめるかのように、彼は指を触りながら神経質にチックをする癖があった」と英国の歴史家デイヴィッド・アーヴィングは記している。「彼はきちんと上げることができない足を引きずって内股で歩いたし、弱い首に支えられた頭は前に傾いていた。彼は信じられないような強靭さで障害や苦しみと戦っていた」。

戦争勃発の五か月前ともなると、怒りっぽい駐在武官の警告が早とちりでもなんでもなく、ひょっとすると先見の明ですらあることが、ロンドンの政府幹部の目にもはっきりしてきた。実際、この砲兵隊の大佐は、短い髪に大きな耳、強力な嗅覚、小さな目、傾いた口で、多くの外交官や政治家よりも正確かつ鋭く政治情勢を判断していた。その上彼は、ドイツの将軍たちの何人かがヒトラーに反発していることを知っており、友人でもある『タイムズ』誌のベルリン特派員ユーウェン・バトラーに、ヒトラーを暴力で死に追いやりさえすれば第二次世界大戦は回避できること、国防軍の最高司令部が独裁者を忌み嫌っており、ヒトラーの死を利用してナチ党のシステムを抹殺するだろうことを伝えていた。

「外交上の混乱が生じるのでは」とそのジャーナリストは尋ねた。「指導者が暗殺されたからと言って戦争を始める者はいない」と駐在武官は自信たっぷりに答えた。「しかしヒトラーが生きている限り戦争がおきることはたしかだ」。

冗談の会話などではなかった。マクファーレンはベルリンのゾフィーエン通り一番地に住んでいたが、そこは毎年ヒトラーがゲーリングやブラウヒッチュ、リッベントロプ、カイテル、エーリッヒ・レーダー、副官らに囲まれて誕生日のパレードを観覧する演台から、狙撃距離にして一〇〇メートルも離れていなかった。演台の向かいにあたる駐在武官宅の真下を、外国からの代表団が軍楽隊に続いて進んでいくのだ。シャルロッテンブルク橋から通称「ひざ(クニー)」と呼ばれる交差点［訳注：五本の通りが交わる交通の要衝で現エルンスト・ロイター広場］を過ぎベルリン工科大学へつながる通りは、身辺護衛隊アドルフ・ヒトラーに封鎖されていた。他の凱旋行進の時と同様、ヒトラーは到着の際、オープンカー内で立ち上がった。彼は、手作りの見物台にいる群集の中を通り抜けた。信奉者たちは木の上から歓声を飛ばしたり、フェンス上に座ったり、はしごや机、手押し車、ひっくり返したバケツの上に立ち上がったりした。独裁者が彼らに近づくやいなや、通りは狂気の空間と化し、大衆の妄想が文字通り爆発し、恍惚感は頂点に達した。そこでは個々の存在が埋没し、監視などできなかった。

マクファーレン大佐はそんな環境に賭けた。パレードが一段落した時、祝福されている人物を人目につかず邪魔もされずに、風呂場の開いた窓から撃ち殺せることを確認した。確かな腕に加え、照準望遠鏡と消音機付きの銃が必要だった。狙撃者は長い時間をかけてターゲットに狙いをつけ、狂乱の音がピークに達する瞬間を待つことができた。最初の混乱の中ではどの方向から発砲されたかなんてわからないだろうから、暗殺者には、逃亡する余裕だってある。

大佐は身を翻し、アドルフ・ヒトラーを一九三九年四月二〇日に射殺するという細部まで詰めた提案を外務省に持参した。「私はロンドンでヒトラー殺害を懸命に迫った」とマクファーレンは「帝国戦争博物館」に託した遺稿で断言している。「ベルリンの自宅は、あらゆる巨大パレードの際に総統が乗る演台からほとんど一〇〇メートルも離れていなかった。狙撃の名手と照準望遠鏡、消音機付きの高速小銃が必要なだけだった。開け放った浴室の窓に向かって、九メートルあまり手前の階段の踊り場から発射することができた。軍楽隊の喧騒や群集の歓声が発射音をかき消してくれただろう。計画全体が細かく練り上げられていたが、当然ながら書面にはしなかった。ヒトラーの死は一瞬でナチズムの崩壊へとつながりうるものだった。何百万の人命を救うことができた。ヒトラーは万死に値するものを背負っていた。殺人というものへの『融通の利かない反感』もあるだろうが、『納得ずくの反感』もまた民主主義国家に本質的に備わっているものだ」。

マクファーレンは煩わしくも正確を期す将校だった。彼が事務手続きを守った結果、独裁者は生き延びることができた。ロンドンの外務省が要請について陸軍大佐に与えた返事は、一七年後、つまり彼の死後に初めて明らかになる。このような方法での暗殺は、英国政府の古典的な理由付けでは「スポーツマンらしくない」として拒否された。

ひょっとすると第二次世界大戦を避けられたかもしれない最後の機会は、徒労に終わった。

第8章
一三分が世界史を演じる

◎…知的で思慮深い男

その男は小柄でやせ気味であった。目立たず、控えめな印象を与えた。額は広かったが顔にはこれといって特徴はなかった。どこの通りにでもいるような顔であり、そのためにすぐにまた忘れられるような顔であった。ミュンヒェン・ハイトハオゼン地区にある「ビュルガーブロイケラー」（ビアホール）のウェートレスたちは、この男をだいぶ前から常連客だと見なしていたが、名前は知らなかった。彼はたいていの場合、灰色か青の背広を着て、着崩れのした、ふくらみのできたズボンをはいていた。時にはニッカーボッカーをはいていたが、これは恐らくは彼の晴れ着であったのだろう。

彼は常に一人でやって来た。ふつうかなり夜の遅い頃であった。安い料理を食べ、加えてビールを一杯飲んだ。これが注文のすべてであった。やがていつも誰にも気づかれずに姿を消した。やって来た時と同じように。新聞が周りにあると、読んだ。ただの一度も自分で持って来ることはなかった。一九三九年の真夏、重苦しいが最後の平和な日々のなかで、人びとが出会うと、話題と言えばほぼ決まって迫り来る戦争のことであった。とりわけこの地下ビアホールでは、話のタネは、今すぐにでも始まる気配の軍事的衝突に集中した。だが、この「一匹狼」は、政治的な会話には決して加わらなかった。社会には厳しい高波が押し寄せてきていた。というのも、ラジオはまさにこの頃、大ドイツ帝国に食糧品の配給制度がやがて導入されることになると伝えていたからである。しかし、彼はこうした夏の終わりに流布された話題にも加わってはこなかった。

青白い顔と聡明な目をしたこの見知らぬ男が、店のウェーターと話をしているのが何度か目撃されていた。この男は、若いウェーターがやがて兵役にとられることを聞いて、自分が代わってウェーターになりたいと思った。彼は、仲介してくれた人に五〇マルクの報酬を支払った。しかしこの代役は実現しなかった。ウェーターはまもなく姿を見せなくなった。そして一九三九年九月一日、午前一〇時、アドルフ・ヒトラーは、ドイツ帝国議会で以下のように誇示した。「午前五時四五分以来、現在も迎撃を続けている。今からは大砲には大砲で報復をする……私はドイツ帝国の最初の兵士以外には何ものにもなりたくはない！　そのため私は再びかの軍服を身につけたい。私にとり最も聖なる、最も高価な制服を。私がこれを脱ぐときは勝利を収めた暁のみである、あるいは、私が生きて勝利を迎えられない時である」。

この頃、例の男は、店の従業員の誰からも顔は知られてはいたが、実は何一つとして知られてはいなかった。この男は、「ビュルガーブロイケラー」でまるで取り憑かれたかのように一つのことに取り組んでいた。それはヒトラーに、すなわち「ドイツ帝国の不倶戴天の敵」（エーヴァルト・フォン・クライスト＝シュメンツィン、ベルリン民族裁判所での発言〔訳注：一九四〇年の対仏戦、翌年の対ソ、対セルビア戦で機甲軍団を指揮。ナチスの戦略目標の油田獲得をめざしたが失敗。反ナチグループに関ったこともある」）に、宣戦布告の日から七〇日め、すなわち一九三九年一一月八日を生きては迎えさせないこと、それも時限爆弾で木っ端みじんに吹き飛ばすこと、しかもヒトラーが昔の戦闘仲間にとりかこまれたまっただ中で。

ヨハン・ゲオルク・エルザーは、三六歳、未婚で、ヴュルテンベルクのハイデンハイム近郊出身の家具職人であり、時計職人であった。彼は一年前からあらゆる時間とあらゆるお金をその目的のために注ぎ込んでいた。平凡な人間で、教養を積んだことはなく、元来、非政治的であり、たぐいまれな力とエネルギーに後押しされた人間であった。ナチ党機関紙『フェルキッシャー・ベオーバハター』ですら、このエルザーについて後に次のようにお墨付きを与えることになる。「あそこにいる男は、これといって犯罪者の目立った顔つきをしていない。そうではなくて知的な目をし、静かで思慮深い表情をしている。尋問は果てしなく続いた。言葉は時間をかけて正確に考えだし、答えにたどりつく。こうした姿を観察する人がいれば、一瞬の間、どんな残忍な悪魔の前に自分がいるのかを忘れてしまうであろう」。

▲…シュナイトハイムにあるゲオルグ・エルザー公園内のエルザーの碑

◎…下調べ

前年の一九三八年一一月には様々な式典が挙行された。この時、モーリス・バヴォーは、ピストルをポケットにしのばせ、ヒトラーを狙ったが、不運にも成功しなかった。ちょうど同じ頃にエルザーは、ミュンヒェンにやって来た。自分が独裁者を暗殺することができるか否か、もしできるとすればどうしたらいいのかを調べにきたのである。彼はナチス関係の展示会が開催されている現場はすべて確認し、次のような結論に達した、「ビュルガーブロイケラー」のホールが自分の狙いには最適である、と。一九年前、彼は初めてミュンヒェンに来て、一〇月のビール祭りの際に飲み屋のハシゴをし、飲み歩いた末に二日酔いで家に戻ったことがあった。今回は、独裁者でありドイツを破滅させる男を排除したいという止むにやまれぬ思いで、ミュンヒェンにやって来たのである。

ゲオルク・エルザーは、平凡な人間であった。つつましやかな家庭の出身であり、妹が三人、弟が一人いた。父は飲み過ぎると、母を殴ることがよくあった。思春期を迎えた彼は、母が好きであった。エルザーは、学校を何の苦もなく楽々と卒業し、後に見習い期間を終えて職人試験を受け、その年の受験者の中で最高の成績を収めた。両親は、なんとかやりくりのできる材木業を営んでいた。長男であったエルザーは、見習い期間のうち、最初の数年間は家で修業していたが（最初は旋盤工に、次いで家具職人になるためであった）、家では小遣い銭を全くもらえなかった。

やがて彼はコンスタンツにやって来た。共産主義を信じる仕事仲間が彼に影響を与えた。

一時期、エルザーは、「赤色戦線闘争同盟」〔訳注：ドイツ共産党内のグループ。一九二四年結成、最盛期に一五万人を擁する〕のメンバーに加わった。武装した、共産主義者の同盟への参加である。しかし、彼はメンバーらしいメンバーとしては同盟にとけ込むことができなかった。ここでもまた「一匹狼」であった。赤色戦線闘争同盟の鉄の教義に支配されるよりも、ヒトラーとはとりも直さず戦争そのものであり、ドイツを破滅の淵に落とし込む人間である、という信念に突き動かされていた。このような動かし難い確信に加えて、ナチ党が国家権力を握って以来、彼の収入が以前よりも減ったという事情もあった。

◎…爆弾作り

彼は故郷に帰ってくると、自分の意志で採石場での苛酷な肉体労働に応募をした。時間給七〇ペニヒの臨時工である。一四人の仕事仲間は、いぶかしく思った。というのも彼は専門技術を持つ労働者なのに、はした金で、重い石を貨物トラックに積み込む仕事をしているからである。彼らが知らなかったのは、この新入りが採石場で働く理由が、時限爆弾を製造するためにダイナマイトを手に入れなければならないということであった。爆破には、実際に必要とされるよりも多くの爆発用原料が求められていた。まだ使われていない薬莢がそのまま残されていることが稀ではなかった。この新臨時工は、人目を避けながらこれを集め、リュックサックに入れて家に持ち帰った。後になると、時間の節約と見つかる危険性を少なくするために、合い鍵を使って小さなコンクリート製の建物からゼラチンとドナリート（ニトロ化合物）とを盗む方法に変更した。彼はこの爆発力の強い盗品を小さな紙袋に包んで、自分の衣装棚の下着の間に隠した。

エルザーは、一九三九年の復活祭にまたミュンヒェンに行き、自分自身で選んだ犯行場所をもっと正確に点検した。天井は、一本の板張りの鉄筋コンクリート製の柱に支えられ、演壇との距離は僅かであった。彼はこの柱の寸法を測り、写真に撮った。記憶を確かにするために、更に前後の光景を写真に収めた。誰もいないこのホールにかれこれ約五分間たたずんだ。彼自身は見つからなかったが、カメラはそうはいかなかった。一人のウェートレスの要望で他の女性たちと一緒にカメラに収まらざるを得ない羽目に陥った。彼はこのスナップ写真を後に廃棄した。

彼は再びケーニヒスブロンに戻り、時限爆弾を作る計画を練り、それをなんとか組み立てた。それは簡単ではあったが、確実に死をもたらすものであった。すなわち、この暗殺者は、板に二つの丸太を取り付け、

▲…ケーニヒスブロンにあるゲオルク・エルザー記念館

これに穴を通し、その空洞部分にゆるんだ渦巻きバネのついた円筒形の木の棒を入れて固定した。「この渦巻きバネを、一方で、頑丈な丸太に取り付けました」。このように警察の取り調べで時限爆弾について答えている。「渦巻きバネはもう片方で、第三の小さな丸太に取り付けられ、この丸太は円腔部分で木の棒の上側にゆるく取り付けられ、二つの丸太の間で動くように据えられています。一方の側に釘を取り付けたこの第三の丸太にバネはセットされます。もう一つのより小さい円腔が、この釘と向かい合わせに、二つの頑丈な小さな丸太のうちの一つに作られ、この円腔の部分に薬莢が詰め込まれ、同じ所にそそり立つように雷管が据えられます。この板を庭で丸太にしっかりと固定しました。動く第三の小さな丸太は、ヒモでかなりの距離から後ろ側にひっぱりますと、バネがセットされます。ヒモをゆるめますと、木の棒にあった小さな丸太がとっさに前に跳ねます。小さな丸太に取り付けられていた釘が激針の原理で薬莢の下を打ち、信管と装填された火薬に火を付け、同時に雷管に点火します。薬莢から鉛弾を、前もって取り除き薄板状に圧縮した火薬をつめておきました」。

彼は両親の果樹園で時限爆弾を使った最初の実験に着手した。誰もいない、と思いこんでの実験であった。四回行った。爆発音は確かに聞こえた。しかし、この爆弾男は、不思議に思って問いかけてくる人々には、あいまいな返事をすることで切り抜けたのだ。

◎…天才肌の細工師

ゲオルク・エルザーも、殺戮方法を独学で学んだ人間であった。しかし、エルザーに先行する「一一月の暗殺者」モーリス・バヴォーと異なり、彼は、天才肌の細工師であると同時に、物事に強くこだわりをもつ人でもあった。何の手ほどきを受けることもなく、ニトロ化合物の必要量を計算することができた。具体的には約一〇kgを柱に埋め込めば十分であること、これで演壇とその近くのものをもろとも空中に吹き飛ばすことが可能であり、またその際に演壇近くにたたずむ人々をもすべて葬り去ることができると割り出した。この情熱とポリシーをもった労働者は、「田舎で静かに闘志を燃やすタイプあり、こういう人には戦争は相応しくなかった」（ハインツ・ヘーネ）。爆発装置の作成に成功した彼は、今や二つの自動制御のゼンマイで作動する、単純かつ確実な点火装置の製造に取り組み始めた。

▲…ゲオルク・エルザー

エルザーは、この製造方法をよく知っていた。というのも彼は、機械装置を製造する工場で働いていたことがあったからである。また、経済の不況期には、時には自分で製造したものを労賃の代わりに受け取らざるを得なかったこともあったからである。すなわち、彼はゼンマイの入ったケースを造ったり、また、好みに合わせて造ったものをプレゼントしたり、売ったりしていた。

彼が最初の試作品に満足していた頃、もう一つ、二重底の木製トランクを造り上げていた。そして自分のささやかな持ち物を売り（これには、自転車とコントラバスが含まれていた）、独裁者殺害のための「運転資金」を手に入れていた。数か月にわたり、他人に見つからないようにとり組んできた骨の折れる仕事は、独裁者の死を早めるためのものであり、彼は三五〇から四〇〇マルクを手にして再びバイエルン州の州都ミュンヒェンにやって来た。時間が切迫し、発見される危険に常につきまとわれながら。

◎…トルコ通りに下宿

八月五日、彼はミュンヒェンに到着した。というのはこの日以前に、ある日刊紙に広告を載せていたからである。すなわち「家具付きの部屋求む、男性」である。最初の契約は家主の都合により取り消されてしまった。だがブルーメン通りⅡ番街一九の公務員夫婦の家に宿を見つけた。引っ越し業者が駅から下宿まで木製トランクを車で運んだ。このトランクの中には、二四・五cmの高さの「八センチ大榴弾容器」、二五〇の小薄板状の黒色火薬、一五〇の薬莢、一二二の雷管、そして五、六個の時計仕掛けのゼンマイを詰めた。これらのゼンマイのうち、三つは完全に使用可能であり、残りの二つはいざというときのための補充用であった。

新参の間借り人は、「ミュンヒェンでは研磨コースで学びます」と言っていた。しかし彼を間借りさせていた、実直な公務員は、このシュヴァーベン出身の間借り人が、夜中じゅうほとんど下宿には帰らないことに疑いの目を向けていた。エルザーは、これに対して怪しげな説明をした。すなわち、自分は夜っぴて発明に取り組んでいます、しかも公園のベンチで、というように。

彼は九月一日、トルコ通り三番街九四に、引っ越しをした。下宿の大家の不信感を恐れたからではなく、もっと安い宿を見つけたためであった。この宿は、彼が『ミュンヒェナー・ノイエステ・ナハリヒテン』紙の広告欄で見つけた。一七マルク五〇ペニヒの家賃を払うことで大家である壁張り職人とは契約がまとまった。彼はあの高性能の火薬が入ったトランクをベッドの下に置き、その上で昼の間は、大抵眠り続けて過ごした。夕闇が訪れ始めると、彼は「ビュルガーブロイケラー」に向かって出発した。いつも、徒歩で。

◎…作業開始

「私は服装を整え、自分の道具をもって行き（これは最初の仕事に必須でしたので）、きちんと準備をしました。ミュンヒェンに到着後、恐らくは三日目の夜か、四日目の夜だったと思いますが、ビアホールの広間で初めて仕事に取りかかりました」。エルザーは、警察で暗殺の準備についてこのように語っている。「私が夜『ビュルガーブロイケラー』で仕事をしていた時、毎日いつも午後八時頃から午後一〇時頃までは食堂にいました。夕食をとるためです。ここでは決まって中くらいの大きさのテーブルに座りました……一〇時頃になりますといつも支払いを済ませました。済ませると食堂を後にし、衣装室を通り抜け、まだ閉まっていないホールに行き、後方の上り階段を通って廊下に出ました。この廊下に沿って後ろのフロントまで行き、そこにある倉庫に身を隠しました。この倉庫は廊下に通じる後方の通路の隣りにあり、スペイン風の壁一つで覆われています……ホールに足を踏み入れましたが、これがいつかある時見つかっていたかどうかはわかりません。ホールでは初めのうちは非常灯がついていましたが、後になりますと、九月一日に（第二次世界）大戦が始まり、そうすると灯りは全くなくなりました。この頃には灯りといえば、食堂や衣装室から漏れてくるものだけになりました。先ほど倉庫に身を隠したと言いましたが、このホールが閉められるまでそこでじっとしていました……」。

　彼は、空のダンボールに囲まれてがらくた置き場に身を潜め、じっと待っているとやがてウエートレスが最後の客を言葉巧みにお引き取りを願う光景が目に入った。下のほうは徐々に静かになっていき、やがて葉巻売りの女性がホールに入ってきた。彼女の来るのを待っていた数匹の猫に餌を与えると、ドアにカギをかけ出ていった――以降、これが毎夜繰りかえされる出来事となっていった。

　この招かれざる客人は、ダンボールの山から抜け出てもう一度聞き耳を立てた。そして青色の仕事ズボンを手際よくサッと履き、用心のためにもう暫くの間待った。やがて素早く、ほぼ暗闇の中を、柱にある仕事の現場へと急いだ。懐中電灯を手にしていたが、光を暗くするためにこれを青いハンカチで包み込んだ。暗殺者エルザーは、これから極めて骨の折れる仕事をしなければならなかった。発覚してしまえば、すべてが水の泡になる作業であった。見つからないためには、自分の夜ごとの行為の痕跡を消し去る必要があった。

　まず第一に彼は、柱全体にはられた板張りを除去し、そこに簡単に開閉できる扉を据え付けなければならなかった。この扉には木製の枠縁をはめてカムフラージュした。次に、空洞を彫らなければならなかった。この空洞は大きければ大きいほど、また深ければ深いほど時限爆弾の効果は大きくなるはずであった。時限爆弾の型と爆発力を確かめることができたのは、彼が柱にかなりの空洞を造り上げた時であった。

「扉を完成させるために私はほぼ三晩を費やしました」とエルザーは警察で答えている。「扉が開きさえすればいつもすぐに作業に取りかかれました。そして夜ごとの仕事が終わると扉を閉めるだけでよかったのです。こうして柱の内部に施した私の作業の痕跡は完全にわからないようにしました。仮に誰かが日中に柱を穴のあくほど見つめたとしても、どこかに変わったところがあるなどとは思いもよらなかったことでしょう。柱はレンガが積み上げられて造られていて、次に、私はこの柱に向かってノミ、ドリル、キリを使って作業をしました……。初めにレンガに塗ってある漆喰《しっくい》を取り除かなければなりませんでした。これはかなり簡単な作業でした。一晩で仕上げました。レンガを取り外すことができたのは、固いモルタルが詰まっているレンガの継ぎ目に、ドリルとキリを使って近接する穴を掘り、残っているモルタルをノミで取り出し、こうしておいてこのレンガを少し長めのノミで一つずつ外すことによってやっと可能になりました。モルタルにはかなり大きな石が含まれていて、石にキリが当たるたびにはっきりと音が聞こえました。それで私はこの音を小さくするために一枚の布をキリの柄の方に巻き付け、石に向けてしっかりとうちつけました。こうして音の響きを少なくしようとしました。というのも夜中の人の気配の途絶えたホールでは、どんなに小さな音でも強く響きわたるからです。私はどうしても細心の注意を払ってことを進めなければなりませんでした。そのために作業は大変長くかかりました。私は取り外すときであろうとキリを使うときであろうと、できる限り音をたてないよう、いつも用心をしなければなりませんでした。例えば石をひとつ取り除かなければならず、かなり大きな音がでるとします、私はいつもじっと待ち、静寂のひと時が過ぎ、続いて何らかの騒音にとって代わる時まで待ちました。ここでこの建物（ビュルガーブロイケラー）のトイレに約一〇分ごとに自動の水洗装置が備え付けられていたのは大変役に立ちました。この数秒間続くトイレの音を自分の作業に利用しようとこの時間を待ち望みました。こうして再び次の作業まで待ち、それは水洗装置が次の静寂を破るときでした。……私が柱に深くのめり込めばのめり込むほど作業の進展は当然ながらゆっくりになりました。ノミの柄を伸ばして使い、また自分で作ったひっかき棒で出てきたクズをかたづける作業をしなければなりませんでした。……石を取り出す際に出るクズや穿孔クズそして石を、私がタオルでつくった袋に集めました。袋の口のまわりには固い針金を通しました。針金を輪にして袋の開口部に取り付けることができ、こうすることで袋は作業中にいつでも口を開いたままにし、クズを集めることができました。袋は比較的小さかったので、一杯になりますと、中身を厚紙の容器にあけました。この容器は厚紙でできたフタでぴったりと閉まりました。私はこの容器を廊下に身を潜めていたとき、そこにある別のダンボール箱のそばにいつも置いておきました。容器が一杯になると、スーツケースを持ってケラー通りから後ろ側の入口を通ってホールに出ました。ここで身を隠し、容器の中身をスーツケースの中にあけました。それからスーツケースを持って同じ道を通ってホールを後にし、徒歩で「国民浴場」の後ろ側の緑地に行き、イーザル川がかつて氾濫した所にあるゴミ集積場でスーツケースを空にしました。

これはシジフォスの仕事〔訳注：アルベール・カミュの『シジフォスの神話』で描かれた大岩を天に向けて永遠に運び上げる際限なき労働〕であった。しかし、エルザーこと「小さなショルシュ」（後に、エルザーはザクセンハウゼン強制収容所に入れられたとき、こういうあだ名が付けられた）は、徐々にではあるが、だいぶ作業ははかどってきた。ただし、日数がたつうちにますます深刻な問題にも直面はしたが。八月五日から一一月六日までの間に、この「死の職人」は「ビュルガーブロイケラー」のホールで三〇夜から三五夜を過ごし、例の猫好きの葉巻売りの女性が、通常二二時半から二三時半の間にこのホールに鍵をかけ続けた。時折、エルザーがホールに忍び込もうとすると、もう既に閉められていたこともあった。そういう時は、直ちに下宿にもどった。このホールでは、爆弾が爆発する予定日の一一月八日の直前ですらダンスの夕べがよく開かれていた。こういう時は、この男は髪を後方へ向けてウェーブをかけ、髪に分け目をつけずに入場券を買い、回廊から見物人の一人として軽やかな「人生の喜びのステップ」をじっと見守った。楽団員が楽譜をたたみ始めると（夜一一時にならないとこういうことは起こらない時もあった）、彼は物置へそっと忍び寄り、じっと待ち、時計をのぞき、自分に課したタイムスケジュールを今実行すべきかどうか何度も考え込んだ。思い切ってここから出ると、三、四時間は作業に没頭した。身をかがめ、多くの場合、膝をついた作業であった。折に触れて身をすっくとたて、聞き耳をたてた――素早く物陰へと身を移した、というのも懐中電灯を手にした夜警が、かなりなおざりではあるが、ホールに異変が生じているかどうかを見張りに来るからである。

再び静かになると、エルザーは仕事にとりかかった。たいていの場合、朝方の三時になると、疲れて作業を打ち切った。すると用具を（初めは物置場に、続いて柱の空洞の中に）隠し、板張りをまた元のように取り付け、この切り取られたドアが見えないようにチェックをすると、隠れ場所に戻り、イスにうずくまったまま、眠るというよりはうとうとしながらホールが早朝に開かれるまでじっと耐えぬいた。やっとホールが七時から八時の間に開けられると、彼はホールから密かに忍び出て、誰にも気づかれないようにこの建物を後にした。中央出口を通ってローゼンハイム通りに出るか、あるいは避難用出口を通り、ビール醸造所を経てケラー通りの方へ向かった。

◎…怒鳴る支配人

危機寸前の事態に直面したこともあった。それは、この小柄な家具職人であり世界史の舞台に現れた、いわば黒子は、細心の注意をはらっていたにもかかわらず、見つかってしまったことである。朝方、退散をする時に、一度老人にぱったり出会ったことがあった。彼は「ビュルガーブロイケラー」の庭仕事をしていた。もっとまずいことには、この夜ごとの訪問者に二ひきの犬が向かってきたことがあったのだ。犬は、この建物で飼われていて、見知らぬ人間の気配を感じ取ったのだ。二階から「ビュルガーブロイケラー」のホールめがけて突進して来、夜ごとの侵入者に吠えかかった。エルザーは、この動物をなんとかなだめることができた。しばらくすると、犬はノソノソ歩いてもどっていった。その後もこうした犬による〈危険信号〉がまた繰りかえされたが、この暗殺者は、自分が通ってきたドアをイスで封鎖した。

更に作業を始めて間もない頃に、骨の折れる仕事のすべてが台無しなってしまいそうな時期があった。すなわち、エルザーは物置のイスでうとうとと寝入ってしまい、驚きのあまり飛び上がった。というのもある朝、何の兆しもなく突如、一人の職員がドアを開け、彼に向かって無言で近づいてきたのである。この男は引き返し、急いで上司を呼びにいった。そこにいてはいけない客人は、廊下の東側の隅の机に座り、カバンから紙と鉛筆を取り出して手紙を書き始めた。その様子はまるで一心不乱に没頭しているようにみえた。ちょうどこの時、エルザーを発見した男が一方の側から、そしてもう一方からは「ビュルガーブロイケラー」の支配人が近づいてきた。数か月前、彼はこの支配人のもとで若いウェーターの代役に応募したが、うまくいかなかった。

「物置で何か捜し物か」。支配人はエルザーを怒鳴りつけた。激怒していた。しかし、エルザーがダンスの常連の見物人であることに気が付いたかどうか、これは支配人の素振りからはうかがい知ることはできなかった。

「すみません」。エルザーは、シュヴァーベンなまりで謝った。「私は太ももにおできができ、物置部屋でつぶそうと思ったのです」。

「ここは誰も近寄れない場所だぞ」。支配人は叱りつけた。「どうやってホールに入ったんだ」。

「手紙を邪魔されないで書きたかったのです」。暗殺者は、小声で言いつくろった。

「庭でできるじゃないか」。支配人は叱りとばした。怒りは収まらず、この侵入者が誰からも引き留められず、逃げるように去っていく様をじっと目で追った。

エルザーはまたやって来た。ほぼ毎晩であった。一九三九年九月一日に戦争が勃発してからは、彼は更なる困難に立ち向かわなければならなかった。「ビュルガーブロイケラー」には老人、青年から成る防空警備隊が投入され、この警備隊は空襲の際にまず一番に駆けつけ、助ける任務を負った。この人たちは朝方に作業現場から、くたくたに疲れたモグリの仕事人がいつも立ち去るちょうどその時間に、奥の食堂でコーヒーを飲んでいた。エルザーは、この年の九月に、何度か彼らに目撃されていた。しかしそれ以上監視されるということはなかった。

◎…設計の変更

一〇月の終わり、暗殺決行の日を一週間と数日後に控えていた。決行の日には、ラジオのアナウンサーが高揚した声で「全放送は一つに併合され、ドイツの放送はすべて当放送局を通じて放送されています。これからヒトラー総統の演説があります」という放送がなされる予定が組まれていた。この頃、天才的な職人は、柱に空洞を作る作業を完成していた。次に時限爆弾の取り付け作業を開始していた。彼は、最初の作業で二つの時計仕掛けのゼンマイ装置の入ったケースが大きすぎることがわかった。そこでこれを小さくしなければならず、また設計の変更にも取り組まなければならなくなった。

これには作業場が必要であった。この問題をクリアするために、彼は用意周到に前もってトルコ通りの家具職人の親方と知り合いになり、積み荷の上げ下げを手伝い、家具製造の際にささやかながら手助けもした。このお礼にエルザーは、親方の作業場で、エルザー本人が言うところによる「発明」作業にとりかかる許可をえた。こうしてエルザー式時限爆弾は、ついにはっきりとした揺るぎのない形を整えた。

再三にわたり、彼は部品を（しかも格安の値段で）ミュンヒェンの商店で買い求めた。彼は厳密さにこだわる人間であった。中途半端な解決策には決して満足しなかったからである。常に二重の安全策をとっていた。誤りの一つ一つを取り除かないうちは不満は解消しなかった。時限爆弾には何度も改良を加えた。彼は暗殺計画の完全主義者であった。

◎…良心の呵責――今以上の残虐を防ぐ

それにもかかわらず、彼が直面していた問題は、手作業よりも、自分の良心に対してであった。彼はヒトラーとその取り巻き連中を殺害しようとしていた。だが、爆破によってこの「小さなショルシュ」とは何の関係もない人々をも吹き飛ばす可能性があった。

「エルザーという人は良心を欠いた人間では断じてなかった。すなわち暗殺を準備する間、一人で何度もあちこちの教会に通い、祈りの中で自分の計画への心の支えを求めた。そうした計画を彼は、自分に生まれつき備わった、断念することのできない任務であるとますます固く信じるようになった」と、エルザーの供述を『暗殺者の自伝』として出版したロータル・グルフマンは断言している。「エルザーは苦闘の末、次のような見解にたどりついた。計画中の行動は、彼の信仰であるプロテスタントの理念に則れば、罪ではない。というのも、彼は自分の行動計画により、より残虐な流血の惨事を防ぎたいと思っていたからである。ヒトラーの命を犠牲にしなければならない――これはドイツの抵抗運動のリーダーたちが、苦難の末に（エルザーよりずっと後の）一九四三年にやっとたどりついた見解であり、エルザーの場合には初めから抱き続けていた信念であった。ヒトラーの死は、彼の計画の直接的な目的であった。しかし、（一九四四年の）七月二〇日の暗殺計画に参加した将校たちと同様に、エルザーの場合も時限装置による暗殺計画では、目的としていない人までもが殺されることを甘受しなければならなかった。彼はこうした良心の呵責に徹頭徹尾苦悩し続けたのである」。

◎…作業の準備完了

彼は苦悩を乗り越えた。最後まで残っていた技術的な欠陥を克服し、良心の呵責を振り払った。「引き戻すことはもはやできず、既に時を刻み始め、また自爆に向かって確実に歩み続ける時計仕掛けのゼンマイ装置のように」(ロータル・グルフマン)。エルザーは、柱の内部を薄い鉄板で内張りをした。こうすることで誰かが叩いたときに空洞があることが悟られないないようにした。彼は二つのゼンマイ装置を試験的に取り付けてみて、柱に耳をあて、カチカチと音がすることを確かめた。ミュンヒェンの日刊新聞で、ある企業の「防音・断熱・保冷技術」という広告を見つけ、ヴェンドル・ディートリヒ通りにあるこの企業の販売事務所に行って消音の可能性について問い合わせている。というのも彼の下宿の置き時計がうるさくて、夜な夜な眠りの妨害をしていたからである。(ここからヒントを得て)タールとボール紙とコルクを使って遮蔽板を作り出し、更に合板を加えてこれを補強した。すると時限爆弾は音が聞こえないようになったので不安は解消した。

「私が組み立て作業をすべて完了し、時計仕掛けのゼンマイ装置を含めて個々の部分の効果や働きを何度もチェックすると」と、エルザーはこれといって誇ることもなく淡々と警察で答えていた。「もちろん信管や雷管そして爆薬すらまだ取り付けていません。私は一一月一日か二日に(どちらだったかもう覚えてはいませんが）自宅で爆薬容器（榴弾容器と芯を取り除いた分銅）に爆薬を詰めました。といっても黒色火薬だけです。そして蓋を閉め、内腔部分に雷管を据え付け、この爆薬容器と起爆装置（ケースに包まれている）を自分の小型トランクに入れ、『ビュルガーブロイケラー・ホール』に持っていきました。……夜の一〇時か一一時頃でした。そのころはホールの灯りはついていませんでした。誰もいませんでした」。

エルザーは物置に忍び込んだ。この物置ではここ数日、得体の知れない異変が生じていた。というのも空のダンボール箱が消え去り、彼の青色の作業ズボンが机の上にきちんとたたまれていたからである。見つかったと思いこんだ。しかし何も生じはしなかった。彼を待ち伏せている者は誰もいなかった。彼はじっと待っていると、葉巻売りの女性がネコを呼び寄せ、ホールの扉を閉めていった。神経をとぎすまし、緊張は続いた。光が漏れないようにした懐中電灯の揺らめく光の中で、彼が次に取り組んだのは、対ヒトラー暗殺計画を最終的に完成させることであった。ここに一人の男がいる。この男は数か月間、夜な夜な自らの命を危険にさらし続けた。またビュルガーブロイケラーでは何度も見つかる羽目に陥った。職人としての並はずれた将来性は、その後ミュンヒェンの五指に余るビジネスマンたちの間で有名になっていた。また家主にはひょっとすると怠け者ではないか、夜になるとほっつき歩く人ではないかと思われていたに違いない。いずこからかやって来た一人のよそ者、まさに通りを歩けば、直ちによそ者と見なされた姿形の人間であった。加えて、この男は通り過ぎていくナチスの隊列が掲げる旗に向かって片手を挙げて挨拶するなどということは拒絶していた。「ハイル・ヒトラー！」をしないというこれほどだいそれたことがあっても、警察官やヒトラー警護のために導入された治安部隊は、爆破以前にはただの一度もこの怪しげな得体の知れない人物に関心を抱くことは無かった。

◎…時を刻み始める爆破装置

「私は、まず初めに柱の空洞の一番奥に榴弾容器を置きました。この周りには既に自宅で準備してきた鉄製のタガをはりめぐらせました」とエルザーは自分の作業に最後の仕上げを施した夜のことを描写している。「私は、自宅で芯を取り除き黒色火薬を詰めた分銅の一つを、帯状の金属板を使って榴弾容器に固定しました。そうしてから二つめの爆薬容器が榴弾容器に……この日の夜の作業は約二時間を必要としました。この夜は『ビュルガーブロイケラー』の例の私の隠れ場所で過ごしました。翌日は六時半頃にケラー通り側の後方の出入り口を通って出ていかなければなりませんでした。……いつもカバンは肌身離さず持っていました」。

この暗殺者は、爆薬を装填した。すなわち「私は、まず初めに錠剤状の黒色火薬の小さな包みを数個取り出し、起爆装置の下の空洞に押し込みました。次に、榴弾容器と壁の間のすき間に雷管を据えました。最後に、空洞の後方の残りの空間すべてを、弾薬をも含めて、残らず薬莢で埋めました。私は、以前からこの後方の空間は手では埋められないのではないか、と思っていましたので、木で造った、約五〇cmの長さのサジ状の鉗子をあらかじめ準備して持ってきていました……こうして一一月二日の晩に（恐らくは二〇時頃だったと思いますが）二つの時計の時間を正確にセットし、スタートさせました。

エルザーが点火装置を取り付けるために再びやってくると、ホールは閉鎖されていた。

納屋に行き、ビール樽にはさまれて夜を過ごさなければならなかった。翌日の晩も（土曜日であった）ホールの柱にはさしあたり近づくことはできなかった。ホールでは舞踏会が開かれていた。舞い上がったカップルたちが、爆発物の備え付けられた柱の周りを踊っていた。それは、聖書に言う黄金の子羊に目がくらんだ、ごうつくばりの一団のように見えた。

真夜中に音楽は鳴りやんだ。それから半時間もたつと、もぐりの舞踏会参加者・ゲオルク・エルザーは、「ビュルガーブロイケラー」で、ついに〈死〉の準備作業にとりかかった。開店前三〇分、朝の六時に彼はこれを完了した。一九三九年一一月六日、もう延期が不可能な運命の時から約四二時間前、時限爆弾は始動体制に入り、やがて爆破に向けて時を刻み始めた。すなわち、ドイツだけで少なくとも五〇〇〇万の人々に、ラジオ放送を通して、世界史の生中継、〈ライブ〉が用意されたのだ。

伝統的な祝典で行うヒトラーの記念演説は、これまでいつも一時間半以上続いてきた。例えば、夜中の一〇時頃まで、というように。しかし、今回は最後の言葉をさえぎるのは爆弾になる予定であった。「抹殺される人間」（ニコラウス・フォン・ハーレム）には、技術的な観点からすれば、このまま何のトラブルも起こらず、死は確実に二一時二〇分にセットされていた。

◎…用心のために再点検

死刑執行人は、自分の故郷にもどり、郵便物の点検と親類・家族の面倒をみた。彼は、爆発する前に、ドイツを去ろうと決心した。それもコンスタンツ経由でスイス方面に向かって。以前にこのボーデン湖のほとりの町コンスタンツに住んでいたことがあったので、ここから中立国スイスへ向かって国境を越えるルートを知っていた。エルザーは、スイスならば自分をドイツに送り返すことはないだろうと確信していた。

彼は、妹の一人を訪れるために、ケーニヒスブロンからシュトゥットガルトにやって来た。ここまで来れば、今やスイスに向けて途中までたどり着いたも同然であった。しかし、病的で、狂信的なほど徹底した性格のエルザーは、急き立てられるように、暗殺の前の晩にもう一度ミュンヒェンに舞い戻った。二台のゼンマイ装置が間違いなく作動しているかどうかを確かめるために、「ビュルガーブロイケラー」のホールに最後の忍び込みを図ろうとした。

「一九三九年一一月七日一六時頃、私は急行列車でシュトゥットガルトからミュンヒェンにやって来ました」。このように彼は警察に話している。「ミュンヒェンの中央駅には、二一時か、あるいは二一時三〇分に到着しました。シュトゥットガルトへ行くときと同じ服装をしていました。私は、一人でした。道中、誰とも知り合いになることはありませんでした……。ミュンヒェン中央駅から直接、『ビュルガーブロイケラー』に向かいました。市電を使ったのです。着いたのは、およそ二二時頃だったと思います。ローゼンハイム通りの正面入口から入り、衣装室を通ってホールに出ました。ここには人っ子一人いなく、電気もついていませんでした。この時、誰かに見張られていたとは感じませんでした。人影は全く見なかったのです。ホールの扉は閉まっていませんでした。ホールに入ると直ちに二階桟敷に行き、時計仕掛けのゼンマイ装置がきちんと作動しているかどうか、柱のドア部分に聞き耳をたてました。自分の耳をドア部分に押しつけると、時を刻む音は、かすかではありますが聞き取ることができました。そこで両刃のナイフを使ってドア部分を開けてみました。時計容器に通じるドア部分です。自分が持ってきた懐中時計と照らし合わせ、ゼンマイ時計が進んでいるか、遅れているかを確かめました。ゼンマイ時計の進み具合は正確でした」。

◎…式典の開始準備

エルザーは翌朝の六時半頃、食堂の非常口を通って暗殺計画の舞台となるこの場所を、遂に後にした。誰にも見られることなくケラー通りに行き、ここからイーザルトーア広場に向かってゆっくりと歩いた。ここで少し贅沢をしてコーヒーを二杯飲んだ。この頃になると、園芸業者が、「ビュルガーブロイケラーのホール」の装飾用に、花の積み荷を下ろして、これからちょうど走りだそうとしていた。

間もなくすると、人々があわただしく行き交うようになった。すなわち、「ビュルガーブロイケラー」には巨大な横断幕が掲げられ、その壁にはハーケンクロイツの旗が飾り付けられ、演壇には装飾が施された。作業をしている人々の中には物珍しげに立ちつくしたままの者もいた。部外者は、正午くらいまでは、誰からもさえぎられずに、なり行きを立ち姿のままで見つめることができた。ヒトラー本人からの、次のような直接の指示をどう生かすかが問われていた。すなわち「この伝統の祭典では、我が古き戦闘仲間が私を護衛する」。

ヒトラーの古き同志たちは、互いに競いあってこの指示をめいめいが引き受けた。ヒトラーの警護は次のように行われた。ヨーゼフ・ゲールムと称する男が、警護対策を担当したが、この男はミュンヒェンのゲシュタポ司令部に所属していた。彼はホールを見回ること、またホールに隣接する部屋に野次馬が入らないよう追い払う役割に満足感を抱いていた。式典開始の数時間前には、「血戦勲章所持者」だけが招待状を提示して入場を許された。彼らはお互い同士よく知り合っている仲間同士であったにもかかわらず、厳格にチェックを受けた。やがてポスターに描かれたナチ党最高指導者が、「ナチ党同志アドルフ・ヒトラー」としてここに姿を現すことになる。勤務中の刑事たちですら立ち入りを拒否された。その理由は、彼らが古き良き仲間たちではないからであった。彼らが許されたのは、ヒトラーの車が、ボーゲンハウゼン地区からハイトハウゼン地区に進入するとき、その沿道を警護することだけであった。

◎…ヒトラーのミュンヒェン行きの阻害要因――フランス攻撃

この間、ゲオルク・エルザーは、ミュンヒェン中央駅で全行程ミュンヒェン―ウルム―フリードリヒスハーフェン―コンスタンツ間の切符を既に手に入れていた。最初の区間は、お金を倹約するために、各駅停車の列車に乗った。ウルムで急行列車に乗り換えた。急行は、一秒たりとも遅れなかった。時刻表通りに運行したために、フリードリヒスハーフェン駅には一八時頃に到着したに違いない。この孤独な家具職人は、列車の中で誰とも口をきかなかったし、新聞も読まなかった。だからこそ予想外の絶望にうちひしがれる事態に陥らずに済んだ。というのも、世上、新聞では次のような噂が飛び交っていたからである。すなわち、ヒトラーは、急に浮上した政府の仕事でベルリンに足止めをくい、そのために今年はナチ党副党首ルドルフ・ヘスにミュンヒェンの「ビュルガーブロイケラー」での記念講演を依頼した、というのだ。

実際、この独裁者には、ここ数日、ドイツの首都ベルリンに留まっていなければならない緊急たっての理由があった。彼と陸軍参謀本部との間に信頼関係の深刻な危機が持ち上がっていた。一九三九年九月二七日、ワルシャワ降伏の日、ポーランドでの電撃戦は事実上終焉を迎えたが、個々の戦闘は一〇月六日まで依然として継続していた。この降伏の日、ヒトラーは帝国総統官房で、自分は西部戦線での塹壕戦を終わらせ、対仏攻撃を開始したい、と問答無用の口調で告げた。この命令は参謀本部にとっては、戦略的に、また天候の点からも不可能であった。素人並みのこの「元ボヘミアの一兵卒」［訳注：ヒトラーへの蔑称］の命令は、弱腰であろうと、親政権派であろうと、また反対派であろうと、いずれの立場の将軍もすべてが反対をした。

ベルリン郊外のツォッセンにある司令部には、ハロルト・C・ドイチュの報告によると、「今だ存在したことのない神経の張りつめた不穏な空気が溢れていた」という。「ビュルガーブロイケラー」での〈血の水曜日〉の三日前にあたるこの日、すなわち一一月五日に、軍は軟弱な陸軍総司令官フォン・ブラウヒッチュに対して、ヒトラーに宛てて文書で一一月一二日に下された対西部（フランス）攻撃命令に公然と介入するよう依頼した。

話し合いは新しい首相官邸の大会議室で行われた。陸軍元帥フォン・ブラウヒッチュは、自分の懸念はまず第一に雨模様の秋の天候にある、とその理由を述べた。しかしヒトラーは、元帥に終わりまで発言させず、次のように言った。「敵にも雨は降る」。元帥は、兵法にうとい、この幼稚で大雑把な見解を甘んじて受けいれようとは思わなかった。そこで次のように述べた。ヒトラーは、ポーランド出兵の際に陸軍指導部の作戦上の決定に何度も横やりを入れたではありませんか、と。ハロルト・C・ドイチュの報告によれば、ブラウヒッチュは「総統には、これから予定しているあらゆる出兵の際に、ご自分の役職の限界をきちんと守って頂きたい」と提案したという。しかしこの提案には「黙れ」という救いがたい恫喝が待ち受けていた。

ブラウヒッチュ総司令官は発言を続けた。自分は西部戦線に視察旅行を行ったが、この時に軍隊の戦闘態勢の欠如に遭遇し、また司令官たちは西部戦線での攻撃には反対を表明していたと思います、と。総司令官のこの異議申し立てに対して、独裁者は、瞬間、かの悪名高き癇癪を起こし、怒鳴り声を挙げて、以下のように問いただした。「なぜ、司令官や悲観論者たちを（部下に命じて）撃ち殺させなかったのか」。

「度肝を抜かれ、呆然としたブラウヒッチュに、ヒトラーは陸軍に対する怒りを爆発させた」とハロルト・C・ドイチュは記している。ヒトラーは怒鳴りちらした。「君たちは、わたしに一度も忠誠心を抱いたことはない。まっとうな信頼も、一度も寄せたことはない。攻撃の準備には何度も何度もブレーキをかけ、戦闘に向けては臆病風ばかり吹かせやがった」。

◎…「ライツファイル」を実現させたヒトラー

少なくともこの最後の言説は正しくはない。一九九七年春に発見された、簡潔な「ライツファイル」が証明しているように、一九二五年段階で、「今では伝説となっている一〇万の職業軍人の総司令官であり、その創設者であるハンス・フォン・ゼークト大将は、偽装部局である〈兵力局〉(こうした偽名を使い、カムフラージュすることによって、第一次大戦の戦勝国により禁じられた帝国参謀本部は生き残った)に対して、次のような計画を作成するよう命じた。すなわち、陸軍一〇二個師団の創設、このうち三九師団を国境守備隊にまわし、残りの六三を野戦師団として、合計二八〇万人から三〇〇万人の兵力を創設するようにとの内容であった。こうした〈威嚇・虚勢装置〉こそは、ドイツ人が〈ヴェルサイユの強圧的命令〉[訳注:国粋主義者たちの間で、ヴェルサイユ条約は、不正に満ちた強圧的な条約であるとの宣伝がなされていた」の汚辱を、平和的に或いは暴力的に拭い去るのを助けるのであり、東部、北部、西部で失われた地方を〈解放〉し、一九一四年当時の大帝国の地位を再び取り戻すことができるのだ、との主旨であった。

秘密の研究「ライツファイル」で驚くべき事実を述べたい。一九三九年九月一日、第二次世界大戦が始まったとき、ドイツ陸軍には、ぴったり一〇二個師団が誕生していた!

それは一九二五年に計画した通り、二八〇万人の兵力であった。(ナチス時代に先立つワイマール共和国時代の)ドイツ帝国国防軍は、四二人の大将を抱えていた。一方、ナチス時代のドイツ国防軍には二五二人の大将が任ぜられていた。四二人の大将の予算案も、一九三九年のこれら司令官(大将)の予算額と全く同じであった。一九二五年には、八軍が計画されていた(これは、ワイマール共和国に先立つ、一九一四年の皇帝時代と同じである)。そしてドイツ人は、一九三九年には八軍を価値あるものとして誇りにした」。

カルル＝ハインツ・ヤンセンは、続けて次のように述べている。「かのたった一度だけの計画書は、その後一九三六年まで続くすべての軍備増強計画の基本となったが、これが印刷されている頃、〈元ボヘミアの一兵卒〉ことアドルフ・ヒトラーは、反逆罪でバイエルン州の要塞ランツベルク刑務所に収容され（一九二三年）、自著『わが闘争』の口述筆記をさせていた。彼はこの時、自分がやがて君主制を信奉する保守派の大将たちが考え出したことを〈実行する指導者〉になろうとはまだ気付いてはいなかった。秘密の参謀本部部局とその他の兵務局の入念な準備作業がなければ、〈第三帝国〉は六年以内に、欧州で最も強く、最も近代的な陸・空軍を創設することは決してできなかったし、デューンキルヒェン〔訳注：フランス語ではダンケルク〕からスターリングラードまで、またナルヴィクからクレタまでほぼ全ヨーロッパを蹂躙する軍隊とはならなかったであろう。

◎…ヒトラーを狙うハンマー・シュタイン

ここでヒトラーと国防軍の葛藤の問題にもどろう。ヒトラーは、二〇分にわたって罵詈雑言を浴びせかけ続けると、ブラウヒッチュはうろたえて首相官邸を後にした。攻撃命令は撤回されなかった。ヒトラーは、相変わらず怒り狂いながら女性秘書に一通の文書を口述筆記させていた。そこにはヒトラーが、ブラウヒッチュ総司令官の全職務を直ちに取り上げることが書かれていた。この文書は引き出しの中に入れられたまま、後に破り捨てられた。

午後になると文書によるヒトラーの攻撃命令がツォッセンに届いた。ヒトラーのイライラは昂じて遂にパニックに陥った。将校たちは、あのヒトラーならば威嚇だけでなくそれを実行に移し、ゲシュタポを派遣してくるに違いないと予測した。彼らは用心のために自分たちに不利となる書面や資料を焼却した――まさにこの時、ヒトラー暗殺計画が準備されていたのである。強固な反ヒトラーの意志を持った謀反人たちにより、西部攻撃の第一日目にこの暗殺計画は実行に移されることになっていた（次章「ダイナミズム、ダイナマイト無しに」を参照）。

その後、独裁者はどの司令官が自分の征服計画の邪魔をしているのかを知ろうとした。彼は視察旅行を直ちに行うと発表した。この旅行がもし実現されていれば、武装した謀反人たちにとり、問題の解決になっていたであろう。というのも、彼らはすでに罠を仕掛け狙っていたからである。

古参の上級大将フォン・ハンマーシュタインは、（一度解任されたが）再び軍務につくように呼び出され、西部戦線での最高司令部を担当していた。彼の周りにはヒトラーとの葛藤が生じた場合にも自分に信頼を寄せてくれる将校や兵士がいた。また、この憎まれ者を自分たちの司令本部におびき出し、逮捕する決心をしていた。一九三九年九月に戦争が始まって以来、ハンマーシュタインは自分の軍隊の視察に来るように、ますますしつこくヒトラーを招待していた。だが、生半可な返事が返ってくるだけで、いつも続いて得られる回答は、日程の都合がつかないので行けない、というものだった。ヒトラーはこの辛辣な上級大将に不信感を持っていたと思われる。いずれにしても彼はこの上級大将が好きではなく、機会がやってくればすぐにでも解任することだけを待ち望んでいた。

◎…ヒトラーの決心

ツォッセンには、ゲシュタポはほとんどいなかった。彼らはヒトラーの西部戦線への旅行にもほとんど来なかった。一一月七日、一つの事件が生じた。これはヒトラーにとり不愉快の極みであった。すなわち、オランダ女王ウィルヘルミーナとベルギー国王レオポルトが、共同で和平の仲介者になるという申し入れをしてきたのである。よりによって両者は中立国の君主であり、フランスが両国に進入するので、これに先立って国際法に反してまで攻撃を加えることで蹂躙しようと、ヒトラーが目論んでいた国々である。ヒトラーが戦争をする理由付けはすでに見え見えであり、まともな根拠を欠いていた。このヒトラーにとり、二人の申し入れは面倒な問題となった。ヒトラーは、戦争が「強いられたもの」であるという作り話でドイツの世論に訴え、自分は平和愛好者であると演出をしていたので、国際法よりも平和の友であるというプロパガンダの方に配慮せざるをえなかった。

しかしオランダという国は、別の観点から見てもヒトラーが依然として狙いをつけていた国であった。というのもドイツの保安諜報部（SD）の諜報部員は、英国の秘密情報機関のオランダ・ネットワークに入り込むことができたからである。ハイドリヒの若き手下であり、親衛隊指導者ヴァルター・シェレンベルク［訳注：ナチス時代、数ある諜報機関の中で、最高の実力者。のちに、オランダ領内で英国情報部員二人を誘拐する。後述］は、挫折した法学部卒業生でもあり、ドイツの軍事情報部隊アプヴェールが解散させられた後、ドイツのすべての外国情報部の長にまで上りつめた人物である。彼は、自分がドイツの抵抗者たちの代表であると詐称し、英国の情報部将校メジャー・R・H・スティーヴンスや陸軍大将S・ペイン・ベストに近づいていた。彼は、自分がドイツ国防軍最高司令部（OKW）のシェメル大尉である、と名乗った（このシェメル大尉という人物は実在の人物であったが、この詐称がバレないように、シェメルは長期の公用出張に出されていた）。「法学部出の教養を積んだインテリギャング」（ウィリアム・L・シャイラー）のシェレンベルクが、オランダからドイツ駐在の情報部員を操っている二人の英国情報将校を待ち伏せし、隠れ家に誘い込もうとしていた。

ここで悲劇的な後智恵について触れておきたい。英国の情報機関の専門家たちは、まともに戦いを挑み、使命感に燃えていたドイツの抵抗者の多くの代表たちには不信の念を抱いていた。そして彼らは尊大であり、空想家であるとして蔑視していたが、「ナチスへの反対派」を自称する「挑発専門の情報員であるシェレンベルク」の仕掛けたワナにはまりかけていた。シェレンベルクは、「誠実」な人間を装うために眼鏡をかけていたが、その奥には計略が見えかくれしていた。

ヒトラーは、こうした闇の情報員たちの情報をすべて詳細にわたり知らされていたが、どの程度までこのまま突き進めばいいのか、決断を迫られていた。その頃、ベルギーとオランダ大使が面会を依頼してきた。彼らは、ヒトラーに両君主の和平への提案を説明しようとしていた。彼らは面倒な時にやって来た。総統は居留守を使った。一一月八日の前夜、すなわち「ナチスのカレンダーで重要な日々の一日」（アラン・グロック）になって、初めて、ヒトラーは、従来の行かないという意図に反して、ミュンヒェンに飛び、賛否の分かれていた西部戦線での攻撃を四日後に延期するという決心をした。やがてヒトラーは西部戦線での攻撃の決心と延期を一四回もくり返すことになる。今回の延期は、その、最初の一回目であった。

◎…ヒトラーのミュンヒェン到着

彼は翌朝バイエルン州の首都ミュンヒェンに到着し、プリンツレゲンテンプラッツにある私邸に行き、今晩に予定されている演説の準備作業に取り組み始めたが、その後、女性建築家ゲルディ・トルーストの所へいった。かつて第三帝国の建築様式を構想した故人の妻である。「彼女は次のように質問した」と、ジョン・トーランドは二人の会話を以下のように記している。「どうしてご自身の警護をこんなにもお気にかけないのですか。私のアトリエにはたった二人の護衛官しか連れていらっしゃらないではありませんか。ヒトラーは答えて、『神の摂理を信じなくてはいけません』と言い、自分のズボンのポケットを暗に指しながら、『ご覧下さい』と彼女に言い、『ほら、ピストルを携帯していますよ。しかし、全く役には立たないのです。もし死が迫ってくるような時は、これだけが頼りになります』と、彼は自分の心臓の位置をそれとなく示した。『内に響く心の声に従い、自分の運命を信じるのです。心の奥底から信じていますが、私を突き動かしているのはドイツ民族の運命だということです。そしてこの民族が私を必要としている限り、また私の使命が我が国民の生命のためである限り、私は生き続けるでしょう』。彼は自分をキリストに似せていたようである。『もし私が必要とされなくなり、また自分の使命が果たされた時には、私は解任されるでしょう』と述べていた」。

この後、独裁者はヌスバオム通りにある病院へ行った。英国のファシスト指導者モズレーの妻の妹であり、ヒトラーの熱烈な崇拝者のユーニティ・ミッドフォードを見舞うためであった。彼女は英国とドイツが互いに戦争状態にあることに苦悩して、ミュンヒェンのイングリッシュ・ガルテンで自分の頭に銃弾を撃ち込んだのであった。医者は、さしあたり銃弾をあえて取り去ろうとはしなかった。ヒトラーはこの重症患者に、望みとおりスイスに出国させると約束をした。ただし、健康状態が許せばの話ではあるが。

「ビュルガーブロイケラー」での爆破の数時間前に、爆殺の対象者である独裁者は、再び私邸に戻り、演説に推敲をさらに重ねた。天候が悪化していたが、彼は翌日にはベルリンに戻っていなければならなかった。そこで、お付のパイロットのハンス・バオアーに、翌朝にベルリンへ向かう飛行便が確保されているかどうか尋ねた。バオアー機長は、秋の霧のために不可能であると答えた。独裁者は帰りは特別列車を使う決心をした。ヒトラー専用に常時準備されている列車である。

時刻表によらない、臨時の列車を通常のダイヤに組み入れる作業には数時間が必要であった。とりわけ利用回数が多かったベルリン―ミュンヒェン間で、新たな出発時刻が空欄になっていた時刻表に組み込まれた。鉄道警察隊は週に二度交替で、すなわち日中に一度、夜間に一度、行路の安全を確保しなければならなかった。彼らの中には、かたわらを疾走していく列車の中に実際にヒトラーが座っているのかどうか、また彼の安全のために列車の中にまたもや一緒に押し込められる羽目になっているのが護衛官だけなのかどうかなどを知っている者は誰もいなかった。ただ空欄の時刻表に組み込まれた出発時刻が、時間通りに守られた場合にのみ、列車の通過はスムーズに保証されることになる。この意味は、もし独裁者が、翌日の一〇時二〇分に時間どおりにベルリンのアンハルト駅に到着しようと思えば、ミュンヒェンを今晩の二一時三一分に出発しなければならないということである。

◎…式典に参加するミュンヒェン一揆の同志たち

既に式典の開始二時間前から、(一九二三年のミュンヒェン一揆に参加した)老闘士たちが「ビュルガーブロイケラー」に押し寄せていた。制服を着た三〇〇〇人の男たちが袖をふれ合わんばかりに所狭しとひしめき合っていた。「血戦勲章所持者」の中にはかなりの階級差が存在していた。具体的には、大臣たち、ナチ党全国指導者、ナチ党大管区指導者、ナチ党管区指導者、ナチス運動の残党のような人間がいて、他方、高いランクで、手厚い俸給を得ている男たちもいれば、かつて『ミュンヒェナー・ノイエステ・ナハリヒテン』紙、『バイエリシャー・クリール』紙、そして『ミュンヒェナー・ポスト』紙がナチ党指導者ヒトラーを「右翼ボリシェヴィズムの扇動家」と名付けていた時代の遺族たちも参加していた。

こういう人たちもいれば他方では、かつてヒトラーの政党に加わり、現在は「ビュルガーブロイケラー」ホールの宵の宴に参加することだけの〈特権〉を、そしてその後、宰相ヒトラーとビールを酌み交わすだけの〈特権〉しか与えられていない、拠り所を失った多くの人々もいた。彼らは、分け前の配分からは完全に疎外され、そのために不満が溜まり、ついにはこの夜の爆破が起こると、ヒムラーにより爆弾の犯人ではないかと真っ先に疑いをかけられる羽目に陥るほどであった。

◎…式典開始

二〇時二分。通りに溢れる嵐のような「ズィーク・ハイル」（万歳）の叫び声がホールにも届き、ヒトラーの到着を告げた。昔からの信奉者は、椅子や机に飛び乗った。ごうごうたる歓喜の声に包まれ、ビアホールは今にもはち切れんばかりの熱気に包まれていた。堰を切ったような拍手喝采は、肩と肩を寄せ合いヒトラーを警護する親衛隊員のガードをはじき飛ばした。まるで榴弾が炸裂したかのようであった。やがてナチスの儀式が始まった。一つ一つを追うと、「バーデンヴァイラー・マーチ」の曲が鳴り響くなかで、血染めの旗が運ばれてきた。今晩、演説をする人が数人の特権を与えられた人間と握手をし、歓迎の意を表した。ここではその中にはヒムラー、ゲッベルス、シュトライヒャーがいた。彼らは柱のすぐそばに座っていた。例の音はほとんど聞こえないが、時限爆弾は確かに時を刻んでいたのである。

ヒトラーは直ちに演壇に歩み寄ろうとした。だが熱狂的な拍手にさえぎられ、数分間は立ち止まったままであった。ヒトラーは夕べの演説をこれまで毎年行ってきたが、今回は万歳の声とヒステリーにどよめくなかで、いつもよりかなり早い時間に始めた。彼は英国を攻撃した。だが今宵はヒステリックな言葉使いには突き進まなかった。彼は何かにせき立てられているようであった。そればかりでなく、聴衆の盛り上がった興奮を沈めるためにいつもなら用いる用意周到な〈演説の合間〉を短縮していた。無意識ではあるが、あたかも正確に、止まることなく爆発に向かう導火線と競い合い、張り合い、時刻通りに、死に向かって先を急いでいるかのようであった。後にヒトラーは自分のお抱えのカメラマンであるホフマンに次のように語っている。「私はどこか奇妙な予感がした。自分ではわからないが、なぜ自分は『ビュルガーブロイケラー』から追い立てられていたのだろうか」。

二〇時四五分。嵐のような拍手がまたヒトラーの演説を中断させた。「老闘士」たちは熱狂していた。この中には前の方の席に、イン川のほとりの町ズィムバッハからやって来た上級実業学校教師のフリッツ・ブラウンがいた。ヒトラーの愛人であり、「丸顔で青い目をした、美人で、愚かな金髪の女」(アラン・ブロック)の父親であった。演説は数十万台の拡声器から、また数百万台のラジオからどよめきわたった。具体的には、党員たちの間で、青少年組織の間で、スポーツ協会の間で、飲食店で、そしてドイツ中のほぼすべての役所で大歓迎を受けながら。

◎…国境を越えようとする男

コンスタンツの税関でも二人の官吏が演説を聴いていた。彼らは窓辺に立ち、国境の日常を監視していた。一人の小柄な男が目に入った。男はヴェッセンベルクの教護施設の庭の中にいて、これからスイス国境に近づこうとしていた。彼らは男を追いかけた。男が垣根の上によじ登ろうとしたとき、止めた。呼びかけられたこの男は驚いて両手を挙げ、もう逃げようとはしなくなった。彼は国境を越える通行証を提示した。しかし期限切れであり、スイスにいる知人を訪ねるつもりである、と主張した。

二人は捕らえた男をクロイツリング門にある税関事務所に連れて行った。そこでポケットの中身を調べた。いくばくかの金、保存用ソーセージ、ペンチ、渦巻きバネ、クギ、ネジ、赤色戦線闘争同盟のバッジ、ミュンヒェンの「ビュルガーブロイケラー」の絵はがきが出てきた。彼らはこの絵はがきは、さしあたり何が問題かはわからなかった。確認したことは、不法に国境を越えようとした男の名は、ゲオルク・エルザーであること、恐らくは兵役逃れであり、どこにでもいる〈雑魚〉のような人間である、と。二人の役人は尋問調書を作り、捕まえた男を国境警察に引き渡した。

◎…式典終了

二一時七分。総統の演説は終わった。三〇分以上も切りつめて。ヒトラーは拍手を数分間、じっと我慢して聞いていた。しかし、まだ国歌の演奏が終わらないうちに、親衛隊の取り巻き連中は、群衆をかき分け、群衆と闘い、出口に通じる道を造った。そこにはヒトラー用の長蛇の車列が待っていた。こうでもしなれば、彼は会場で殴り合う元老闘士たちと社交的な挨拶を交わし、時間を使わなくてはならなかった。だが今日は急いでいた。彼らのそばを通り過ぎた。まるで他人であるかのように。彼らは親密な言葉を一言も発することができなかったし、昔から行ってきた面倒な願い事などを言い出す暇もなかった。

彼らはその失望感をビールを飲んで洗い払った。彼らの顔はホールに立ちこめるもやのようなものの中に、シルエットのように浮かび上がっていた。このもやの中から、かつてナチス運動は始まったのだが。一団のナチス指導部もヒトラーと共にホールを後にした。残された者たちはその多くが冷遇されたと感じた。というのも彼らは歴史の裏舞台からわざわざこの記念日だけに呼ばれ、日の当たる舞台に引っ張り出され、スポットライトにさらされたからであった。その怒りは大きな声となった。

総統の一団はマリーエン広場にたどりついていた。市役所を通りすぎ、カウフィンガー通りをゆっくり進んでいた。交通信号はすべて青であった。警護の車が行列の先頭を走っていた。カールス広場にできている人垣を押し下げるためである。多少でも遅れることは許されないので、総統の警護団は中央駅の駅前広場から人々を追い払った。

▲…「ビュルガーブロイケラー」での暗殺未遂事件

◎…一三分の遅れ

二一時二〇分。「ビュルガーブロイケラー」につき刺すような稲妻。ごうごうとした雷鳴。柱がひび割れた。後方で回廊がくずおれていき、残骸はその下に座っている主賓たちを埋めた。時限爆弾は一秒の狂いもなく爆発した。一三分遅かった。――しかし、世界史の歩みを根底から覆すためには、爆発はヒトラーの信奉者たちを、首が飛ばされた群れに変えた。この〈首なき群れ〉は、負傷した人々や瀕死の人々を踏み台にして先を急いでいた。ある者は他の者を追い落とし、押しのけ、人波みをこぎ分け、ぶつかりながら外へと逃げだそうとしていた。

すっかり破壊されたホールには、埃と煙の雲がゆっくりと、生気を失ったように立ち昇り、まるで見通しのきかない壁が立ちはだかっているようであった。暗闇から恐怖の叫び声が響いた。負傷者は、何人になるかはまだ見通せないが、そのうちの一人が上級実業学校教師のブラウンであった。彼の娘エーファ・ブラウンは、まさにこの瞬間、女友だちに連れられて中央駅にやって来た。ヒトラーの乗る列車が出発する直前であった。「列車のフロアには陽気な雰囲気が漂っていた」とジョン・トーランドはその時の状況を描写している。「爆破などは誰も予想しなかった。そしてほぼ全員がアルコールを飲んでいた。ヒトラーは、といえばただ一人、禁酒主義者ではあるが、気分は非常に昂ぶっていた。帰りの参加者に、独特の辛辣なジョークでもてなしをしていたのはゲッベルスであった」。

最初の救助隊が、イザール川右岸の病院から事件現場に分け入りながらやって来た。しかしパニック状態の逃げまどう人々により行く手を阻まれた。この冷静な救助チームは、ホールには入ったが、負傷した人々や瀕死の人々の地獄の叫び声を全身に浴びていた。この時、瓦礫の下にお偉方がいるのかどうか、いるとすれば何人くらいなのか、誰も知らなかった。暗殺事件後、しばらくの間はこの計画が誰に向けられていたのか、どうしてこんな計画が可能であったのか、尋ね回る者は一人もいなかった。

非常灯がついてやっと恐怖のシーンが明るみにでた。ビールが入った水槽の中で吹っ飛んだ腕が一本泳いでいた。ウェイトレスが床にうつぶせになっていた。死んだまま。最初の救助隊の青いズボンは真っ赤に染まっていた。死者が運び出され、並べて置かれた。その顔には、つい今しがたの熱狂が刻印されていた。

二三時五四分。総統の乗る特別列車がニュルンベルクに到着していた。この〈ナチ党大会開催市〉の警察署長は、特別列車を停車させたままにした。彼はプラットフォームを疾走し、デラックス客車に足を踏み入れた。すると停車したままの列車に不愉快なヒトラーがいた。「総統閣下」ナチ党党員マルティンはどもりながら告げた。「総統閣下、ご報告致します。時限爆弾、『ビュルガーブロイケラー』にて爆発しました。爆発は総統がご退席された直後です。少なくとも演壇の近くにおられた党員が一〇名から一五名が死亡しました。恐らく一〇〇名かそれ以上が重傷を負っています」。

初めのうち驚愕していた独裁者は、しわがれ声で次のように言った。「私には何事もない！『ビュルガーブロイケラー』をいつもより早めに後にしたのは、神が啓示で私に目標を達成させようとしている証拠だ！」

◎…ヒトラーの命令「英国将校を誘拐せよ」

この第一の神の啓示に続いて、直ちに第二の啓示がヒトラーから下された。彼は既に犯人を知っていて、暗殺はイギリスの情報機関の仕業であると決めつけた。そしてヒムラーに対して次のような命令を発した。爆破の責任を負っていると断定されたイギリス人のスティーヴンス少佐とベスト大尉を、オランダから誘拐してこいと。

親衛隊国家長官ヒムラーは、電話に飛びつき、デュッセルドルフの秘密国家警察ゲシュタポ支部に接続させた。電話は自称大尉のシェメル（本名は、ナチス親衛隊指導者ヴァルター・シェレンベルク）の寝入りばなを襲った。「シェレンベルク」とヒムラーは親衛隊准将に叫んだ。「何が起こったか知っているか。総統暗殺計画だ」。彼は命じた、「直ちにオランダ作戦を開始せよ！」

ドイツの抵抗者を自称するこのシェメルは、ヒトラーを殺害しようとするドイツの大将たちから依頼を受けていると嘘をついていた。彼はこの日の晩にオランダの放送局ON4を通じて呼びかけを行い、暗号無線を使って二人の英国秘密情報将校に一一月九日午後二時に、重要な会合があるのでフェンロ〔訳注：オランダの街。ドイツのデュッセルドルフ西約五〇キロにある〕の国境喫茶店にくるように呼びかけた。

無線通信士がオランダのアムステルダムでシェメルの連絡を正確に傍受していた。ちょうどそのころ、ベルリンでは帝国刑事警察局長アルトゥール・ネーベが特別調査委員会「暗殺事件ビュルガーブロイケラー」を編成し、悪天候にもかかわらず、この委員会と一緒にその夜のうちにミュンヒェンへ飛んだ。

その後、ヒムラーの命令で、「ビュルガーブロイケラー」の雇われオーナー、支配人そして全従業員が逮捕された。犯人の手がかりを与えた者には六〇万帝国マルクが報奨金として与えられ、外国のドイツ大使館や公使館に通報がなされた場合には、さらに三〇万マルクが上乗せされ、外国為替で提供されることが告知された。

◎…エルザーにかかる疑惑

深夜の少し前に、国境警察の派出所は、ミュンヒェンでの失敗に終わった暗殺事件を知らされた。この時、爆発の三〇分前にエルザーを逮捕していた二人の税官吏は、「ビュルガーブロイケラー」の絵はがきを思いだし、コンスタンツの国境事務所を通してカールスルーへの秘密国家警察司令部にこのことを告げ、彼が暗殺事件に関与した疑いがある、と報告した。この報告は何の反響も呼び起こさなかった。というのもあの小柄な家具職人は、あの夜検挙された一二〇人の容疑者のなかのほんの一人に過ぎなかったからである。エルザーをミュンヒェンに移送せよ、という命令が下された。ミュンヒェンのブリエンナー通りにあるヴィッテルバッハ宮殿は、ミュンヒェン国家秘密警察の所在地であり、ここに特別調査委員会が置かれていたからである。

ネーベの特別委員会の専門家たちは、これまでに次のことを調べ上げた。暗殺事件は警護を限りなくないがしろにした結果生じたものであり、六人の老闘士とウェイトレスが一人殺害されたこと、さらに数日後には病院でもう一人死ぬことになるであろう。また六三人が負傷し、うち一七人が重傷である。演壇は瓦礫の山に埋もれた。もしヒトラーがいつもと同じに、五七分ではなく九〇分の長さで演説をしていたならば、時限爆弾で吹き飛んだことは確実である。ヒトラーの最も重要な「家臣」たちと共に。

一一月九日の朝、電撃ニュースが地球を駆けめぐった。「アドルフ・ヒトラーの暗殺事件」。世界中で話題となった。ロンドンはパリに問い合わせ、パリはロンドンに返信した。今回のミュンヒェン事件に、連合軍は全く加わっていないとの返信は、ドイツ側から見ると、全くの「誤報」にうつった。

ドイツの世論は怒り、狼狽し、困惑した。ドイツ国防軍内反対派は、本来、自力でヒトラーの暗殺を準備していたので、彼らもうろたえた。仲間の中から誰かが相談もなく一人で早まって行動したのだろうか。

▲…犠牲者8人の棺を軍司令官ホールに安置

噂が人々の口にのぼり、風の速さで広まっていった。例えば、ヒトラーとヒムラーが「ビュルガーブロイケラー」暗殺事件を演出したのだ、理由は、英国への憎しみをかき立て、そのことでドイツ国民に不足している戦争への準備をあおるためである、と。これをもっともらしく思わせる理由は多かった。

特別調査委員会は、半数が刑事警察官、半数が秘密国家警察官から成り立ち、それぞれ二つのグループに分かれて活動していた。一つは組織的に、微細な部分まで精査しながら破壊されたホールを調べていた。もう一方は、犯人を絞り込み、あぶり出すために一二〇人の容疑者を尋問攻めにした。エルザーはといえば、一度目の尋問が終わっても絞り込まれた者の中には入らなかった。せいぜいのところ情報員であるとは思われても、犯人であるとは考えられてはいなかった。

◎…拉致・誘拐の実行

彼がミュンヒェンで尋問の十字砲火を浴びていた頃、デュッセルドルフでは、シェレンンベルクが英国秘密情報将校を拉致・誘拐してくる一団を集め、組織化していた。一二人の若者からなる一団であり、荒く、粗暴な連中であった。敵から放送局やグライヴィッツ〔訳注：シュレージエン地方〕が襲撃されたかのように装ったり、また別の敵が襲撃してきたかのように仕組みながら、第二次世界大戦に油を注いでいた。さらにはもっとリアルに見せるために、ドイツ強制収容所の死んだ収容者にポーランド兵の制服を着せるという昔ながらのトリックを使い、戦争を自作自演していた。

アムステルダムのニューヴ・オエィトレクにある企業「N・V商事サービス・フォール・ネット　コンティネント」の代表者たちも、ミュンヒェンの時限爆弾の背景を知ろうとする世界的な謎解き競争に加わっていた。爆弾は、匿名の大将、すなわち大尉と称するシェメルの仕業であったのだろうか。英国将校たちは秘密会合で、暗号無線による呼びかけに答えて、オランダのフェンロに行くべきか、危険な待ち合わせ場所を断るべきかを決めなければならなかった。英国の秘密情報員の中にはドイツ側の相手シェメルには相変わらず不信の念をもっている者がいた。具体的には、なぜ彼はこれほどしばしば国境を越えることができるのだろうか。ドイツ人は入国よりも出国の方がはるかに厳しく管理されているのに。シェメル（本当はドイツの抵抗者を自称するシェレンベルク）は、自身がなぜアムステルダムまで足をのばして来ることができないのだろうか。なぜ、シェメルはフェンロで個人的に英国秘密情報員の出迎えを受けなければならないのか。秘密情報員ならば通常はこうした疑問を未解決のまま先に進むことはなかった。しかし、英国将校スティーヴンスとベストは、ヒトラーこと〈ブラウナウ出身のモンスター〉を、ドイツ人を利用して仕留める案に魅惑され、敵を信用したのである。

オランダ人側が、イギリス人によってオランダの地に持ち込まれたもめ事に素早く対応しなかった、だから、自分たちが果たした役割が、例えて言えば、何か熱さましの錠剤のようなものだったことに気付かなかった。そこにはきちんと出自が書かれていて、「親衛隊公衆衛生中央本部」というラベルが貼ってあったのである。シェメル博士が最後のギリギリの瞬間に取り出し、飲み込んだものであり、一日中、こぼしていたものである。すばやく対応し、気付いていれば、このことは、シェメルが、後になってニュルンベルグ裁判の証言の中で唯一の真実を語った部分であることが判明することになった。フェンロ事件は、「できの悪い娯楽作品」のレベルに成り下がったという評価が時として出てくる。親衛隊准将シェレンベルクと大尉ベストの遭遇の場は、ある洗面所であった。ここで、シェレンベルクは自分の片目がねを磨いていた。

「もう長い間片目がねをかけているのですか」。英国将校ベストはからかい半分に相手に尋ねた。「いいですか」。自称シェレンベルク博士は答えた。「おなじことを今まさにお聞きしようと思ったのです」。

地下組織で生きるこの二人は、属する前線は正反対でも、闘い方は酷似していた。英国の情報員たちは初心者のように振る舞い、その相手である親衛隊の青二才は、情報機関の「魔法使いの弟子」〔訳注：呪文を唱え異常現象を起こすが、止め方を知らない初心者のたとえ〕のように行動した。ビアホールの暗殺事件の「主謀者＝イギリス」というドイツ側の宣伝が既に猛烈な勢いで始められ、この事件の「暗殺者たちはロンドンにいる」、と叫ばれる一方で、英国情報員たちのフェンロ行きはまだどちらともいえない状況であった。ワナはもう仕掛けられていた。一三時～一四時の間にシェレンベルクは付き添いを一人連れて国境を越えオランダに入った。

「あの日、道路は交通量が多く、多くの『市民』の姿が目立った。『市民』を装った警察犬を連れた警官も」と、シェレンベルクは回想録の中で自分の役割を、自身が出演する〈ギャング映画〉として描いている。「私は少し神経がイライラし、フェンロの喫茶店で食前酒を注文した。ベストとスティーヴンスは来るだろうか。もうかなり長い間私を待たせている――時計はすでに一五時を指していた。だが相変わらず何の気配もない。突如私はギクリとした。瞬間、矢も止まらぬ速さで灰色の車が全速力で近づいてきた。私はもうとびあがっていた。すると付き添いの者が私の腕をつかんだ。『違います。別人ですよ』。私は先行きを案じながらドイツの税関の建物を見上げた。――すると身を隠していたナチス親衛隊の特別部隊が見えたような気がした。しかし何もかもが静かで変わりはなかった。最後に濃いコーヒーを注文した。まさに最初の一飲みをしたその時、付き添いが私をつついた。『ほら来ましたよ！』。私たちはわざとゆっくりと外へ向かった。（しかし、実際は動揺していたので）マントは喫茶店にかけたままで……。

大型高級車ビュイックが急ブレーキをかけながら幹線道路から方向を変え、喫茶店の後ろにある駐車場へ向かった。私はその車からは約一〇歩ほどしか離れていなかった所を歩いていた。とその時、我々の特別部隊の車がエンジン音を響かせて近づいてきたのが聞こえた。すると銃が数発。と、怒鳴り声、明らかに驚愕したまま右往左往しているオランダの国境警察の大声。その瞬間、コッパー少尉［訳注：オランダの将校。ドイツ国内の反ヒトラー運動に関心をもっていた英国将校のベストとスティーブンスは、コッパー少尉とともに自称反ナチのシェレンベルグと会見したことがある］がビュイックから飛び出して来て、ポケットから職務用の重厚なコルト銃を取り出し、私に突きつけた。私は何一つ武装していなかったので傍らへ飛び退いた。その時、特別部隊の車が喫茶店の角を曲がって走ってきた。コッパーは、私よりももっと危険なこの車の方に銃を向け直した。そして数回、立て続けにフロントガラスを銃撃した。ほんの一瞬、ガラスが飛び散った。私は信じた、運転手か或いは隣りに座っていた特別部隊の指揮官に一発命中した、と。しかし、指揮官はその前に大股で車から飛び退いていた。すると彼とコッパーの間で本格的な銃撃戦が始まった。突如、コッパー少尉がピストルをだらんと下げ、膝からくずおれた。私は依然として彼の近くに立っていた。特別部隊指揮官の怒鳴り声が私に向けられた。『早く逃げてください！』私は喫茶店の角を曲がり、自分の車に向かって突進した。すると、最後の一瞬、ベストとスティーヴンスが、まるで一束の干し草のように、ビュイック車からつまみ出されたのが見えた。

この奇襲作戦は、オランダ警察側からは取り立てて論ずるほどの反撃もなくうまくいった。我々は任務遂行後に、可能な限り素早く、全員が再びデュッセルドルフに集まる約束になっていた。私が到着してから三〇分後に特別部隊が捕虜を連れてやって来た。コッパー少尉とは、実は今ではオランダ軍首脳の将官クロップであることが判明している。彼は負傷し、直ちにデュッセルドルフの病院に運ばれた。しかし後にこの負傷が原因で死んだ……」。

〈誘拐犯〉たちが犠牲者を連れてさらにベルリンへ行ったところ、ミュンヒェンではゲオルク・エルザーが犯人ではないかとの重大な嫌疑がかけられていた。というのも、ウェートレスたちがシュヴァーベン方言を話すこの小さな男についてしゃべっていたからである。エルザーは実業家たちから爆薬の材料を調達していたのだが、彼らはエルザーと対面し、間違いなく彼であることを証言していた。犯人は長い間、柱のそばで膝をついて作業をしていたためにズボンを脱がなければならなかった。すりむいて、赤くなった皮膚は隠しようもなかった。この「抵抗する小柄な男」(歴史家アントン・ホホ)は、尋問の雨あられに長くは耐えることができなかった。しかし、彼がまだ白状しないうちに、帝国刑事警察局長ネーベと専門家たちは既に確信をもっていた。エルザーは、技術に天性の素質を持った単独犯である、と。

こうした単独犯説がだんだんと広まっていたのに、ベストとスティーヴンスは、ベルリン郊外のザクセンハウゼン強制収容所で、自殺未遂の後、一時的に鉄の環をはめられていた。〈誘拐犯〉たちは首相官邸でヒトラーに迎えられた。彼はシェレンベルクに誘拐の成功を祝して「勲一等鉄十字勲章」を授与した。この勲章により、ヒトラー自身も世の中に知られたのである。というのもこの勲章は、第一次世界大戦中にユダヤ人の政府副官フーゴー・グートマンの提案で、ヒトラーに授与されていたからである。

「その日の晩、ヒトラーの顔は異常に赤く、ふくれあがっていた」と、ヴァルター・シェレンベルクは報告している。「彼は風邪をひいているようであった。ヘスの方に向かって身をかがめて気圧が低いことを嘆き、ベルリンの気圧はどのくらいか尋ねた……。彼はせわしげに急いで食事をした。これといって優雅な雰囲気はなかった。その日の晩、ヒトラーの食事はゆでたトウモロコシであった。これを彼は両手でしっかりと握り、かじりとっていた。もう一つの料理がふるまわれ、それは山盛りのカイザーシュマレン［訳注：一種の卵入りパンケーキ］であった」。

「この晩の食卓には親衛隊指導部にいて、よけいな口をきくベンヤミン（シェレンベルク）がヒトラーにひどい幻滅を感じさせた」と、ハインツ・ヘーネは書いている。ヘーネは、「ベンヤミンが言うには、総統を狙った暗殺は、決して英国情報機関の仕業ではなく、逮捕されたスティーブンスとベストでもない」と言ったのである……。

ヒムラーは反論し、そうした断定はシェレンベルクの個人的見解であると述べた。とはいうものの、親衛隊指導者シェレンベルクは、大抵の人が考えていたことを口にしたにすぎなかった。偽らざる真実を述べたのである。「しかし、大ドイツ帝国のヒトラー総統は偽らざる真実を望んではいない」とハインツ・ヘーネは以下のように確信を持って続けている。「ヒトラーにとってはすべてが英国情報機関の巨大な陰謀なのではいない」とハインツ・ヘーネあり、彼が激しい敵意を抱いていた人物がすべて加わった複雑多岐な陰謀なのであった。つまりユダヤ人、英国人、フリーメーソンそして言うまでもなくオットー・シュトレッサーたちのたくらみなのである。ハインリヒ・ヒムラーは困り、苦労していた。黒幕はどこにいるのだろう。帝国刑事警察局長アルトゥール・ネーベが黒幕を見つけ出せなかったので、任務を交代させられ、ベルリンへ呼び戻された。ヒムラーは涙ながらにシェレンベルクに懇願した。『シェレンベルク、我々は黒幕を見つけ出さなければならない。ヒトラーはエルザーが単独で犯行に及んだとは単純には思っていないのだ』。エルザーの第一回尋問調書に「単独犯行説」があるのを知り、怒ったヒトラーは、調書にこう書き入れた。『如何なる愚か者がこの尋問を行ったのか？』ヒムラーは絶望的な怒りとパニックに襲われ、囚人エルザーの所に急ぎ、自制心を失ったまま彼に飛びかかった。ミュンヒェン刑事警察署センター長であり上級参事官ベーメ博士は、ヴィッテルバッハ宮殿で展開されたこの光景を見つめていた。『猛り狂い、侮蔑の声を浴びせながらヒムラーは、鎖をつけられているエルザーの体を長靴で踏みつけた』と、ベーメは書いている。『するとヒムラーは私の知らない秘密警察員に、ミュンヒェン秘密国家警察センター長の部屋に隣接する洗面所に、エルザーをひきずりこませた。ここでエルザーは、ムチとこれに似た道具で拷問が加えられたため苦痛の呻き声をあげた。やがて彼はまた急がされてヒムラーの前に連れてこられた。ヒムラーはまたも踏みつけ罵詈雑言を浴びせた』。しかしゲオルク・エルザーは、自分の単独ストーリーを繰りかえし答えるだけであった。ヒムラーは一人の上級捜査員をミュンヒェンに来させた。それはウィーンの秘密国家警察署長であり刑事のフランツ・ヨーゼフ・フーバーである。この男もまた黒幕を見つけ出せなかった……。徐々にではあるが、エルザーは単独犯であるという認識をもつ人が一人また一人と増えていった。ハイドリヒですら真実に屈した。ヒムラーだけが曖昧模糊とした黒幕を追い続けた。

◎…エルザーへの拷問と「裁判ショー」

いかなる獲物も見いだせない、第三帝国の血に飢えた猟犬ヒムラーは、エルザーに興奮剤ペルビチンを大量に与えさせた。すらすらと思いとおりに喋らせるためである。エルザーは、薬物を与えられ、シュヴァーベン方言で話し始め、尋問相手が聞き出したいと願っていることを語った。しかし、英国情報機関との共謀などということは一言も出てこなかった。秘密国家警察長官ハインリヒ・ミュラーが、罪を認めたこの暗殺犯の指の中間関節を傷つくまで殴ると、今度は催眠術師に引き渡した。ついにはヒムラーが千里眼を持つという男まで連れてきた。これも何の成果もあがらないと、母親を来させ、エルザーと対面させた。彼は泣きながらくずおれた。――だが、単独ストーリーを繰りかえし答え続けるだけであった。

ヒトラーは、見せしめのための露骨な、公開の〈裁判ショー〉を目論んでいた。この〈ショー〉では、英国将校ベストとスティーヴンスを主犯に、ゲオルク・エルザーをその手下に、また法廷では不在のまま有罪が下されるであろうオットー・シュトレッサーを煽動者に仕立て上げるつもりであったが、この〈裁判ショー〉は、当分の間棚上げされた。暗殺犯エルザーは、二人の英国将校と同様、ザクセンハウゼン強制収容所に入れられ、後にダッハウ強制収容所に移されたが、ここで一種の〈優遇措置〉が与えられた。ザクセンハウゼン強制収容所時代につけられたあだ名「小さなショルシュ」は、ビリヤードが許され、シタールの楽器を弾くことができた。作業場が与えられ、ここで看守たちのリクエストに応えて木工細工を造ってやった。国家保安本部の依頼で自分が造った時限爆弾を再現してみせた。細部にわたり、正確に。エルザーは、自分が親衛隊に頼まれて時限爆弾を設置した、という話を創作したこともあった。恐らくは収容所の歩哨からもっといい待遇を受けようとしての作り話であろう。――この作り話は伝説と化し、戦後も強固に引き継がれ、初めのうちではあるが、著名な歴史家たちによってでも真実であるかのように受け入れられた。一方、この間、党利党略からは中立的な警察関係者の多くは、捜査の結果がもたらすこと細かな点について、自由で、正確な証言をしていたのである。

▲…エルザーが収容されていた、ザクセンハウゼン収容所の棟

◎…作られた「ナチスの手先＝エルザー」像

「もし、ヒムラーと親衛隊が誰かに『金で雇われた暗殺者』エルザーを、事情を知らない人たちに前もって発見される危険にさらしたとしたならば」とロータル・グルフマンは問いをたてている。「一方で、ヒムラーと親衛隊がエルザーに起爆装置や爆薬を色々な工場から盗ませ、時限爆弾を彼自身に設計させ、外部から自分たちの好みの職人を連れてきて時限爆弾を造らせ、数か月の作業をさせながらこれを『ビュルガーブロイケラー』に設置させたというのであろうか。次のようなことがあり得ると、まともに信じるのであろうか。すなわち、ヒムラーが、一時間の長きにわたって時を刻み続ける時限爆弾のかたわらに立ち続ける危険性に自分自身をさらし続けていた、などということがあり得ようか。たとえ素人ではあっても腕利きの才能豊かな人間によって造られた爆弾であり、或いは逆に、彼とその時限信管が信用できるかどうか誰もわからない、(時間前に爆発するかもしれない) 爆弾なのである。

背後に本当に黒幕がいたとしてみよう。すると次のような疑問がわいてくる。暗殺事件の解明をめざし、『黒幕』を探し出すために、事情を知らない一群の警察官が動員され、これによって発見されずに済むかもしれない様々な関係が明るみにでてしまう可能性はかえって大きくなるのではないか。最高権力者によって厳しい尋問をせよという指令が出されたとしよう。その指令は、エルザーがまさに自分に命令を下した者の部下である拷問者たちに対して、今まで維持してきた沈黙を破らせ、口を割らせよ、という指令になるのであろうか。エルザーを一連の行動の最後の段階で平然と泳がせ、国境での逮捕を多かれ少なかれ偶然と国境税関事務所という組織にまかせたというのであろうか。当時はこの税関事務所が、検問施設などのない、単なる『草原地帯に設けられた国境』の監視を任務としていて、この時点では帝国保安本部ではなく、まだ帝国財務省の管轄下にあった。また、検問を通過することでエルザーが実際に外国に到達してしまい、そこで本当の事実関係を明らかにし、広めてしまうことによって彼に依頼をした人々の信用が地に貶められてしまうリスクを抱え込むことにはならないのであろうか。次々と疑問が生じてくる。警察の調書に書かれた事実を前にして、『金で雇われた暗殺者』というエルザー像を創り出すのは、馬鹿げて見えはしないか。なかんずくこの場合、エルザーは、遂にドイツ帝国の国家元首の殺害を告白し、八人の殺戮も行ったので、こうしたエルザーを共謀者としてできる限り素早く殺してしまっていたらどうであったか」。

アメリカの進駐の直前、一九四五年四月五日に、帝国保安本部はダハウ強制収容所の司令部に次のような指令を送った。囚人エルザーを、次回の連合軍による空爆で、目立たぬように殺戮をすること、そして空爆の際に負った負傷で死に至ったと報告せよ、と。米軍による解放の二〇日前、小柄で勇敢なこの男は孤独に死んでいった。生きてきた時と同じように孤独に。

第9章　ダイナミズム、ダイナマイト無しに

◎…反ヒトラー派の軍人たちの苦悩

ミュンヒェンでの爆破事件は、ヒトラーの恫喝にさらされ、不安にかられていた将軍たちを極度の混乱に陥れた。ヒトラーが彼らの司令本部に秘密国家警察の特別部隊を派遣し、「陸軍の精神」を一網打尽にするような事態が今にも到来するのではないかと恐れていると、彼らのこうした心配、苦悩、あるいは逆にいや大丈夫ではないか、という期待感が一夜にして不必要となる事件が生じた。

彼らには暗殺事件の背後に誰がいるのかはわからなかった。そこで勝手な推測にふけっていた。一つの希望は、自分たち将軍の中の誰か一人が、他の将軍に知られずに、一人の力で行動し、そして失敗したのではないかと想像したが、これは同時に不安でもあった。

悩んだ挙げ句にこの反ナチ派の軍人たちの場合も、誤った結論が他の類推に打ち勝った。すなわち、「ビュルガーブロイケラー」の暗殺事件は、ヒトラーの依頼に基づいて、ヒムラーにより演出されたのであると。将軍たちは第二次世界大戦の勃発を阻止することができなかった。そして、大戦前夜の一九三八年八月二三日に結ばれた独ソ不可侵条約により、この一年前のミュンヒェン協定のときと同様に、激しく打ちのめされた。具体的には、将軍たちが、ヒトラーとスターリンという盟友（いや、ポーランドへの襲撃の場合には共犯者だが）により一目瞭然の事実を突きつけられたからである。それは自分たちの優柔不断と不幸な状況により、いかに大切な時が失われてしまったかということである。

第二次世界大戦の勃発は、反ヒトラー派の大将たちの立場を著しく悪化させた。というのも、彼らが「褐色の独裁者」ヒトラーに対して目論んだすべてのことが、否応なく大戦の敵陣営・連合軍側を利することになったからである。こうした事態に対しては、普段は徹底して鋭敏な将校たちは、なすすべを失った。というのも第一次世界大戦時代の敵・味方という枠組みを超えて思考することに慣れていなかったからである。他方、ポーランドで正規軍の後に続いて投入された帝国保安本部の特別出動部隊の犯罪は、まともな軍人たちには、一方で兵士の伝統と宗教的な信念をあくまでも固持しつつ、他方で国家の組織的な民族大量殺戮（ジェノサイド）の共犯者にならないようにするにはどうしたらよいかを考えさせることになった。

ポーランド戦線においては、例えば政治的に中立を保つことを誇りとしていた将軍たちも、自分たちが忠誠を尽くしているヒトラー政府の真の顔が何であるかを見分けなければならなくなった。事実に目を閉ざしているふりをしていた彼らですら、殺戮される人々の叫び声はやはり耳に鋭く響きわたってきたのである。その一例を挙げれば、「ナチス宣伝の描く輝かしいバラ色の夢物語は、やむにやまれず、仕方がないのだ、という口実で行われてきた組織的殺戮、強奪、略奪の事実を前にしては、すっかり色あせてしまった」と後の少将ヘルムート・シュティーフは妻に宛てて書いている。「私はドイツ人であることが恥ずかしい。一部の人間たちは殺戮、略奪、放火によりドイツ人の名前を汚しているが、我々がこうした悪業をいい加減にやめさせないと、この人間たちがドイツ民族すべてを不幸に陥れてしまうであろう」。

◎…反対派に身を投じる軍人たち

▲…ヒトラーと将校たち。彼らはヒトラーを見くびり、侮り、彼に奉仕し、彼に対して闘った

「ポーランドにおけるヒトラーの犯罪的な措置への反抗は、一九三九年の冬から四〇年の秋にかけて、ありとあらゆる所で抵抗の歴史の頁に織り込まれた」とハロルト・C・ドイチュは判断している。「ヒトラーの犯罪は、同じ気持ちで苦しむ人々の中に個々バラバラではなく、統合し一つにするような雰囲気を生み出し、新たな賛同者を獲得できる基盤を創り出した。秘密情報機関の活動は、ポーランドにおける抵抗に集中して行われた。（反ヒトラー派で陸軍情報部の）ドナーニーの「犯罪者カード保存室」は膨大にふくれあがり、この大量に蓄積された詳細な資料は、グロスクルト［訳注：一八九八～一九四三、中佐、一九三五年から国防軍情報機関員、一九三九年から国防軍最高司令部特務部局長。ソ連の戦犯収容所で死亡］にひっきりなしに提供され、この資料からは、グロスクルトがカナーリス提督と共に西部戦線を訪れる際に、各部隊へ配布す

る〈（反乱呼びかけ）見本カタログ集〉が作り出されることになった。新しいメンバーが自発的に反ヒトラー派に加わるケースが幾つか出てきた。彼らはポーランドにおける自分自身の体験を通して政府の反対派に身を投じたのであった。

それまで反ヒトラー派はそれとなく反乱を暗示してはきたが、それらを無視し、軽蔑してきた人々の中にも、初めてその言動に理解を示す人が出てきた。それでもその思考と実際の行動との間にはまだ大きな溝が横たわってはいたが。ヒトラーへの反抗の中にある強みは、別の見方に立つと、弱みでもあった。というのも人々の輪が大きくなればなるほどそれは危険度も増したからである。依然としてヒトラー排除について秘密裏の議論は続いていった。実際にどうしたら暗殺が可能かというよりも、道徳上の、また宗教的な視点からの議論が続いた。参謀総長ハルダーのような優柔不断な人物でさえ、やがて夜な夜な繰りかえされる〈果てしない会合〉に嫌気がさし、イライラしながら仲間内で次のように叫ぶほどになった。「ようやくあの犬を殺す時が来たぞ！」

一九三九年の一〇月危機の間、ハルダーはヒトラーを訪れる時は、弾丸を込めたピストルをポケットにしのばせていた。だが訪問のたびごとに自分に腹がたった。というのもいつもその武器を使うことができなかったからである。軍の他の反乱者たちは、「軍人の誓い」を守らなければならないからというだけでなく、時としては宗教的見地からヒトラー暗殺を相変わらず拒否していたが、このハルダー参謀総長は、暗殺に向けて考えをめぐらしていた。

その後、問題の多い人物も反ヒトラー派に合流してきた。例えばヒャルマー・シャハトであり、彼は解任された帝国経済相で、財政的策略を使ってヒトラーの再軍備を可能にした人物である。あるいはアルトゥール・ネーベがそうであり、刑事警察局長を務め、これにより帝国保安本部の局長になり、上級官吏でもあった。自身がナチ党の「老闘士」であったことを早いうちから後悔していた人物である。

ネーベはほぼ毎日のようにハイドリヒやゲシュタポ・ミュラー〔訳注：ハイドリヒ国家保安本部長の下で、秘密国家警察（ゲシュタポ）長官を務めたハインリヒ・ミュラー〕と一緒に食事に行った。その席でゲシュタポ総本部が、一体何をしているのか、うち解けた雰囲気の中でその活動が詳細に語られた。ネーベは、この親衛隊権力の総本山で聞き知った極秘の陰謀を、すべて即刻ギゼヴィウス〔訳注：初めは超保守主義者であったが、その後ヒトラー打倒計画に加わる。ニュルンベルグの国際裁判では、軍命令は拒否できたと証言〕に知らせ、オスターはこのギゼヴィウスからその陰謀をその日のうちに手に入れた。オスターとは、ファビアン・フォン・シュラブレンドルフに言わせれば、「反ヒトラー派の事務局長」であったという。「ハンス・オスターは執務室の背後に、あるモットーを掲げていた。それにはこう書かれていた。『鷲はハエを捕らえない』（大人物は細かいことには頓着しない）。実際にオスターとはそういう人物であった。オスターにとり些細なことは無意味であった。重要なことには常に時間を使った。彼はナチスとの闘いでは常に自分を奮い立たせ、大胆に行動した。乱暴な冒険にまで突き進むこともあった。

◎…ハンス・オスター

大佐であり、後に少将になったオスターは、ザクセン出身の牧師の息子であり、「すぐに怒りだし、いつも魅力的な女性と新しい馬を追い求めていたようである」（ハインツ・ヘーネ）。またカナーリス帝国国防軍情報部長を支え、励まし、助言し、また相談相手になり、親友でもあった。しかし彼は、国防軍内では、問題も多い人物であった。それでもカナーリスを支える陰の実力者でもあった。このカナーリスの後ろ盾という役割、カナーリスのヒトラー蔑視、そして軍情報部中央部局の部長であり参謀部幕僚という地位が、オスターに政府転覆の黒幕として登場する輝かしい条件を準備したのである。「聡明なザクセン人」は——このように仲間内では呼ばれていたが——これらのほぼすべての条件を携えて、危険な任務に向かった。しかし、彼には抑制心と寡黙さに欠けていた（これはちょうど彼と双へきをなし、軍出身ではなく文民出のゲルデラーと同様であった）。これは危ない任務を遂行するにあたっては、欠点となり、生存に関わることであった。彼の友人や同志たちは〈謀反人たちの間ででも〈抵抗の指揮官オスター〉は問題とされていた〉彼にもっと静かに、控えめに振る舞うようにしばしば警告をした。そのたびにこの中背でエレガント、享楽家で爆発物の仕掛け人オスターは、そうすると約束した。やがて軍事上の詳細な細部を検討した、国家転覆の明快で綿密な計画を携えて、用心も防備もしないまま上級大将ベックのところへ出かけた。

第一次世界大戦中、勇敢な行為で敵陣営からも称賛されていた将校オスターは、一九三二年、スキャンダルで帝国国防軍から追い出されざるを得なくなり、後に「裏口」から再び軍に復帰させられた。ヒトラーの軍人たちの中で最も相手を危険に追い込むだけでなく、自分をも最も危険にさらす反政府派であった。他の誰よりも鋭い感覚をしているが、同時に誰よりも軽はずみでもあった。ヒトラーの殺戮のみが国家転覆の起爆剤になるのだということを明快に、確信をもって説く第一人者であった。彼のこうした認識は正しいことは確かであった。しかし、彼はこのことをあまりにもしばしば、また声高に、まずい場所で、しかも危ない相手の前でも口にしたのであった。

こうした欠点を問題にしなければ、彼は政治上の同志にとりかけがえのない人物であった。人々の関係をつなぎあわせ、情報を収集し、別の部署へ転属させたり、指揮命令を受け持った。そして同志を結集し、「危ない人物」は他の部隊に配置転換させた。軍隊組織の中に民間の反乱者を潜り込ませたり、本当は反ヒトラー派の秘密会合に派遣するにもかかわらず、緊急の出張旅行である、と偽って決行させた。

ミュンヒェンの弁護士ヨーゼフ・ミュラー博士は、情報部中佐として国防軍に召集され、（オスターの依頼で）ローマに赴き、ヴァチカンを介して英国と秘密協議を行った。ファウルハーバー枢機卿は、「ビュルガーブロイケラー」暗殺事件後、ヒトラーに祝賀電報を打ち、ヒトラーの命が助かったことを祝い、ミュンヒェンのフラウエン教会で厳かな儀式テデウム（神への賛美）を催すよう命じたが、教皇はドイツの宗教共同体が第三帝国に何を望んでいるかをすでに以前から知っていた。

オスターの派遣した急使ヨーゼフ・ミュラーは、仲間内では「雄牛のジョー」〔訳注：農家に生まれ、子どもの時に雄牛を追っていたためつけられたあだ名〕と呼ばれていたが、南ドイツのゾントホーフェンにあるナチ党教育施設で、親衛隊の士官候補生を前にして発せられた（教会への）脅し文句を、教皇にも密かに知らせた。それによると、ヒトラーはカトリック教会を「ヒキガエルのように自分の靴のかかとで踏みつぶしてやるのだ」と言ったという。教皇ピウス一二世がヒトラーに対する幻想を抱いていたとすれば、ミュラーは教皇のこの幻想を取り除いた。そして教皇は、バチカンを通して英国の全権代表と関係を結ぶというドイツの反乱者たちの願いにそって行動した。教皇の権威によって、きちんとした仲介者の危険な取り組みが支持されたので、英国側は、情報員の手口に乗せられてしまうというかつてオランダで行われたような事態を恐れる必要はなかった。

英国側がヒトラーの排除に極めて大きな関心を抱いていたことは当然である。しかし、英国側にとり、ミュラーらのローマでの極秘会談は、予め告げられた暗殺行為が実行されなければ具体的な段階に進むことはできない、という立場であった。ドイツの反対派は、交渉の前に、成果を持参しなければならなかった――ヒトラーの死である。

◎…暗殺が先か、クーデターが先か

一九三九年一一月はその暗殺実行の最後の好機であった。独裁者の無意味な冬季の対仏攻撃計画はナチスにひたすら従う人々にさえ反感を引き起こしていたからであった。例えば、ライヒェナウ［訳注：一八八四～一九四二、四〇年陸軍元帥に昇進。粛清、殺害、反ユダヤ特別命令等、終生にわたりナチスの体現者］がその例である。軍は入隊時に軍旗への誓いを課したが、この誓いをめぐって実りなき議論が続けられていた。そこで「聡明なザクセン人」オスターやその親密な友人たちは、躊躇している者たちの目の前に、迷うことなき事実を突きつけなければならないと考えた。ヒトラーがもし死ねば、この尻込みしている仲間から逃げの口実を初めて奪うことになるであろう。

ゲルデラー［訳注：元ライプツィヒ市長、反ヒトラー派内で民間人指導者］は、ヒトラーの死に全ナチス体制を燃やし尽くす起爆の炎を見ていたが、彼とは反対に組織者オスターは、まず先にクーデターが軍司令部の計画で実行されなければならないと考えていた。起爆の炎は燃え上がらないかもしれないからである。一九三八年の「ズデーテン危機」の時、首相官邸を攻撃する特別部隊がハインツ大尉の指揮下で出動態勢に入ったが、オスター大佐は綿密に策定された政府転覆計画を携えて、その準備をしていた。彼は、その時の計画書を一年後の現在、補足し、最新の事態を考慮し、可能性を高めるものに変える必要があった。というのも、一年の間に反ヒトラー派の軍指導者が多く帝国首都ベルリンとその周辺から異動させられ、ナチス親衛隊組織がかなり強化されていたからである。

ハロルド・C・ドイチュが断言しているように、オスターは、反ヒトラー派の軍指導者たちに「国家反逆罪とは何かというような問題を考える場合、既成の概念の枠を無視」するように以前から指導していた。「オスターは、ヒトラーへの反対派が『実力行動』を行う際の指導では、彼の同志たちの誰もが達しなかった地平にたどりついていた。彼は自分の勇敢な信念を徹底して打ち明けた。それには反感を抱く者も、魅了されるものもいた。自分が貫き通そうとしている方法は、危険を恐れては成り立たず、自分自身の死のリスクを覚悟しなければならないことを意識していた……」。

◎…反逆は義務

国家転覆の推進者オスターは、反逆は単に権利ではなく、義務でもあり、それを成し遂げる際に専制君主の殺害は、避けて通ることはできない前提であると考えていた。参謀総長ハルダーの側近の軍人たちは、暗殺を「偽装」しようとしていた。これによれば、英国の空爆か、列車の脱線を隠れ蓑にしようというわけである。また、ドナーニーとその友人たちは、独裁者を解任し、正規の法廷に立たせるという案に相変わらずこだわっていた。これは確かに傾聴には値するが、実現は無理である。

一方、オスターの計画書では、手書きではあったが、銃殺に処すべき予定のナチスの人物名が、一部だけを略記して「Hi. Gö. Ribb. Him. Hey. Die.」のように、はっきりと書かれていた。具体的には恐らく、ヒトラー、ゲーリング、リッベントロプ、ヒムラー、ハイドリヒ、ディートリヒであろう。

オスターの計画案によると、反ナチス派は、夜明け前の夜陰に乗じて戦闘を開始し、ベルリンの心臓部に位置する中央官庁街を組織的に制圧する。すなわち、各省庁、帝国の中央官庁、郵政・電信官庁、放送局、交通の要衝、空港、派出所、政党事務所を電撃的に占拠し、政党の、下は地方の郡指導者クラスから上は中央の幹部クラスまでを逮捕し、創立される予定の特別裁判所へ即刻送り込むという。オスターは、反乱が成功したかどうかの試金石となる最初の数時間に生じる騒乱を一層大きくするために、デマをとばすのだという。ゲーリングとヒムラーが反ヒトラーの陰謀を企てたので、その鎮圧のために軍の出動をする、こうした陰謀はドイツ帝国のためには叩きつぶされるであろう、と。この口実を使えば、ヒトラー信奉者でも不信の念を抱かずに立ち上がることになるであろう。揺れ戻しや反動が起こる段階を経過してしまえば、反ヒトラー派は状勢を把握し、騙された人々の怒りを恐れる必要はなくなるであろう。

ヒトラーは西部戦線での対仏冬季攻撃を当初の一九三九年一一月八日から遅らせてさしあたり一二日と定めたが、この期日は、オスターに態度決定を迫った。彼ははやる心を引き締めた。そして信頼を寄せる知人であるオランダの大使館付き武官のマヨール・ギイイスベルトゥス・ヤーコブス・ザス少佐に、ドイツ軍がオランダを攻撃する日が間近に迫っていることを知らせ、警告した。少佐はこの警告を直ちに自国政府に伝えた。しかしオランダ政府はこれに懐疑的な態度をとり、自分たちの情勢判断には誤りがないとの姿勢をとったようである。というのも、この僅かではあるが延期された攻撃の予定日にドイツ国防軍はまるで仕掛けてくる雰囲気がなく、単に集結していただけであったからである。

◎…ヴェルナー・ハーク

オスターはこの期日の延期を利用し、ヒトラー暗殺をいざというときには単独でも成し遂げようとした。というのも反ヒトラー派の中には、軍人よりも文官に多いのだが、自分を犠牲にしてでもヒトラー問題を躊躇せずに片付けたいと宣言する人々も現れていたからである。その一人がヴェルナー・ハークであり、外務省の若き外交官であった。外務省にはヴァイツゼッカー次官〔訳注：一八八二〜一九五一、戦後、ニュルンベルクにて戦犯として有罪を宣告される。裁判で、この父の弁護活動をした人が、一九八四年大統領に就任したリヒャルト・フォン・ヴァイツゼッカーである」を中心に抵抗グループがこの時点でもなお形成されていた。ハークは、独身であり、進んで志願をした。自己犠牲となる人物にはふさわしかった。彼は大胆なアイディアをも持ち合わせていた。それによると、しばしば催される「ヒトラー儀式」の一つが、英雄崇拝に基づいて、国民に効果的な印象を与える写真撮影であるという。独裁者は、例えばナチ運動を讃える記念館の前で、あるいは無名戦士の墓標でしばし足止めを食う。写真撮影用に彼は巨大な花輪をささげさせる。この花輪は、毎回二人の兵士により運ばれる。そこでハークは二人の兵士のどちらかの制服を着て、時限爆弾がセットされた花輪をヒトラーの間近にささげるという考えであった。

この計画は関心を集め、徹底して議論され、実行に移されることになった。ただし、これには極めて大きな難点があった。つまり、花輪の運び手はほとんどいつも親衛隊の連隊旗手の若き兵士であったからだ。この点に対しては抵抗の中心的人物であるオスターは、影響力を全く持ち合わせていなかった。これに加えて、外務省のもう一人別の官僚がもっと大きな成功の可能性を秘めた提案をしてきた。しかも自ら進んで自己犠牲をいとわないという申し出であった。

◎…エーリヒ・コルト

ラインラント出身のエーリヒ・コルトは、確固とした信念をもったカトリック信者であり、兄と同様、初めからの抵抗派であった。外務省の反対派のグループにいて、リーダーシップを掌握していた。ヴァイツゼッカーと陰謀を協議し、ヒトラーを暴力的に殺害する主張をしていた。

「残念ながら私は人を殺すような教育を受けていないのですが、あなたはピストルで一人の男を殺したことがありますか」。ヴァイツゼッカー次官はこう尋ねた。

エーリヒ・コルトが受けた教育にもそれはなかった。しかし、この外交官は情報部にオスターを訪ね、彼に外務省内抵抗派の活動を知らせた。

「我々には良心の呵責を振り切り、爆弾を投げてくれるような人間が誰もいないのです」。

国防軍情報部長オスターは、話し合いの中で気まずそうにこう語った。

「いや」と、エーリヒ・コルトは反応した。「私がお訪ねしたのは、あなたに爆弾の入手をお願いしたいからです」。

彼の計画は奇抜にみえた。しかし、現実的であった。この先陣を切る公使館参事官・コルトは、リッベントロプの外務省に所属し、ヴァイツゼッカー外務次官の最初の協力者であり、いついかなる時でも首相官邸に自由に立ち入ることができた。また、反ヒトラー派の中では、呼び出されなくとも、また面会を申し込まなくとも、ヒトラーに接近することができたただ一人の人間であった。彼は新首相官邸の控え室に入る計画であった。ここは独裁者がベルリンに滞在する時は、毎日、食事の招待客がヒトラーを待つ場所であった。コルトの狙いは、課題か報告書を持参して、まずヒトラーの側に近寄り、次に話の最中に爆弾に着火するというものであった。これにより、自分とヒトラーが、またさらに何人かの取り巻き連中も木っ端みじんになる可能性を秘めていた。

「わかりました」。オスターは答えた。「あなたに爆弾を差し上げましょう」。

反ヒトラー派は、一一月一一日を暗殺決行日と決めた。決死の覚悟をしたこの文官は、完成した時限爆弾をオスターの私邸で受け取ることになっていた。それを首相官邸に運び込み、トイレで起爆装置（信管）を取り付ける、こうして自己犠牲は完成する予定であった。

コルトは、オスターとの協議を経て、自分の人生があとほんのわずかしか残っていないことを確信しながら情報部を後にした。そして最も親しい友人たちに暗殺計画を打ち明けた。彼らは重苦しい気分で、気が進まないまま同意した。ハッソー・フォン・エッツドルフは、その日は首相官邸までの最後の道のりを一緒に行きたいと言った。コルトの心を和らげるために。女のいとこのバーゼ・スザンネ・ズィモニスは、陰謀グループのメンバーであったが、きっぱりと次のように告げた。「今起こす行動は正義です」。

この暗殺の実行志願者は、一九三八年秋当時と同様に、今や毎日首相官邸へ出かけた。狙いは歩哨やナチスの取り巻き連中に自分の存在に慣れてもらうことであった。喜ばしいことに、彼は身体検査を受けることなく入れ、遠く離れたヒトラーの護衛たちから今や挨拶されるようになっていた。

彼はドイツ帝国の政治情勢を変えようとしていたが、なぜこうした絶望的な手段に訴えたのであろうか。この理由をコルトは自分の兄であるロンドン駐在ドイツ大使館の元代理公使テオドールに宛てた手紙で打ち明けている。この時、テオドールはベルンに異動になり、ヴァイツゼッカー次官の指示により初めてドイツに呼び戻される予定になっていた。この手紙のコピーはベルン駐在アメリカ代理公使アレクサンダー・C・カークとスイス公使館参事官フランツ・カッペラーが手に入れることになる。

国防軍諜報部アプヴェーアの中の陰謀グループでは、直ちに暗殺計画の準備が開始された。オスターが信頼を寄せることができた男たちにこの知らせが届けられた。グロスクルト少佐やハインツ少佐［訳注：一八九九～一九六八、一九二三年までナチス突撃隊指導者、後ナチ党を除名される］は新首相官邸の設計図を入手した。オスターは、アプヴェーア第二部局・サボタージュ部門の局長エルヴィン・ラホーゼンに対して、今すぐにヒトラー暗殺用の爆薬と点火装置を調達するよう依頼した。

ラホーゼン少佐は、準備ができていた。アプヴェーア第二部局のグループT（技術部門）で高性能の装置が手に入ることもわかった。アブヴェーア所属の特別班「ブランデンブルク」［訳注：ドイツ陸軍の特殊任務部隊。名前の由来はブランデンブルグの近くで訓練が行われたことによる。とりわけ橋や要塞の防衛と破壊をひきうけた］の秘薬調剤室では、ひっきりなしに新しい爆発物が、投入先を偽って試されていた。火薬を調剤した下士官は、その役職名通りの軍に尽くす軍人ではなくなった。少なくとも陸軍の上司たちにとっては。長々とした説明は省かれた。しかも国防軍諜報部アプヴェーアの（理論部門でなく）実地部門では、右派にはもともと左派が何をしているかは知らせていないのであるから、なおさら事態は早く進行した。

◎…爆弾調達を断念――エルザーの暗殺事件

ラホーゼンがカナーリス情報部長のいわば「私兵」集団である最も危険な部局に細心の注意を払いながら近づいていた時、突如、事件が飛び込んできた。これが事態を根本からひっくり返してしまった。ミュンヒェンの「ビュルガーブロイケラー」（ビアホール）の暗殺事件である。この事件の特別調査委員会は、まず最初の措置としてダイナマイトに関与するすべての私企業と軍の出先機関の点検と監視の強化を命じた。オスターの依頼で必要な爆薬類をひそかに持ち出そうとしていたまさにその矢先に、なかでも爆発物の取引量に関する明細書が厳格に監視の対象となった。こうした状況になってしまったからにはラホーゼンは気づかれずに、あるいは目立たずにエーリヒ・コルトの爆弾を製造する材料に近づくことは不可能になってしまった。

「確かにコルトとオスターは一一月一〇日に再度協議し、一一日の決行日を守ることにした。しかし、爆発物の調達という困難で重要な問題は、エルザー暗殺事件のあおりを食って監視が強化されたため、とてつもなく手に負えなくなり、そのためにオスターは断念せざるを得なくなった」とペーター・ホフマンは断言している。「ラホーゼンはアプヴェーア第二部局の実験室から必要な爆発物を盗み出すことができなかった。もしそうしていたならば、厳しい監視にあい、直ちに秘密国家警察に知られることになっていたであろう。これにより、ラホーゼンのみならず爆発物の受取人オスターも極度の危険にさらされたであろう。なぜならば、どんなに取り繕っても爆発物を操作する正当な理由が見いだせないからではなく、前もって見つかってしまう危険性がとてつもなく大きいために、計画の全容に展望が無くなってしまうからであった。外国担当アプヴェールの第二部局長は、一九三九年一一月一〇日、実験室長マルグエレ少佐に、以下のような厳しい『指示を再度』出すことになった。『起爆装置と爆薬の引き渡しには厳重な注意をはらうように』」。

マルグエレ少佐は説明している。「実験室では正確に記録がとられている、しかし、中の物がひとたび外に持ち出されると、それがどこに行ったのか、その所在に関しては保証の限りではない。外の世界にまで、将来にまでは責任が持てない」と。夢物語となった今、コルトに渡す爆薬がないことには変わりがない。ベルリン・ヴィルマースドルフのバイエルン通りにあるオスターの私邸を訪れたとき、コルトは次の言葉を聞き、失望した。「爆発物は手に入りません」。

「それならば私がピストルでやってみましょう。西部戦線での攻撃は行われてはなりません」とコルトは答えた。オスターの書物『記録からではなく』に書かれた手記によると、オスターは次のように一語一語はっきりと説得している。

「コルト君、乱暴な行動をしてはダメです。君には一%の可能性もありませんよ。ヒトラーとサシで対面などできません。控えの間には、いいですか、副官、伝令兵それにお客がいて、狙い定めることなどできません。我々にはまだ時間があります。対フランス西部戦線での攻撃は延期されましたよ。天候が良くないという理由だそうです。……新しい期日は、一四日後に……」。

こうしてヒトラーは一九三九年一一月一一日もまた生きのびた。彼を狙う男コルトは、その後も何度かアプヴェールに行って実行の意志があることを示していた。しかし、アプヴェールは彼に爆弾を調達することはできなかった。その後も渡すことはなかった。第二次世界大戦後、コルトは、確かにほとんど可能性はなかったものの、少なくともピストルで暗殺を実行しなかったことで激しい自責の念に駈られた。暗殺計画が頓挫した後、外務省から中国へ異動になり、これが彼の命を救った。というのも、一九三九年一一月に彼が果たした役割が遅れて明るみに出てきたからである。しかし、この頃には追跡者により逮捕されるようなことはもはやなかった。

第10章 虎視眈々と狙う任務の遂行者

◎…厄介な総統の護衛

エルザーによるヒトラー暗殺未遂事件によって明らかになったミュンヒェンのずさんな仕事ぶりは、次のような帰結を生んだ。事件から四か月後、第四局——平凡なこの名称は実は帝国保安本部内のゲシュタポ中央部のことなのだが——はこれまで以上に厳しい保安規定を発令し、それまで帝国保安課報部長のラッテンフーバーが独占していたヒトラー警護に介入し始めたのである。新たな規定では将来的にはゲシュタポ首脳部が要人の警備を調整し、独自に暗殺警報を出すことになっていた。

「最近の経験に基づいて実行中の帝国保安本部の組織改革のなか、警備・保安課報部の新設もまた必要であることが明らかになった」と親衛隊大将のハイドリヒは私信の添え状に記している。「国家のあらゆる敵

▲…ヒトラーは身辺の安全に関しては、「でたとこ勝負師」であり、また神経質でもあった

を撲滅するという帝国保安本部の任務のなかでもっとも重要なのは、帝国および帝国に滞在中の外国の要人に対する暗殺を阻止することである。しかしその際、総統の護衛はどの任務よりも優先される」。

「どんなによく計画された暗殺計画も阻止できるよう、警備は細部まで組織化されなければならない」と、この「邪悪な若き死神」（ヤコブ・ブルクハルト、スイスの歴史家）は命じた。

とはいえ大群衆の集まる行事で独裁者を完全に隔離するのは相変わらず言うのは易しいが行なうのは難しかった。というのも安全領域を安全でなくする主犯は他ならぬヒトラー本人であったからである。彼はハイドリヒが定めた安全地帯から再三外れては、自らの運命への夢遊病的な信念と、変わりやすいライフスタイルと、煽動政治家としての自己演出によって、暗殺計画を誘発していた。自分はいつでも犯罪者や愚か者に狙われているかもしれない、と公言していたにもかかわらず、ヒトラーは戦争開始後の最初の三年は依然としてオープンカーから群衆に姿をさらし、さほど多くない護衛とともに前線視察を行なっていた、とペーター・ホフマンの綿密な研究はあとづけている。

ヒトラーはつねに同じ人間を取り巻きに置きたがったので、側近の交代はめったに行なわれなかった。護衛兵たちは危険人物とよりもむしろ退屈と戦わなければならなかった。いざという時には、彼らは数日間交代もなく任務につかなければならなかったが、疲労によって注意深さが増すことは当然なかった。司令部付き将校たちは前線への配置換えによって、「修道院と強制収容所の混淆」（ガレアッツォ・チャーノ伯爵、イタリアの外務大臣）とも言われた退屈なナチの宮仕えから逃れようとしたが、どれだけ待っても異動命令は出なかった。下級の者でさえ、護衛の任務は不興を買わない限り、国家が崩壊するまでの永久職だった。しかし時としてほんの些細なきっかけで不興を買えることもあった。

たとえば従卒のカール・クラウゼは、ポーランドでの前線視察に際し、ヒトラーお気に入りのミネラルウォーター「ファッハインゲン」を持参し忘れた。これを隠ぺいしようとした彼は、総統に類似の飲み物を供したが、胃弱のため、ほとんど心気症なまでに「ファッハインゲン」だけと決めていたヒトラーは不審に思い、事実を調べさせた。罪を認めたクラウゼは解雇された。

もうひとりの従卒オットー・マイアーは、親戚を劇場の総統専用ボックス席にこっそり連れ込んだことが原因で護衛任務を解かれた。後任のヴィルヘルム・シュナイダーは夜な夜なポーカーに明け暮れて前線への異動の辞令を手に入れた。その他の取り巻きたちについては、いみじくもヒトラーが護衛隊長のゼップ・ディートリヒに言った通りになった。「私が生きている限り、この男たちをひとりも手放さないだろう」。

◎…いい加減な保安警備

結局ハイドリヒが強化した保安警備とは、独裁者の側近にとって面倒な任務でしかなかった。他方、プリンツ・アルブレヒト通りのゲシュタポ総本部もまた、有効な暗殺対策を講じていなかった。たしかにゲシュタポはライバル心と劣等感の入りまじった国防軍の大将たちをどっちみち信用していなかったが、開戦以来、国防軍の高級将校たちが反乱を増加させていることについては、まだ何も把握していなかった。ゲシュタポは究極的国民同胞［訳注：ヒトラー］の警備は行なっていたが、反乱がいまにも起こりそうなツォッセン［訳注：ベルリン近郊の町］の陸軍総司令部にはスパイをしのばせていなかった。

反乱を阻止する側の人間のほとんどはがちがちの国家社会主義者であるものの素人で、それをわずかの専門家、すなわち元警察官僚が補強していた。彼らが時たま成果を上げることができたのは、組織だった聞込みをやったからではなく、偶然と密告によるものだった。今日なお酒場では、ナチは治安国家だったと伝説的に過大評価されているが、現実はそうではなかった。どんなに権力を集中させ、保安を強化したところで、軽犯罪に対する罰則を厳しくしても、通常の犯罪の摘発においてすら、保安部の失策は見誤りようがなかった。たとえばケペニック出身のブルーノ・リュトゥケという知的障害者は——そもそもが大量殺人犯である第三帝国下において、彼がたったひとりの連続殺人犯というわけではないのだが——、ドイツ全土で少なくとも四九名の男女をきわめて原始的な手口で殺し、さらに東部地域で三一の残虐行為を行なった疑いが濃厚であったにもかかわらず、帝国保安本部はこれらの犯罪を解明しようとしなかった。リュトゥケは何度も疑われ、数度は拘束もされたが、いつもすぐに釈放された。彼は最終的に組織だった捜査によってではなく、ある偶然によって逮捕された。治安国家ナチという嘘を終戦直前の時期まで証明してみせたこの男を法廷に引っ張り出す勇気のなかったヒトラーの司法は、彼を秘密裏に処理し、この事件を「国家機密」に指定するほどにお粗末きわまりないものだった。

「保安諜報部とゲシュタポはいわゆる政治的違法行為の撲滅を主たる任務と見なしていたが、彼らは決定的な過ちを犯していた」と、H・C・ドイチュは述べている。「それは具体的な情報が驚くほど不足していたとしか思えないような過ちである。ヒムラーたちは、ヒトラーに面と向かって発言されるほどの敗北主義的な考えを持つ者がいることを承知はしていた。疑いもなく彼らには、ベックやゲルデラー、ハマーシュタインやハッセルのような者たちが概して反抗的であることもわかっていたし、シャハト、ヴァイツゼッカー、コルト、その他にも、陸軍や行政府や経済界の多くの人たちが、政府のあるやり方に否定的であることも知っていた。カナーリスは表裏のある側近の前では批判的な発言はしないよう気を付けていたが、つねにハイドリヒから疑いの目を向けられていた。保安諜報部長は親しい人たちの前では、カナーリスを要注意人物の『古狐』と呼んでいたが、反対派が張り巡らした網と彼らの活動がどれくらい目前に迫っているかについて、信じられないほど無知だった。ベックはヒトラー本人からも、何かを企んでいるかもしれない唯一の大将と言われていたが、つねに監視されていたというわけではなく、オスターが彼をほぼ毎日訪問していたことも注目されていないようだった。これらのことから、ヒムラーやハイドリヒの部下たちは、時としてよく考えられた手法を使いもしたが、結局は彼らの上司と同じく、残酷なこの仕事にあっては素人にすぎなかったといえよう」。

▲…オスター国防軍諜報部長

オスターが相変わらずほとんど公然と暗殺計画を進めることができたのは、まさにそれゆえだった。彼はヒトラーを殺したのち、国営放送でベックが読み上げることになっていた声明文をたずさえて旅に出た。フランクフルト滞在中、オスターはナチ政権に対する憎悪を激しく吐露したので、同志たちは彼を半ば強引に隣室に連れて行かなければならなかった。陸軍参謀本部大佐である彼はこの晩、上級大将ベックの解放宣言だけでなく、革命政府の全閣僚名簿も持参していたのだった。

◎…レーマーとハーレムの共同計画

一九三九年九月にダッハウ強制収容所での五年半にわたる服役から釈放されたある男の事件は、治安対策がうわべだけでしかなかったことをいっそう際立たせるものである。釈放後、この男はどうしようもない妄想に取りつかれてベルリンにやって来る。そしてすでにナチの権力に就いていたときから抱いていた計画を実行しようとする。すなわち、ヒトラーの暗殺をである。

古参の勇士ベッポ・レーマーを現役復帰させることに関心を抱いていた黒幕たちは、失敗を重ねたのち、ようやく彼を「保護拘禁」［訳注：強制収容所送りのこと］から解放することに成功した。ナチ党から立ち上がったオーバーラント義勇軍の初代の長であり、その後は共産主義への転向者となったこの男には、第一次世界大戦中から、またドイツ国防軍時代から、さらに転向後も、ナチの体制の首脳部に影響力のある友人がいた。おそらくレーマーをダッハウから解放することができたのは、彼と連隊時代の同志だったローベルト・リッター・フォン・グライム大将がヒムラーを説き伏せたためと思われる。

通常、収容所に送られた者は、釈放後も完全な自由を得られることはなかった。彼らは引き続き監視され、厳しい付帯義務を果たさなければならなかった。絶えず謂われなき再逮捕の危険にさらされていたし、強制収容所での体験について酒の席で話そうものなら、確実に拘束された。かつて強制収容所で囚人だった者は、職場でも厳しく監視された。許可なく転居することは許されず、一定の期間内に所轄の警察署に届け出なければならなかった。

したがって、とくに軍備増強のために必要とされた専門家たちが帝国の崩壊前にすでに死の収容所からいわくつきの帰還を果たしているにもかかわらず、強制収容所での残虐行為が戦後になって初めて正しく知られるようになったのは、うなずけることである。

ベッポ・レーマーは一刻も無駄にしなかった。彼はベルリンへ行き、すぐに工場経営者で大実業家のニコラウス・フォン・ハーレムと連絡を取った。ハーレムは金髪碧眼のジークフリート、つまり典型的な体制派に見えたが、その実は体制を心底憎んでいた。彼やその友人を知る者はこの敵意を理解していた。ハーレムたちはヒトラー暗殺に挑んだ最初のグループであり、ヒトラーが権力に就いた直後から、この計画を実行に移すことのできる過激分子を待ちわびていた。

ついにそれを成し遂げようとする男が再び姿をあらわした。ダッハウでの日々はこの男の憎悪を強めていた。時間と金と協力者さえあれば、説得など必要なく行動する男だった。右翼的でもあり、左翼的でもあるこの革命家気どりの男は――たしかにレーマーはヒトラーに抵抗した闘士のなかで、もっともとらえどころのない人物だった――、反ナチのハーレム率いる上部シュレージエン・バレストレーム鉱業コンツェルンのベルリン代理店に仮の勤め口を得た。ハーレムはずっと以前から反ナチであることを知られてはいたが、厳しい監視を受けてはいなかったようである。ハーレムは「長いナイフの夜事件」後に中断していた血なまぐさい仕事の続行を、容赦ない老勇士に任せた。

強制収容所上がりの男は重要な仕事をきちんとこなした。彼は生活するのにじゅうぶんな資金も得た。昼間は頻繁すぎない程度に、パリ広場の事務所にいる新たな同僚たちに顔を見せ、夜は昔の仲間を求めて、労働者たちが集う煙くさい居酒屋に慎重に出入りした。レーマーは手を焼いた。軽率な問いかけや不法行為への言及は命取りになりかねないので、彼は疲労困憊だった。ことに昔の仲間たちは、ナチに寝返っていたり、亡命していたり、逮捕されていたり、殺されていたり、あるいは国防軍に入隊していて、いまやヒトラーに反抗する代わりにヒトラーのために戦わなければならない者もいた。

生涯を兵舎の壁や有刺鉄線の背後で生きてきたこの男、陰謀を夢見て生きていた叩き上げの謀反人は、仕事を前進させた。むろん、せっかちな依頼主であるハーレムの期待よりはずっとゆっくりではあったが。

レーマーは、照明メーカー・オスラムの工場内に「ロビー・グループ」という抵抗拠点を作っているローベルト・ウーリヒという名の労働者と出会った。また、機械工のヴァルター・ブードイの抵抗組織を探し出し、ウーリヒたちと引き合わせた。そしてこれらふたつのグループから、みずからの計画を実行するための協力者をリクルートした。彼らは武器とさらなる協力者探しに取りかかった。

レーマーの準備はプロレタリアの世界とベルリンのエレガントなサロンの双方で行なわれた。彼は自分をヒトラーに近付けてくれる人物を見つけた。次に必要なのは自分をヒトラーのところに連れて行ってくれる案内人だった。その人物をレーマーは元駐日大使ヴィルヘルム・ゾルフの未亡人を中心としたグループの中で見つけた。ゲルトゥルート・フォン・ハイマーディンガーはベルリン市司令部と横のつながりがあったので、それを通じてレーマーをホルム・エルテル中佐に引き合わせた。中佐はヒトラーのすべての旅行に通じていたエルンスト・ザイフェルト中将の副官だった。これ以降ヒトラーは、レーマーと彼の共産主義者の一味に知られることなく、ベルリンを離れることも戻ることもできなくなった。

かつて強い熱意をもって首相官邸でヒトラーの生活ぶりを毎日探り出そうとしたように、レーマーはいまやヒトラーの旅行や旅行手段、道中の警備について調査した。ヒトラーはどんな車を好むのか、その車はどんな装甲がなされるのか、護衛は何人付くかといったこともわかった。ヒトラーの特別列車が走る路線やヒトラーが乗る飛行機、それが離発着する空港も把握した。

レーマーはつねに慎重に、しかしリスクも犯しながら、小石をひとつひとつ集めていったが、時の流れは彼と彼の計画に逆行していた。すなわち一九四〇年五月、西部戦線でのまやかし戦争（座りこみ戦争）が電撃戦に変更され、勝利を収めたのである。その歓喜はそれまで政府に反対していた者をシンパにしてしまい、表立った反乱を不可能にした。カイテルはかつての上等兵ヒトラーを「史上最大の最高司令官」と称え、のちの海軍元帥デーニッツは総統を前に「自分はつまらない奴です」と述べた。抵抗運動の闘士ファービアン・フォン・シュラーブレンドルフが言った通り、時はまさに「あいつに陽が差していた。ヒトラーの支持者は数えられないほどに膨れ上がった。奴は本当に運がよかった。［……］一時の勝利に陶酔できない者は、これが孤独というものか、と悟った」。

ヒトラーを殺すため、どうやって彼をパリにおびき寄せ、どうやってことを実行しようかと考えてきた上級大将フォン・ヴィッツレーベンがベルリンに凱旋し、クロール・オペラ座の舞台でヒトラーが手ずから彼にダイヤをあしらった元帥杖を授与したという事実は、当時の時局をよくあらわしている。それは（暗殺計画に失敗した）彼がヒトラーの命令によって首つりで殺されるほぼ四年前のことだった。

義勇軍隊長レーマーは自分の計画に見通しがないことを認めようとしなかった。彼は仲間と準備を続けた。レーマーは外務省内の抵抗勢力と結託し、グループを拡大した。たえずゲシュタポに監視されながらも、二年以上にわたりばれずに地下で活動を続けた。

しかしハイドリヒたちもいつまでも愚かではなかった。国内戦線で認められたくて密告する者が少なからずいた。そういった者のひとりは、共産主義の抵抗の闘士のふりをして、レーマーに近付き、彼に探りを入れていた。同じ頃、もうひとりの別の人物、スイス人医師のレクツェー博士は――一時的にシャリテ［訳注：フンボルト大学附属病院］に勤務していたのだが――、ゾルフ・サークルのお茶会に潜入し、反体制的な発言を引き出そうとしていた。彼がこの社交場についてゲシュタポ総本部に密告したところ、プロレタリアも貴族も無差別に逮捕された。

レーマーは拷問を受けて自白を強いられた。一五〇名以上が逮捕され、そのなかには暗殺の依頼主も含まれていた。断頭台送りを免れた者は少なく、多くは処刑された。

ニコラウス・フォン・ハーレムは処刑の数分前、手を繋がれたままの状態で紙片に殴り書きを残した。「お母さん！　いま僕は、木の梢が落下する直前に襲われるという、最後の小さな不安を克服しました。そして人間性の目的を果たしました。植物ならそれと知らずに身にふりかかる不幸を、我々人間はそうと知ってなお耐えることができるし、耐えなければならないのです。さようなら！　もうすぐ連れて行かれます。いっぱいのキスを。息子より」。

ハーレムが模範的な威厳と勇敢さを持って処刑台へ最期の歩みを進めていたちょうど同じ時、陸軍中央第一参謀本部将校であるヘニング・フォン・トレスコウ大佐は、ロシアで部下の第三参謀本部将校にこう述べていた。「いまは何も聞かないでおくれ、ゲルスドルフ。場所は取らなくて高性能の爆薬と、音のしない絶対に確実な時限信管が要るのだが、ふたつとも調達してくれるかね？」

のちの陸軍少将ルドルフ・クリストフ・フォン・ゲルスドルフ男爵はこの時、自分がヒトラー暗殺のための爆弾の材料を提供しなければいけないことに気づいた。彼にはその用意があったし、そうすることもできた。

第11章 西部で立案、東部で実行

◎…沈黙を強いられる反乱者たち

反乱者たちは打倒ヒトラーをドイツ国民に訴えることもできず、自らの主張は机の引き出しにしまい込んでしまった。あくまで抵抗を叫ぶ楽観論がやむことはなかったものの、しだいにおとなしくなっていった。いつの日か、部下とともにヒトラー一派を襲撃する陰謀を企んでいた指揮官たちは、前線に送られたり、退役させられたり、あるいは閑職に追いやられてしまった。

西部戦線ではエルヴィン・フォン・ヴィッツレーベン陸軍元帥が、視察に訪れたヒトラーの暗殺を夢見て、相変わらず何度も彼を招こうとしていた。しかし視察の要請を断り切れなかったヒトラーが突然ザールブリュッケンに現れた時、暗殺の準備はまだ整っていないありさまだった。元帥と彼の協力者たちは、パリで行なわれる戦勝パレードで「狂乱状態のジンギスカン」（ゲルデラー）であるところのヒトラーを射殺することを決めた。総司令官の幕僚から選ばれた三名の将校、すなわち騎兵大尉のフォン・ヴァルダーゼー伯爵、アレクサンダー・フォン・フォス少佐、シュヴェリーン・フォン・シュヴァネンフェルト伯爵大尉は、コンコルド広場近くの観覧席から、ピストルによる暗殺をもくろんだ。もしも将校たちが警備によって実行できない時は、シュヴェリーン伯爵がヒトラーの滞在するホテルの廊下で手りゅう弾を投げるつもりでいた。

反乱者たちはこの革命計画について、ベルリンにいる予備軍の仲間たちと打ち合わせを済ませていた。パリからの知らせが届くとすぐ、ベルリンにいる彼らはオスターの占領計画に基づいて戦闘を開始することになっていた。

ところが再びヒトラーは難を逃れた。

一九四〇年六月二八日午前五時、ヒトラーは電撃的にル・ブルジェ空港に到着、装甲されたメルセデスに乗るやいなや、縦隊とともにいまだ眠っているパリの街を疾走した。凱旋門を通ってシャンゼリゼ通りを通過、オペラ座やルーブル、エッフェル塔をざっと視察した。アンヴァリッド〔訳注：パリの廃兵院〕では、ナポレオン廟のそばでカメラに向かってポーズを取っている。数時間後にはル・ブルジェに戻り、フロイデンシュタット近郊のタンネンブルク大本営へ飛び立った。この電撃訪問中にヒトラーがパリでの戦勝パレードの中止を決めたことは、由々しきことだった。

戦勝パレードは一九四一年に埋め合わされることになった。謀反を企む将校たちは、再び準備を始めたものの、今度はバルカン出兵によって「エーミール」――反政府主義者たちは陰でヒトラーをそう呼んでいた――のパリ訪問は妨げられた。ほどなくしてヴィッツレーベンは病気にかかり、手術することになった。こうしてヴィッツレーベンは、西部戦線のうるさ型の元帥の追い払いにかかった。ヒトラーはこの機を逃すことなく、西部戦線のうるさ型の元帥の追い払いにかかった。

ベンは一九四二年五月に解任された。

パリでの暗殺計画が失敗したのち、ヒトラー襲撃はしばらく鳴りをひそめることになる。それは彼が政権を掌握して以来、初めてのことだった。オランダ、ベルギー、ルクセンブルク、フランス、デンマーク、ノルウェー、バルカンでの電撃的な勝利は、反対勢力をすっかり意気消沈させた。オスターやベック、ドナーニー、ギゼヴィウス、グロスクルトといった不屈の闘士たちは革命運動を続けていたが、ヒトラー万歳を叫ぶ熱狂的な群衆のなかで彼らは取るに足らない存在になってしまった。

総統護衛隊の目から見れば、ナチズムのスローガン「ひとつの民族、ひとつの国家、ひとりの総統」は実現しつつあるように思われた。独裁者を護衛するために金のかかる組織は電撃戦の時代、空転していた。時おり外国からヒトラーと彼の側近への暗殺計画についての警告が届いたが、それらは外国にいる保安課報部員が自らの勤勉な仕事ぶりを証明するためのものでしかなかった。

ラッテンフーバー率いる帝国保安課報部の面々や総統護衛隊の隊員はこの時期、実際の暗殺者よりむしろ、ヒムラーに対して用心しなければならなかった。親衛隊全国指導者であるヒムラーは、たえず彼らを試そうとして、抜き打ちの訓練やありもしない敵に対する警報演習を行ない、理論の授業では親衛隊大将ハイドリヒの定めた六〇枚にも及ぶ厳しい規定を命じた。

ところがこういった平穏は見せかけでしかなかった。反政府主義者たちはこの間も暴君殺害の意図を揺るがせることなく、むしろうまくいくのでは、という楽観主義を唱える者もいた。反乱者たちは、もし目的が達せられれば、自分たちの考えるよりよいドイツを建設するつもりでいた。彼らを支持してくれそうな人たちは、ナチの独裁政権下にも確実にいるにはいたが、電撃戦に勝利してからというもの、そういった人物を見出すのは以前に増して困難だった。

ポーランドやフランスで勝利したことによって、ドイツ軍にはたった一度の攻撃でモスクワまで進撃できるのではないか、と思う者もいたかもしれない。しかし国防軍の内実は、決定的に変わってしまっていた。かつて将校クラブでヒトラーの教養のなさやテーブルマナーの悪さ、上等兵という階級、小市民的な出自をからかっていたため、反体制派から同志と思われていた将校たちが、次々とヒトラーのもとへ寝返ったのだ。その理由は、彼らには現状とは異なる未来や体制の裏側が見えず、伝統や名誉よりも出世や地位、勲章の方が大事と思ったからだった。以前は将校たちのあいだでは、ヒトラーの信者がいたところで密告される心配もなく、自由に意見を述べ合うことができた。ところがいまや将校クラブでは、となりに座っている者が誰なのか、お互いに注意しなければいけなくなった。狂信的な予備軍将校や体制に飼いならされたヒトラー・ユーゲントの指導者たちが来るようになってからというもの、将校クラブで話題にされた冗談はヒトラーへの信仰告白に取って代わってしまった。

◎…「バルバロッサ作戦」

ソヴィエト連邦への奇襲攻撃「バルバロッサ作戦」は、さしあたり多くの軍人にとって、かつてない電撃的勝利になるかもしれない、そして自分たちの昇級——たとえば二四歳以下で少佐に、勲一等鉄十字勲章どころか騎士十字勲章——もあるかもしれない、と思われていた。たしかに最初の数か月は死をも——そしてモラルをも——考慮に入れていないこの皮算用は正しいようにも思われた。

しかし何かが決定的に変わってしまった。占領地帯の後方において、親衛隊特別行動隊に徐々に正規の国防軍も加わって、ロシアの一般市民に対する大量虐殺が行なわれるようになった。彼らはパルチザンとの戦いを口実にしていたが、非戦闘員の虐殺のために徴用されてきたか、そうするように仕向けられた者たちだった。将校たちは彼らの行為をやり過ぎだと思ったが、実はそれはすでに襲撃前から計画され、組織的に実行された冷酷な根絶政策であり、少なくとも国防軍の最高首脳部は関知していたにちがいないものだった。

「バルバロッサ作戦の前に任務はきっちり割り振られていた」と、ルドルフ・アウグシュタインは『シュピーゲル』誌のカバーストーリーに記している。「一九四一年五月に親衛隊中将ハイドリヒと主計総監のエドゥアルト・ヴァーグナー陸軍少将が交わした取り決めを、国防軍サイドではブラウヒッチュとハードラーが承認、陸軍のトップはそれが殺人の罪であるにもかかわらず、というより、殺人の罪であるからこそ、回りくどい表現ではあったが、同意していたのである」。

虐殺への抵抗はあった。現地の指揮官たちはこの行為を上層部に伝え、対策を講じるよう要請した。アウグシュタインによると「ヴァルター・フォン・ブラウヒッチュはヒムラーとの話し合いを嫌がった。非力で左右されやすいこの男は、自らの離婚のための資金として、ヒトラーに八万ライヒスマルクの借りがあったため、この職に就いていた。彼は黙ってヒムラーの言うことを聞いた。ヒトラーですら、ポーランドでの残虐行為に当初は理解を示したわけではなかったが、警察長官ヒムラーは総統の意をくんでそれを実現するための人物だった……」。

アウグシュタインは続けて書いている。「東部の陸軍はヒトラーのイデオロギーに忠実だったわけではなく、単に赤軍の報復が怖くて虐殺を行なった。こうして陸軍総司令官（ヒトラー）の扇動的な反ユダヤ主義演説はだんだんと色あせていった。

陸軍大将たちの多くや、のちに陸軍元帥となる者たちは、ナチ政体にとって有力な国防軍兵士ヴァルター・

フォン・ライヒェナウ陸軍元帥が一九四一年一〇月一〇日に発令した命令に従った。この指令によると軍人たるものは徹底した民族主義的な考えの持ち主でなければならず、「それゆえ軍人は、ユダヤ商人が行なわなければならない罪滅ぼしが、過酷ではあるが正当なものであることをよく理解していなければならない。ついにドイツ民族をアジア・ユダヤ人の危険から解放するというわれわれの歴史的な任務は、まさにこうして正しく評価されるのである」。

この戦争犯罪人は一九四二年に飛行機のなかで卒中発作を起こして死亡した。しかしライヒェナウがまいた毒は、陸軍の上層部において回り続けた……」。

「バルバロッサ作戦」でドイツ軍は毎日一〇〇キロずつ進軍し、包囲殲滅戦では数十万のロシア兵を捕虜にした。黒十字の機甲部隊はモスクワ近くにまで達し、もうあと一撃でモスクワを落とすところだった。

しかしその一撃は文字通り水中に落ちた（おじゃんになった）。ひどい大雨で地面は沼地になっていた。ロシアのことわざによると、スプーン一杯の水が秋にはバケツ一杯の泥になるという。戦車の隊列はぬかるみにはまりこみ、航空機はもはや飛ぶことができなかった。兵士の長靴は泥であふれ、銃身はドロドロになって詰まった。

東部出兵から一六八日目に、雨季が終わった。一夜にして気温はマイナス五〇度まで下がった。ドイツ兵はまだドリル織りの薄手の軍服しか着ておらず、フランスから新たにやってきた兵士にいたっては、アフリカ兵団の熱帯での装備で真冬の戦場に現れた始末だった。戦車の隊列はつるはしで起こさなければならず、モーターは直火で温めなければならなかった。補給物資を乗せた供給列車は二台に一台しか到着しなかった。もう一台は後背地でパルチザンに襲われたか、霜で急激に冷えた水が蒸気機関車のボイラーを破損し、脱線したのだった。

マイナス四〇度を下回るとガソリンすら凍った。大砲の蓋はもはや開かず、光学器械は割れた。油が凍ると自動式の武器も使いものにならなかった。兵士たちは毛布や袋、ぼろ布にくるまった。非常用の携帯口糧を手斧で分けて食べた。馬は藁をはみ、歩兵は馬を食べてしのいだ。

こんな状況下のドイツ軍に対し、赤軍が不意打ちをかけてきた。シベリアから送り込まれた戦隊は第一級の冬の装備を備え、新しいT34型戦車のみならず、憎しみという武器も携えてドイツ軍を撃退した。彼らを巧みに率いるのは、かつてのワイマール共和国軍〔訳注：一九一九年から一九三五年までのドイツ陸海軍の総称〕で訓練されたことのある将校たちだった。雪景色のなか、白い軍服、白い戦車と大砲、そして白い死体がそこにあった。

ジューコフ元帥率いる兵士たちは多くのドイツ軍の最前線を突破し、最初の襲撃で二八六台の戦車と三〇五個の大砲、数えきれないほどの牽引車を奪った。

ドイツ軍の退却は大混乱だった。勝ち戦に慣れていた兵士たちはパニックを起こし、マイナス五二度を下回る気温のなか、一五〇キロも後退した。吹雪のなか、落ちぶれた縦隊がよろよろ歩き、命からがら敗走した。逃げられない者は凍死するのを待つほかなかった。わずかながらも余力のある者は、こめかみに引き金を引いた。不敗のドイツ国防軍という栄光は、戦の天才ヒトラーという伝説同様、モスクワを前に朽ち果てた。

宣伝中隊によって後方地帯で撮影された週刊ニュース映画がモスクワでの負け戦をまるで冬のバカンスの映像であるかのように伝えていた一方、野戦病院には一一万三〇〇〇人の重度の凍傷患者が運び込まれ、手足を切断されても残る痛みに耐えていた。彼らは「戦傷章」だけでなく「東部メダル」も授与されたが、このメダルは「冷凍肉勲章」と揶揄された。

ドイツ軍の前線がそれでも何とか崩壊せずに持ちこたえることができたのは、指揮官たちが「一歩たりとも後退するな」というヒトラーの命令に背き、後背地に退きながらも、攻撃阻止の戦線を自発的に張ったためだった。ところがこの行為は独裁者の怒りを買った。一九四一年のクリスマス直前、ブラウヒッチュ陸軍総司令官は解任される。別れの握手ひとつなしに彼を罷免したヒトラーは、「ちょっとくらいの作戦なら自分で立てられる」という言葉とともに、自らを後任に任命した。大将たちは、あの男は「伍長戦略」でもってすぐにでもスターリングラードまで進軍し、第六軍を壊滅させて軍事史上最大の破局を引き起こすだろうよ、とあざけった。

反乱者たちが待ちわびた転機が、ついに訪れた。ウィリアム・L・シャイラーの分析によると、進軍が続き、「陸軍が次々と勝利を収め、ドイツの武力と第三帝国の名声がどんどんと高まっている間、陰謀者たちは主導的な指揮官たちを反乱に引き込むこと」を行なわなかった。「しかしいまや、それまで負け知らずだった、誇り高い陸軍は雪と凍てつく寒さの中、自分たちより強い敵を目の当たりにし、敗走したのである。半年の間に死傷者は一〇〇万を超え、もっとも名望ある大将たちもまた、傍若無人な独裁者によって即刻解任されてしまった。ヘプナーやシュポネックらは公然と降格させられ、他にもヒトラーに侮辱されたり、スケープゴートにされた者も多かった。……東部戦線の重要な陸軍大将のなかには、ロシアへの夏の遠征中にヒトラーを逮捕できないかと打診されたものもいた。とはいえ高級軍人というのは、初期の成果にあまりにとらわれ過ぎていて、あの男を片づけようにも、その男から勝利を頂戴したものだから、反乱者たちの試みがうまくはいかなかった。が、それでもいずれは芽を出す種まきにはなったのだった」。

◎…東部戦線での大虐殺をめぐって

最悪の事態を回避した東部戦線の指揮官たちに熟考することを促したのは、ヒトラーからこうむった個人的な侮辱だけではなく、自らの直接的な指揮権の下ではなかったとはいえ、命令の及ぶ範囲内で行なわれた想像を絶する悪行もだった。それは場合によってはポーランドでは、暴徒化した親衛隊特別出動隊部隊が行なった局地的干渉として片付けることもできたかもしれない。しかしロシアで起こったことはもはや間違った解釈を許さないものだった。

戦争犯罪は第二次世界大戦で初めて起こったものではないし、軍人の残虐行為もドイツ特有のものでもない。しかし他の国でのそういった行為は、場合によってしぶしぶ認められたものかもしれないが、ヒトラーの髑髏部隊がロシアで行なった残虐行為は、国家の指示でなされたのである。東部出兵前、ヒトラーはすでに「軍の政治委員は即座に射殺すること」という命令を出していた。この命令はその後の数えきれないほどの集団虐殺の前触れとなった。ソヴィエト連邦の保護供与国である中立国のスウェーデンが行なった抗議に対し、独裁者はいみじくもこう反論した。「もはや騎士のように戦をする時代は終わったのだ」。

ルドルフ・クリストフ・フォン・ゲルスドルフ男爵は、プロイセンの伝統にかなった非の打ちどころのない将校だったが、彼は自分たちが抱いていた「ヒトラーの犯罪者体質への疑い」がどのようにして確信に至ったのかを詳細に記録している。

「陸軍中央はスモレンスクから北へ数キロのクラスヌイ・ボールに司令部を移した。ある日、気のいいシュレージエンの知り合い、メンネ（ヘルマン）・フォン・ハイデブラントが私の執務室を訪ねて来た。顔面蒼白なこの男を見て、私は飛行機酔いでもしたのだろうと思い、コニャックを勧めてみた。しかし彼が震える声で話したところでは、自分を乗せて前線に向けて飛んだJu52機は、ボリソフで中間着陸したという。飛行場でもずっとピストルや機関銃の銃声が聞こえていたが、飛行機が再び飛び立った直後、まだ低空を飛んでいる時に、身の毛もよだつ殺戮の狂宴を目にしたというのだ。親衛隊の連中が野獣のように数千もの人間を殺していたらしい……。

全てが本当にひどいやり方だった。ユダヤ人たちがまず大きな深い穴を掘らされ、そして一〇〇人ひと組で裸のまま中に入れられた。彼らはラトビアの親衛隊の連中によって、機関銃で皆殺しにされた。まだ生きている者がいるかどうかも確かめもされず、次のグループが先に撃たれた者たちを踏みつけなければならなかった。それも自分たちが同じように射殺されるために。ひとりの親衛隊隊員が乳児を逆さに持ち上げ、ピストルで頭を撃ち抜き、穴に放り投げたところが見えた……。死んだ者たちの穴の縁では、おぞましい光景が見られた。脱走を図って失敗した者や、自分と自分の子供の命だけは助けてくれと身を差し出すユダヤ人の女たちが、同じように親衛隊の銃弾の雨あられのなか死んでいった……」。

最初の調査によって、この描写がすべて正しいことが明らかになった。ゲルスドルフや、陸軍中央の抵抗グループとしてまとまっていた他の将校たちに促され、フェードル・フォン・ボック総司令官はボリソフの戦隊長に出頭を命じた。犠牲者たちが助けを請うても突っぱねたこの将校は、司令部へ向かう途中、自殺した。

陸軍中央は大量殺戮についての報告書を正規の手続きを経て上層部に転送した。戦後、A級戦犯を裁くニュルンベルク裁判にこの報告書が提出された時、公印によって陸軍統合司令部が受け取っていたことが判明したが、同時に何の「措置」も取られてなかったことも明らかになった。

事態を重く見た将校たちは、今後はのちに陸軍少将へニング・フォン・トレスコウ陸軍大佐（当時）の指揮のもと、自分たちの責任で対処することを決めた。いまや反ヒトラーで結集した者たちは、実用的な考えを持ち合わせていた。当時の言葉で言うならば、彼らは「前線の豚」であって、後方勤務の卑怯者ではなかった。彼らはすぐ武器を手に取れるところにいたし、行動する強い意志もあった。

◎…トレスコウ・グループの結成

今度の新しい反乱者たちは、ほとんど例外なく貴族の出だった。そのうちの多くは「九歳の王子様連隊」とからかわれる第九歩兵連隊の出身だった。首謀者のトレスコウは輝かしい参謀本部将校であり、頭は切れて弁も立った。仲間には心を開いたが、敵には巧みに本心を隠す能力を備えていた。このことはきわめて重要で、トレスコウのかつての戦友で、熱狂的なナチ党員でもあったルドルフ・シュムント大将はヒトラーの副官にまで昇進していたが、彼はトレスコウの本性を見抜くことができず、ドイツ国防軍時代の友人のため、いつでも面会に応じてくれた。

▲…ファービアン・フォン・シュラーブレンドルフ

第一参謀本部将校であり、陸軍中央の影の指導者であるトレスコウは、狂信的なナチ党員を装って、何度もシュムントに頼みごとに行った。それは人事に関することだった。トレスコウは従兄弟でもあるフェードル・フォン・ボック総司令官のまわりをまさに自分の仲間で固め、ボックの副官として、筋金入りの抵抗運動の闘士であるハルデンベルク伯爵とレーンドルフ伯爵を付けさせた。さらに自らに専属の連絡将校として、弁護士のファービアン・フォン・シュラーブレンドルフを招き、ベルリンやその他の陰謀者たちとの連絡係に使った。

トレスコウは古い将校の家の出で、軍隊という、絶対的教義にまで高められた伝統の世界に生きながら、すでに若い頃から反逆児だった。教養はあるものの体は弱く、彼の最初の隊長は部隊の前でこう予言したことがあった。「トレスコウよ、君は参謀総長になるか、さもなければ革命家気取りになって処刑台で殺されるだろうよ」。

▲…ヘニング・フォン・トレスコウ

第一次世界大戦後、トレスコウはまるでそう定められたかのような人生を歩んだ。義勇軍に参加したものの、その後はポツダムのユダヤ系企業で銀行見習いの実習を終えた。そこで非凡な才能を見出された彼は、ベルリンで株式売買人として成功を収めた。そして大儲けした資金を手に一年間の世界旅行に出かけた。一九二六年、ワイマール共和国軍に復帰した時には、トレスコウの視野は以前よりずっと広がっていた。

一九三三年の時点ではトレスコウはむしろヒトラーに好意的だった。しかしシュラープレンドルフが証言している通り、彼は「だんだんナチズムと敵対し、最終的には真っ向から反対するようになった。決定的だったのは、トレスコウがヒトラーは戦争を望んでいる、それも世界戦争をもくろんでいる、ということに気付いたことだった。世界戦争とは、ドイツの死に他ならなかった」。

禿げあがった額に冷たい瞳、真っ直ぐな口と力強いあごをした軍人トレスコウも、忠誠の誓いと服従の掟に苦しみ、しかし最後には次のような認識に至った。「武器を決めるのは自分ではない。武器は良心のとがめなど知らない敵によって決められるのだ。暴君を倒したいと思う者は、武器の選択に躊躇などしていてはいけないのだ」。

トレスコウの影響力は圧倒的だったので、彼は集まった将校たちの前で、何も包み隠さずに言うことができた。戦況が劇的に悪化したのち、フォン・ボック陸軍元帥は作戦会議を開いた。彼は従兄弟でもある第一参謀本部将校のトレスコウに「何か案があるかね」と聞いた。

トレスコウの答えはこうだった。「道は一つしかありません。ヒトラーを始末することです」。

シュラープレンドルフの報告によると、「元帥はタランチュラに刺されたかの如く飛び上がり、「そんなこと、聞きたくもない」とわめき叫んだ。彼は部屋を出て、控えの間を通って外に飛び出した」。

今回の衝突はこれだけで済んだ。というのもボックは一九四二年に職を解かれ、後任にはボックより付き合いやすいギュンター・フォン・クルーゲが就いたからである。将校たちはすぐに新しい上官を自分たちの計画に巻き込もうとした。「陸軍中央の幕僚には、これまでで最強の反体制グループが結集した」とペーター・ホフマンは分析している。

とはいえ冷静でエネルギッシュなトレスコウでさえも、当初は最終決定に尻込みしていた。暗殺は避け、まずはヒトラーを逮捕し、それから処刑してもいいのでは、と考えたからである。ウィリアム・L・シャイラーによると、「一九四一年八月四日、ヒトラーはボリソフの陸軍中央統合司令部を訪れた。トレスコウと彼の副官であるシュラープレンドルフは、自分たちだけで暗殺を決行する覚悟を決めた。ふたりは空港からボック元帥のいる司令部までのあいだにヒトラーを捕えるつもりだった。ところが当時まだ、陰謀者たちは素人であり、ヒトラーの警備を計算に入れてなかった。第一親衛隊装甲師団に護衛されたヒトラーは、陸軍中央の車を使うことを拒んだ。彼はあらかじめ自分専用の自動車隊を派遣していたのである。こうしてふたりの将校はヒトラーに近づくことができなかった。この失敗から——この種の失敗は他にももっとたくさんあったと思われるが——、国防軍の陰謀者たちはいくつかの教訓を得た。ひとつはつねに護衛が付いているヒトラーを捕まえるのは容易ではないということ、もうひとつはヒトラーの逮捕または拘留だけでは問題の解決に至らないということである。というのも、最高位の大将たちは臆病すぎるか忠誠の誓いにとらわれ過ぎていて、反体制派をずっと支持してくれそうにはなかったからである。一九四一年の秋ごろには、シュラープレンドルフのような予備軍将校を含む数人の若い陸軍将校たちは、抵抗を感じながらももっとも簡単でおそらく唯一の解決策はヒトラー殺害以外にない、という結論に至った。これがなされるなら、臆病な大将たちも総統への個人的な忠誠心から解放され、新たな政権に陸軍としての支持を与えてくれるだろうと思われた」。

この見解は理性的な解決策として浸透していった。もはやトレスコウを中心としたグループ内では、ヒトラーを殺すべきかどうかではなく、どうやって殺すかだけが問題だった。彼らはティルピッツウーファー［訳注：国防軍情報部が所在したベルリンの沿岸道路の名前］とは無関係に、ハンス・オスターたちと同じ見解に達していた。軍服を隠れ蓑として利用しながら、シュラープレンドルフは陰謀の連絡係として東部戦線とベルリンの間を行き来していた。

◎…ハイドリヒ、暗殺される

その間にベルリンでは、国防軍情報部と帝国保安本部との激しい争いが起こっていた。しかしそれは親衛隊大将のハイドリヒが、カナーリスの牛耳る国防軍情報部を完全に掌握し、帝国保安本部に合併してしまうまでの時間の問題に過ぎなかった。

危険を察知したカナーリスは抵抗した。ハイドリヒはカナーリスに不信感を抱いていたが、カナーリスの部下であるオスターが行なっている二重工作については何も知らなかった。

帝国保安本部長官であり、また長期にわたってボヘミアおよびモラヴィア保護領副総督でもあったハイドリヒは、一九四二年の五月初旬、未解決の問題を解決するため、プラハで保安会議を招集した。ラジーン地区［訳注：プラハ城がある一体］で行なわれた祝宴では、お互いの協力を祈って海軍大将カナーリスとも乾杯した。実際のところハイドリヒは、国防軍情報部の権限を縮小する争いに勝利していた。出し抜かれたカナーリスはできるだけ怒りを隠し、一見友好的にハイドリヒに別れを告げてプラハ城をあとにした。しかしこの時、カナーリスは敵対するハイドリヒを見るのがこれで最後になるとは、知る由もなかった。

▲…ハイドリヒ帝国保安本部長官（右）とその敵対者カナーリス提督

一九四二年五月二九日はよく晴れた春の一日だった。ハイドリヒはいつものように昼近くにプラハ近郊の自宅からラジーンの職場へと運転手を呼んだ。この日、重々しく装甲されたメルセデスのリムジンを運転したのは、いつもの運転手ではなく、代わりの者だった。プラハ市内に入ると運転手は時速を三〇キロに落とした。

急カーブにさしかかると運転手はさらに速度を弱めた。ひとりの男が車に向かって走って来た。そして次の瞬間、この男はやみくもに銃を乱射した。するとすぐにもうひとりの暗殺者がボーリングの球ほどもある砲弾を車めがけて投げつけた。車の下で炸薬が爆発した。車はこなごなになり、ハイドリヒは重傷を負った。彼の護衛は軽傷で済んだ。「こら、アクセルを踏め！」と、ハイドリヒは運転手を怒鳴りつけた。そしてぼろぼろになった車から這い出て、自転車で逃走する暗殺者に発砲したが、倒れてしまった。

アルトゥール・ネーベ刑事警察局長と、ハインリヒ・ミュラー（ゲシュタポ長官）がプラハに向かっている間、ハイドリヒは死線をさまよっていた。けっきょくハイドリヒは数日後に死亡するが、彼の治療に当たったヒムラーの侍医の措置が悪かったのではないか、という非難が巻き起こった。もしこの侍医がハイドリヒの脾臓を完全に取り除いていれば、と言う医師もいたのである。

こうしてナチス・ドイツで最も恐れられた男、帝国保安本部長官ハイドリヒは、心気症のヒトラーがつねに心配していた暗殺の犠牲者となった。ハイドリヒのお気に入りだったヴァルター・シェレンベルクは、滞在中のオランダで彼の訃報に接した時、ひょっとしてハイドリヒは「結束の固い総統一派（ヒトラー、ボルマン、ヒムラー）の秘密裁判の犠牲になったのでは」と推測した。しかし迅速な捜査によって明らかにされたのは、亡命チェコ人が飛行機でイギリスを飛び立ち、夜中にパラシュートで祖国に降り立っていたこと、そして昼日中の街頭で公然と憎々しいハイドリヒを暗殺したということだった。

「長期にわたる調査によって、犯罪科学研究所の専門家たちは、この犯行にはこれまで全く知られていない構造の球状の爆弾が使われたことを突き止めた」とシェレンベルクの回想録には記されている。「球自体、無定形できわめて爆発性の高い物質であり、また、信管も完全に新しいタイプのものだった。七メートル離れたところにセットされた機械装置が正確に作動したことから、設計の確かさも窺うことができる。爆薬はイギリス製のようだが、そのことで暗殺の黒幕がわかるわけではない。我々だって任務に際しては略奪したイギリスの爆薬しか使わなかったのだから。それはいろいろな形にこねることができ、期待できる効果も大きかった」。

ハイドリヒの遺体はラジーンの前庭に安置された。三日後、棺は厳かにベルリンに移送され、国葬が執り行なわれた。ヒトラーは「鉄の心臓を持つ男」との別れを悼んだ。カナーリス海軍大将は国葬の間中、涙を流し、「彼は偉大な男だった。私は友人を失った思いだ」と嘆いた。もっと率直に残酷なレクイエムを述べたのは親衛隊連隊旗手指揮官のゼップ（ヨーゼフ）・ディートリヒである。「豚野郎がくたばってせいせいしたよ」。

ヒトラーは、ヴォルフスシャンツェ［訳注：東部戦線における総統大本営の偽称］で少人数の側近と夕食を共にしている時、「装甲していないオープンカーに乗ったり、護衛なしでプラハの街を歩くといった振る舞いは、たしかに英雄的かもしれないが、国家には何の益ももたらさない愚行だ」と非難した。「そうする必要などなかったにもかかわらず、ハイドリヒのような余人をもって代えがたい人物が危険に身をさらしたのは、ばかげた振る舞いかナンセンスとしか言いようがない」。

ところがヒトラーは、自分がここまでなれたのはこういった振る舞いのおかげであり、また彼自身、この種の英雄的行為に何よりも価値を置いていることを忘れていた。警護部隊が心配しているにもかかわらず、彼はすぐにそういった振る舞いに及んだ。たとえば一九四一年四月二六日には、オープンカーに乗ってマールブルクとグラーツを走行し、「群衆を大喜びさせた」とペーター・ホフマンは記している。「大雨のなか、笑顔で立っている群衆たちを総統から隔てているのは、ごく少数の、あまり統率のとれていない部隊だった。ヒトラーは制服を着た少女から水仙の花束を受け取った。大勢の見物客にとって撮影禁止などお構いなしだった。マールブルクでは群衆がヒトラーの車に押し寄せ、その結果、総統護衛部隊の者たちは道を空けるため、車から降りて並走しなければならなかった。総統に花を手渡すことができた子どもや女は一人や二人ではなかった」。

いまになってヒトラーは、自身はめったに守ったことのない保安規定の厳守を命じた。ハイドリヒ暗殺以降、ヒトラーはだんだん公の席に姿を見せることが少なくなった。それは理性の問題ではなく、徐々に明らかになっていく戦況の悪化の帰結だった。独裁者はもはや群衆の集まる行事よりも、三倍に警備が強化されたヴォルフスシャンツェの大本営にいる時のほうが多くなった。その結果、モーリス・バヴォーやノエル・メイスン＝マクファーレン、ゲオルク・エルザー、あるいは一九四二年九月に処刑されたベッポ・レーマーのような一匹狼にとって、暗殺のチャンスはもはやないかのようだった。

◎…爆薬の調達

ヒトラーを襲撃できるのは、いまや彼の直近の取り巻きしかなく、さもなくば国家のつわものたる国防軍の将校が決行しなければならなかった。ハイドリヒ暗殺の後、陸軍中央がとくに関心を抱いたのは暗殺に使われた爆薬だった。略奪品の中から爆薬を調達するよう、ゲルスドルフが指示を受けたのはちょうどその頃だった。

すぐに彼は国防軍情報部の破壊工作課に赴き、爆薬について尋ねたいと嘘の申し出をした。担当のヴィルヘルム・ホッツェル中佐は来訪客の関心を喜び、すすんで物資貯蔵庫を案内してくれた。

ゲルスドルフの報告は次の通りである。「彼は私にあらゆる種類の弾薬、信管、その他の機器を見せてくれた。それらはソヴィエト戦線の背後で破壊工作員が使うものだった。ドイツ製のものは頑丈だが、手が込み過ぎている印象を受けた。なかでもドイツ製の信管にはカチカチと音を立てる時限装置が付いていた。次に見せられたのは占領下のフランスやオランダの反体制運動家を支援するため、イギリス軍が調達した爆薬だった。国防軍情報部は、捕まって寝返った敵の無線スパイを通じて、イギリス製の爆薬を入手するルートを確立していた。いわゆる無線ごっこでまずは爆薬を要求する。するとあとはそれを集めるだけだった。ドーバー海峡沿岸でイギリス軍の作戦が失敗した時も、国防軍情報部は多くの爆薬を略奪したのだった。

イギリスの爆薬は好きな形にこねることができる、プラスチックの塊だった。それに付属している信管は、化学的に作動したので音漏れする心配もなかった。信管は太い鉛筆の形をしていた。上端には金属製のケースにくるまれて、酸の入ったカプセルがあった。その下は導線だった。導線はコイルばねを押さえていて、綿でくるまれていた。酸の入ったカプセルをつぶすと酸が綿に漏れ出し、一定の時間が過ぎると導線が腐食する。するとスプリングが解除され、導線が信管に跳ね上がって爆発する仕組みだった。導線の強度に応じて、一〇分、三〇分、六〇分、あるいはそれ以上の時間をかけて点火する信管があった。信管の輪の色がそれらの時間を示していた。たとえば一〇分で点火する配管の輪は黒だった。

私は実演してほしいと頼んだ。爆薬の威力は驚くべきものだった。数グラムの爆薬で鉄道のレールがずたずたに引き裂かれた。次にロシアで略奪した戦車に約二五〇グラムの爆薬を仕掛けてもらった。戦車の円蓋は数メートルも吹き飛んだ。トレスコウの望み通りの爆薬に間違いなかった。私はホッツェル中佐に各種の機器一式を使わせてもらえないか、と頼んでみた。口実はフォン・クルーゲ陸軍元帥に最新の破壊工作というものを見せたいのだ、ということにした。中佐は可能な限り多くの機器を包んでくれた。それらのなかには、イギリスの爆薬の見本もあった。倉庫の管理を任されている曹長は、受取帳に記されてある通りの物品を私が受け取った旨、サインしてほしいと頼んだ。サインしながら私は、自分の死刑判決に署名しているような気がした」。

陰謀者たちは弾薬を装備した。あとは彼らが殺そうとしている男ヒトラーが司令部に来るだけだった。フォン・クルーゲ陸軍元帥はますます執拗にヒトラーの訪問を要請した。

第12章　総統専用機に爆弾

◎…フォン・クルーゲ元帥のためらい

ヒトラーがなかなか東部前線を視察しようとしない間、彼を罠におびき寄せたい将校たちは、その時間を活用していた。スモレンスク一帯の深い森は、パルチザンにとってそうであるように、暗殺を試みる者たちにとっても適した場所だった。トレスコウとその仲間たちは、この森でハイドリヒの命を奪った爆薬の実験を続けていた。忠実な第三参謀本部将校ゲルスドルフは何度も国防軍情報部第二課を訪れ、爆薬の補給を依頼しなければならなかった。最終的に彼は数キロもの爆薬を調達し、自らの死刑判決へとつながりかねない受領書へのサインもまた、五、六度は行なっていた。

トレスコウが立案を担って以来、準備はこれまでにないペースで進んだ。陸軍中央の参謀総長であるトレスコウは、失敗や偶然による事故を避けようと、いくつかの代替案をまとめ上げた。いずれもそれらは、バルバロッサ作戦が初めての冬のロシアで頓挫したのち、自らを自らの総司令官に任命した男、「わけがわからないが恐ろしい頭脳を持つ男」（ウィリアム・L・シャイラー）、ヒトラーを標的にしたものであることには変わりなかった。トレスコウは特定の作戦に執着することなく、複数の可能性を考えていた。彼はある前線視察で、フィリップ・フォン・ベーゼラーガー男爵――兄のゲオルグ・フォン・ベーゼラーガー同様、多くの勲章を得た将校で、おまけに著名な近代五種競技選手のひとり――に、きみはよく知る人物を狙う時でも、確実に撃ち殺せる自信はあるかね、と聞いてみた。

騎兵隊の指揮官であるフィリップ・フォン・ベーゼラーガー男爵は、四五〇人もの騎兵を指揮して敵の戦列の背後を襲ったこともあるほど、勇敢な男だった。トレスコウの問いがヒトラーを指していると察したベーゼラーガーは、何のためらいもなく反乱者に加わった。ただし彼はこの質問に対し、標的を撃つのと憎らしい人間を撃つのは違います、と断言した。さらにベーゼラーガーは、ヒトラーが前線視察に来た際は、自分は信頼できる騎兵隊を率いて待ち伏せし、昔ながらのやり方でヒトラーと護衛を馬で襲い、その隙に殺します、と提案した。

ただしそれは独裁者に護衛が付いていない場合にのみ使えそうな作戦だった。ヒトラーがボリソフを初めて訪れた時、空港から陸軍中央の司令部まで、わずか四キロの移動のため、護衛部隊は先乗りし、また、武装した騎馬行列も同行していた。

トレスコウはかつてのワイマール共和国軍時代の人脈を活用し、シュムント大将に対し、是が非でもヒトラー自らが東部戦線を視察する必要があるのだと訴え、それに対し総統司令部の副官に出世していたシュムントは、可能な限りの努力はする、と約束した。その頃、第一参謀本部将校のトレスコウとフォン・クルーゲ陸軍元帥のあいだには、なかなか結論を見ない論争が起こっていた。それは輝かしい参謀本部将校トレスコウにもまだ残っていた卑屈な考えというだけなく、上官への忠誠心の問題でもあった。トレスコウは、もしこのクーデターに有力な軍の指導者が名前だけでも貸してくれたなら、民衆の支持のあり方も違ってくるのではないか、ということがわかっていた。「元帥」といえばたいていのドイツ人は多少なりともヒンデンブルク〔訳注：ワイマール共和国第二代大統領〕を考える。そしてヒンデンブルクといえば、なによりもかのタンネンブルクの戦い〔訳注：一九一四年に第一次世界大戦の東部戦線でドイツ帝国がロシア帝国を破った戦い〕であって、ヒトラーに権力を譲った晩年のよぼよぼの姿ではなかった。

ギュンター・フォン・クルーゲ元帥は、ナチの狂気に気づかないでいるには知的すぎたし、かといって公然と立ち上がるには気弱な性格すぎた。とくにトレスコウが――他の者に対して同様――元帥に対してもまた、もしもクーデターが失敗に終わった場合には、自分たちの首がはねられるだけでなく、妻子や親戚も怒り狂った復讐裁判の犠牲になるだろう、ということを述べたためでもあった。クルーゲは反ヒトラーの話題なら、どんなものにも理解を示したし、ある時はトレスコウや彼の同志たちに向かって、「息子たちよ、私はきみたちの味方だ。悪事の仲間だよ」などと言っていたにもかかわらず、はっきりと決断することはできなかった。

陰謀をたくらむ参謀本部将校たちにとって好都合な、奇妙な事件が起こった。独裁者がおもだった大将たちに賄賂を贈り始めたのである。非課税の給料が追加払いされたほか、絵画や騎士領、二五万ライヒスマルクの小切手が贈られることもあった。「元帥閣下殿」から始まるお決まりの美辞麗句をヒトラーは添え状に並べた。「私個人およびドイツ国民からのささやかな感謝のしるしとしてお受け取りください。ドイツ国民の名において、閣下の個人的な生活の足しになれば幸いです。貴下の忠実なアドルフ・ヒトラーより」。

ギュンター・フォン・クルーゲ陸軍元帥がこの「個人的な生活の足し」の支援を受けたのは一九四二年一〇月のことだった。彼は受け取りを断らなかったものの、あまりいい気はしなかったのだろう、将校クラブで部下たちに「二五万マルクものチップをもらったらどうする?」と尋ねて驚かせた。トレスコウとその一派の者たちは、何よりもまず彼らの指揮官に、まだ決着を見ない戦争のさなかに買収されるなんてプロイセンの軍人の名誉に適いません、ということを説いて聞かせた。普通の兵卒の日当は一マルク、上等兵だと一マルク二〇だった。トレスコウたちは全額を返済するか、赤十字への寄付を進言した。クルーゲはこの金をくれたヒトラーへの恩を感じていた一方、恥じているふしもあったので、陰謀者たちはそれを利用することにした。とはいえクルーゲとしては、どっちみち元帥なら給与のほかに毎月四〇〇〇マルク(上級大将なら二〇〇〇マルク)の補助金を無税でもらっているし、二五万マルクの小切手だって、レーダー海軍元帥やリッター・フォン・レープ陸軍元帥、ゲルト・フォン・ルントステット陸軍元帥、エアハルト・ミルヒ空軍元帥、エーヴァルト・フォン・クライスト陸軍元帥ら、みんな受け取ったではないか、その上、騎士領にいたっては、ヴィルヘルム・カイテル陸軍元帥には四八万マルク相当が、カイテル陸軍元帥には七三万九〇〇〇マルク相当、ハインツ・グーデリアン陸軍上級大将には一二三万一一マルク相当、ヴァルター・フォン・ライヒェナウ陸軍元帥の遺族は一一〇万マルク相当の騎士領を手にしたのに、などの言い分があったが、彼は納得のいかないまま、反抗的な部下たちの好きなようにさせた。

◎…実現しないヒトラーの戦線視察

何度も約束したにもかかわらず、ヒトラーは一九四二年になっても陸軍中央を視察に来なかった。戦争に勝利していた頃は、たとえばプラハやワルシャワなど、占領直後で治安が不安定な舞台に姿を現し、自己表現の一幕でも演じることがあったが、情勢が悪化して以降のヒトラーは、いまだ完全には拭い去られていない伝説とは裏腹に、めったに前線を訪れることなどなく、ましてや絶滅収容所の視察に至ってはただの一度として行なわなかった。相変わらず旅行好きだったが、以前のように行くあてもなく諸国をさまよったり、コインを投げて旅先を決めるようなことはしなくなった。

ヒトラーは飛行機か専用列車で旅をした。一九四一年一一月八日から九日にかけてミュンヒェンにいた彼は、モーリス・バヴォーによる暗殺未遂事件（一九三八年）以降、将軍廟への行進に参加することはなかった。その直後、ヒトラーは軍備の不備の責任を取って自殺したエルンスト・ウーデット航空機総監の国葬に参列、数日後にはドイツで初めて三〇歳以下で大将になったヴェルナー・メルダースの葬儀にも参列した。ドイツ空軍の戦闘機パイロットだったメルダースは、ウーデットの弔問に向かう途中、墜落死したのだった。

一九四二年の上半期にヒトラーは、ラステンブルク［訳注：現在のポーランド・ケシントン］の大本営から七度ほど出かけている。珍しく前線視察を行なった際、ヒトラーを乗せた「コンドル」機は、離陸直後にニコラーエフ［訳注：ウクライナの都市］飛行場の上空でソヴィエト軍の戦闘機に襲撃された。数発の銃撃が主翼を砕き、総統専属パイロットのハンス・バウアーは敵の戦闘機に正面から突っ込むことを余儀なくされる。衝突を避けた相手は迂回し、総統専用機Ｆｗ二〇〇コンドルは難を逃れた。

独裁者が前線視察できなかったのは、このような状況のためだけではなかった。一九四二年の夏にヒトラーは、黒海やコーカサスにまで攻撃を仕掛けたが、拡大しすぎた領土への物資の補給はパルチザンによって妨げられた。空輸もあまりの長距離に空軍を消耗させるだけだった。赤軍にとってドイツ軍はもはや強敵ではなかった。前線は動けず、ソヴィエト軍はヒトラーが「掃討せよ」と命じていたスターリングラードへの反攻をしかけてきた。第六軍の破滅はとどまるところを知らなかった。同じ頃、北アフリカに連合軍が上陸し、「砂漠のスターリングラード攻防戦」も起きつつあった。英・米軍の空爆により、ドイツ本土までもが戦場になった。

退役上級大将のベックは陰謀者たちの精神的支柱でもあったが、彼は東部への出兵が始まる前から、これは負け戦だ、と断言していた。戦に敗れるにつれ、陰謀者たちは自分たちこそが正しいということを確信し、早く実行しなければ、という気持ちになった。トレスコウはヒトラーの副官であるシュムントに総統の前線視察の早期実現を訴え、副官もまたヒトラーにそのこと何度も進言した。その間にシュラープレンドルフは連絡将校として、ベルリンとスモレンスクを往復していた。奇妙なことにクーデターの二人の主役、オスターとトレスコウは個人的に会ったことがなかった。しかし伝令のシュラープレンドルフは、両者の意思疎通に尽力した。

「シュラープレンドルフはひとりの参謀将校ではあったが、むしろつねに弁護士であり続けた」と、作家のハインリヒ・フレンケルとロジャー・マンベルは分析している。「彼は冷静さを兼ね備えた理想主義者であり、最高司令部の他の将校たちが考えもしない任務をもやってのける男だった」。

シュラープレンドルフは戦後も生き延びた。というのも、ヒトラー暗殺計画が失敗し、彼もまた人民法廷にかけられた時、裁判官のローラント・フライスラーが一九四五年のベルリン空爆で落ちてきた梁の下敷きになって死亡し、シュラープレンドルフの裁判が延期されたのである。シュラープレンドルフは陰謀者たちの面会について、こう書き残している。「クーデターの計画が事前にゲシュタポに漏れないため、陰謀者たちがどれだけ用心深く行動していたかは、戦争中ドイツで暮らした者にしかわからないことである。彼らはどうしてもという場合にしか会って相談することはなかったし、信頼できる者同士の間でも、どうしても必要な場合を除いて名前を呼ぶことはめったになかった。彼らは昼夜を問わず、スパイされているのではないか、ひょっとしてゲシュタポに尾行されているのではないか、という不安に苛まれていた……」。

ゆっくりではあったが、計画は順調に進行していた。その上、陰謀者たちは、偽造文書を携えたカール・ゲルデラー〔訳注：反ナチスの政治家。元ライプツィヒ市長〕をスモレンスクに侵入させることに成功した。ヒトラーが東部戦線を視察する一週間前、カナーリス海軍大将は陸軍中央を訪れ、東部戦線に投入されている国防軍情報部の将校たちと会合を持った。邪魔なしでトレスコウ一派と協議するためである。

扇動的な将校たちは、一番確実な方法は将校クラブで「エーミール」〔訳注：ヒトラーのこと〕をみんなで襲撃することだ、と訴えた。狭い場所に入りきる以上の多数の志願者が現れた。シュミット＝ザルツマン騎兵大尉、フォン・クライスト大佐、ケーニヒ騎兵中隊長の三名が、一〇名から成る将校部隊を指揮することになった。合図が出ると円卓の騎士たちが銃を取り出し、即座に独裁者とその護衛たちを皆殺しにする予定だった。

会食の席ではホストのフォン・クルーゲ陸軍元帥がヒトラーのすぐとなりに座るはずだから、陰謀者たちは自身の総司令官に流れ弾に当たらないよう、ヒトラーから離れて座ってほしいと願い出た。この計画にまず元帥は驚いた。そして他の客も危険に巻き込むとして反論した。最後には男というものを食事中に殺すのは断じて気に入らないと言いだした。

「陰謀者たちを見捨てた唯一の人物はクルーゲそのひとだった」と、ハインリヒ・フレンケルとロジャー・マンベルは、カナーリスについての著書のなかで述べている。「彼はありとあらゆる論点を述べて、襲撃を先送りしようとした。その結果トレスコウは、ベルリンには仲間がいたものの実行は自ら行なう決心をした。トレスコウたちは代案だった計画を採用した。その計画によると、トレスコウとシュラープレンドルフのふたりが直接的にはたらき、計画が成功するとクルーゲは彼らの側に就かざるを得なくなるはずだった。クルーゲは――ヒトラーが死ぬとすぐ――クーデターを支持するであろうことは、疑いようがなかった。

準備は整った。しかしヒトラーはドン軍団［訳注：スターリングラード攻防戦に編成されたドイツの軍団］を先に視察することで回り道をしていた。一九四三年二月一七日午前二時、すなわちスターリングラードの降伏から三週間後、ヒトラーは秘密裏にラステンブルクを飛び立ち、ヴィーンヌィツァ（ウクライナの都市）を経てザポリージャ（南ウクライナの都市）に向かった。「マクシミリアン・フォン・ヴァイクス陸軍元帥率いるB軍団の司令部はポルタヴァ（ウクライナ中部の都市）郊外のヴァルキにあったが、ここでも陰謀グループが活動中で、総統が視察に訪れたら殺そうという計画があった」と、ペーター・ホフマンは記している。スモレンスクの首謀者はトレスコウとシュラープレンドルフとゲルスドルフ、ヴァルキではランツ兵団の指揮官であるフーベルト・ランツ大将と、彼の参謀総長のハンス・シュパイデル陸軍少将（博士）だった。陸軍中央の計画が一九四三年三月一三日に実行されたのに対し、B軍団の「ランツ計画」では、戦車連隊「大ドイツ」の指揮官フォン・シュトラハヴィッツ伯爵大佐がヒトラーを捕え、ヒトラーはきっと抵抗するので射殺してしまおうというものだった。しかしこの計画は計画のまま終わることになる。というのもヒトラーはヴァルキには現れず、ザポリージャに飛び立ってしまったからである。ザポリージャもまたヒトラーにとって危険な場所だったが、それは別の理由からだった。

バウアーと他の総統飛行部隊のパイロットたちは朝の六時頃、ザポリージャ郊外にふたつある飛行場のうち、大きい方に着陸した。この飛行場は町の東側にあり、前線とはそう離れていなかった。バウアーたちはヒトラーが帰りのフライトを命じるまで飛行場で待っていた。すると突然、ロシア軍の戦車二〇台が、ドニプロペトロウシク（ウクライナの都市）方面から飛行場沿いの道をまっすぐに向かって来ているという知らせが入った。しかし雲と霧のため、戦闘機は戦車を捉えられなかった。数台のロシアの戦車が飛行場の東端に現れた。バウアーたちは大慌てで「コンドル」機を町の南側にある、小さいほうの飛行場に移動させたいと願い出た。しかしヒトラーの答えはすぐに飛び立つのだからその必要はない、だった。こうして飛行場を守る準備に取り掛かった矢先、ヒトラーがエーリヒ・ケンプカ〔訳注：ヒトラーの運転手〕の運転する車で戻って来て、「コンドル」機に乗り込んで飛び立った。ちょうどその時、対戦車砲や他の武器を積んだ数機のギガント〔訳者注：ドイツの軍用輸送機〕が乗り入れてきた。今回も何とかうまくいった。あとで聞くところでは、ロシア軍の戦車はもはや前進していなく、近くのコルホーズ〔訳注：ソ連の集団農場〕で陣についていたとのことだった。原因は動力用の燃料切れのためだった。

カナーリスが陸軍中央の司令部を訪問したことにより、暴君を殺害するための計画はすべて完了した。予備軍のなかでもっとも熱心な陰謀者のひとりであるフリードリヒ・オルブリヒト大将は、一九四二年の暮れの時点ではもう二か月の準備期間を要求していたが、いまや彼はトレスコウたちにヒトラー殺害後、予備軍が一体となって帝国全土の戦略上の要所をすぐに占拠する準備が整いました、と報告していた。

反政府主義者たちのあいだにヒトラーはもはやスモレンスクに来ないのではないか、との懸念が広がり始めた頃、彼は突然——内密に——訪問を予告してきた。多くの将校がそのことを知ったのは、スモレンスクの市内や郊外があわただしくなった三月一二日午後のことだった。ラステンブルクからヒトラーの自動車隊列が到着した。自動小銃を身にまとった親衛隊部隊と、保安態勢を視察に来た帝国保安課報部の者たちが先乗りしてきた。翌朝、国防軍最高司令官（ヒトラー）は、ヴィーンヌィツァから東プロイセンに戻る途中、クルスク（ロシア南西部の都市。一九四三年七～八月の独ソの大戦車戦で名高い）の春の攻撃について協議するため、スモレンスクに立ち寄ることを望んだ。

冷え切った晴れた冬の日だった。戦死者たちはまだ集荷場に積み上げられていた。その上には、深い雪がまるで経帷子のように彼らを覆っていた。遺体は雪が溶けてから、軍人墓地に埋葬される予定だった。いつものように赤軍が攻めてきて、いつものように空中からは狂信的なパルチザンがドイツ軍の占領する後背地に広く攻撃を仕掛けてきた。列車が、護送部隊が、ドイツ軍の兵舎が襲撃されていた。

ラッテンフーバー率いる帝国保安諜報部の連中は、飛行場から総司令官の仮小屋までのわずかな距離の両側を、親衛隊隊員のしっかりした人垣で固めるよう、指示した。この日の朝、ギュンター・フォン・クルーゲ元帥は、自分の部下たちがどういうわけか緊張した顔つきをしているのが気になった。ヒトラー到着の直前に彼は第一参謀本部将校であるトレスコウに言った。「今日だけは何も起こさないでくれるだろうな、トレスコウ。ことを起こすにはまだ早すぎるぞ」。

トレスコウ大佐はもちろん、暗殺するべき時はとっくに来ているよ、という意見だったが、笑ってごまかし、彼の総司令官に気を持たせるような、落ち着かせるような返答を行なっておいた。本当のところは、カエサルが暗殺された三月一五日という歴史的な日が今日の午後に前倒しされたところで、総司令官への説明はその後でもじゅうぶん時間はあるだろう、と考えていた。総司令官を除く将校はみな、トレスコウと同じ考えだった。トレスコウが自分の副官のフォン・シュラープレンドルフに「おれたちはやるんだよな?」と尋ねたのは、言葉のあやでしかなかった。

「やらなきゃいけないのです」と、腹心の部下は答えた。

ヒトラーを迎えるべくクルーゲは、数名の参謀本部将校を連れて飛行場に向かった。ヒトラーは二機もしくは三機——目撃証言によって異なるのだが——のＦＷ２００型「コンドル」機で、着陸した。簡単な挨拶をすませると元帥は客人を自分の車に招いたが、独裁者はこれを断った。そしてごくわずかな道のりを重々しく装甲した車で列をなして移動した。フォン・ベーゼラーガー男爵の騎兵中隊はあらかじめ位置につき、いつでも準備ができていたが、襲撃の機会を失った。これを見てトレスコウは別の暗殺計画を用意しておいてよかったと思った。

「ヒトラーがスモレンスクの飛行場に到着したという知らせはすぐに伝えられた」と、シュラープレンドルフは証言している。「彼は長い車の列を伴って、すぐにフォン・クルーゲ元帥の仮小屋に入った。氷のように冷たい雰囲気だった。外の景色はまだ、ロシアの冬の装いだった。冷たい風が吹いていた」。

▲…ヒトラーとフォン・クルーゲ元帥（1943年）

ヒトラーとフォン・クルーゲ元帥、トレスコウ、それにあともう二、三人の参謀本部将校が、数時間にわたって討議を行なった。スターリングラードの降伏から数週間の戦況は悪かった。それはさすがのヒトラーも認めざるを得なかった。将校たちは援軍の代わりに強がりの言葉しか期待できないことがわかってきた。

少人数による内密の協議だった。にもかかわらずヒトラーの護衛がつねにそばにいて、服用中の二八種の薬のどれかを手渡すか、あまりかけたがらない老眼鏡を差し出すため待機していた。ヒトラーは近視で、彼に手渡される書類が「総統専用タイプライター」によって大きな活字で印字されていたことは、当時国家機密のように扱われていた。

昼食は陸軍中央の将校たちとの会食だった。一三人の将校が席に着いた。彼らはスープとメイン料理が来るまでの間に独裁者を殺すつもりでいたが、フォン・クルーゲ元帥の厳命によってこの計画の実行を必死に我慢していた。会話は弾まなかった。電撃訪問にもかかわらず、ヒトラーは専属の調理師と侍医のテオ・モレル教授——ゲーリングは彼を「帝国注射名人」とののしっていた——を同行していた。モレル教授は、ヒトラーに差し出されるすべて料理の毒味をしていた。まずそうに早食いする客人を目の当たりにした将校たちは、毒が盛られていないか疑り深い東洋の支配者を連想した。実際のところモレル教授の味見は、毒殺の予防というよりも医学的な予防措置だった。医者は食事が指示された通りに、つまり味付けが濃すぎないかを、確認したかったのである。

ヒトラーの消化不良はかなり前から有名で、独裁者はその他にも、脱力の発作、悪寒、不快感、下腿部の水腫（すねのむくみ）を患っていた。毎日、サルファ剤、ブドウ糖、ホルモンなどの注射をしていた。服用する薬の数は一週間で一五〇錠。心身医学的な障害に加え、進行性の冠動脈硬化の持病もあった。

会食は重苦しかった。誰もが早く食事が終わるのを待っているかのようだった。いつもは知的な会話で場を盛り上げるトレスコウまでもが黙り込んでいるので、参会者たちは彼の親友のシュラープレンドルフに今日は大佐に何かあったのかと尋ねた。シュラープレンドルフは第一参謀本部将校の健康状態を引き合いに出さざるを得なかった。「大佐がいつも歯痛に悩んでいることは、みなさんご存知でしょう」。

◎…総統専用機に爆弾

たしかにそうだったが、この日、一九四三年三月一三日のトレスコウは別の苦痛に悩まされていた。反体制派の者たちは、ルフトハンザの同志を通して、総統専用機「コンドル」の詳細な設計図を入手していた。長期にわたる準備を経て、イギリス製のふたつの爆弾が一本の信管でつなぎ合わされ、包装紙に包まれて軍団の戦闘日誌を保管する木箱に収められていた。ヒトラーが飛び立つ直前に時限装置を作動させ、彼の専用機に密かに運び込む予定だった。

トレスコウはとなりに席にいた陸軍統合司令部作戦課のハインツ・ブラント中佐に、あなたは総統専用機に同乗されるのか、と尋ねた。そしてようやくトレスコウは頼みごとを口にした。「ひとつお願いしたいことがあるのですが」と、彼は言った。「シュティーフ大佐に賭けで負けましてね。このコアントロー〔訳注：フランス産のリキュール〕二本なのですが、持ち運びやすいように包みましたので、お手数ですがお持ち帰りいただき、大佐にお渡し願えないでしょうか」。

ブラントは即座に了承した。この親切が彼に死をもたらすとも知らずに。かなり前からトレスコウたちは、ヒトラーの命令に従ってそれを伝達し、あとは正しく実行されるかどうか見守るだけの取り巻きもまた、場合によっては死に値するのだという道徳的見地に達していた。この爆弾によって、第三帝国の犯罪行為への加担の程度の相違など無に帰すことができる。「コンドル」機で時限爆弾が爆発して、生き延びられる者などいるはずがなかった。

会食後ヒトラーは、到着した時と同様の保安措置を講じて飛行場に戻った。トレスコウとシュラープレンドルフは、同じ車に乗って後に続いた。何事もなく一行が滑走路に到着すると、総統専用パイロットのバウアーは「コンドル」機への給油を終え、いつでも離陸できる状態で待っていた。飛行中隊一隊が重爆撃機を先導することになっていたが、前線のこの近辺では、ソ連空軍の攻撃の心配はほとんどなかった。

「ヒトラーがまだ滑走路に立って陸軍中央の将校たちと話をしていた頃」と、ハインリヒ・フレンケルとロジャー・マンベルはその時の状況を書き記している。「つまり防弾の『コンドル』機に乗り込む前、シュラープレンドルフはトレスコウに目配せし、発火装置の酸の入った容器を鍵で押しつぶした。そして彼はブラント大佐に一見何の変哲のない小包を手渡した」。

陰謀者たちは時限爆弾を選ぶ時、失敗する可能性については考えていなかった。何十回ものテストを経て得た答えは、クラム爆弾――イギリス製で、フランスのマキ〔訳注：レジスタンス組織のひとつ〕が占領国ドイツに対して使うもの――は故障の心配がない、ということだった。ふた組の爆弾はそれぞれ磁石でくっ付いていた。信管が点火するのは三〇分後にセットされた。「コンドル」機が離陸した時、トレスコウとシュラープレンドルフは、ベルリンに予告していた通り、ミンスク（ベラルーシの首都）上空あたりで爆発すると確信していた。

ブラントはヒトラーのすぐ近くに座っていたので、爆発が起こるとふたりともすぐにずたずたに引き裂かれるはずだった。機内ではブラントはある報告を行なっていたようだ。時限爆弾は「コンドル」機に大きな穴を開け、墜落させるほどの威力があった。死に方はいろいろあるだろうが、生存する可能性は誰にもなかった。

暗殺者たちにとって人生でもっとも長い三〇分だった。彼らは立って待っていた。たとえヒトラーの死が伏せられても、すぐに第一報を得られるはずだった。というのも、戦闘機のうちの一機が地上に無線で墜落を伝えると、この悲報は陸軍中央にも転送されることになっていたからである。さらにベルリンに電話連絡され、この非人間的な体制がいよいよ幕を閉じる時を迎えるはずだった。

あと一〇分、あと八分。

コアントローの瓶から音漏れなどしないよう、時限爆弾内の酸の入った信管は作動していた。点火するまでの時間設定によって、いろいろなタイプがあったが、陰謀者たちは最小型のものを選んでいた。飛行距離が二〇〇キロから二五〇キロに達した時、爆発する予定だった。ラステンブルクの大本営までの飛行時間は約二時間と想定されていた。

爆発の時間になった。

第一報はまだ届かなかった。しかし酸によって作動する信管は、電子仕掛けのものほど正確ではなかったので、もうあと一、二分、ヒトラーは長生きしているのかもしれなかった。

陰謀者たちは不安になった。一〇分経ち、二〇分経っても、爆発の連絡は届かなかった。

二時間後、ついに届いた知らせは総統専用機は無事、ラステンブルク大本営に到着したという絶望的なものだった。

トレスコウとシュラープレンドルフは意気消沈したが、取り乱すことはなかった。ふたりはまず「暗殺計画は失敗した」とベルリンに連絡し、その後の行動計画を中止させた。ふたりが次にしなければいけないのは、シュティーフ大佐が自分宛ての危険な贈り物を開封し、その中身が知られる前に回収することだった。ヘルムート・シュティーフはこの時点ではまだトレスコウたちに与しておらず、一九四四年七月二〇日になって初めて仲間に加わることになる。

「トレスコウは決然と受話器を手にし、ヒトラーのお供をしていたブラント中佐につないだ」、とファビアン・フォン・シュラープレンドルフは伝えている。「ブラントにつながると、トレスコウはこう言った。『困ったことになりました。お渡ししたシュティーフ大佐宛ての包みですが、全く別のものだったようなんです。明日、私の連絡将校に取りに行かせるので、恐れ入りますがそれまでお預かりいただけませんか。シュティーフ大佐には、こちらからコアントローを届けますので』。ブラントは疑うことなく、この提案を受け入れた。

こうして私は翌日、トレスコウの命により、通常の輸送機で「アンナ」（ラステンブルク大本営の暗号名）へと向かった。すぐに私はブラント中佐を訪ね、小包の返却を頼んだ。包みは彼の机の上にあった。ブラントは包みを手に取ると、ふざけてカタカタと揺すった。ひょっとして爆弾は後になってからでも破裂しないとも限らないので、私はいやな気がした。しかし今回もまた、何も起こらなかった。小包を受け取ると、私はシュティーフ大佐のところに向かい、本物のコアントローを手渡した。シュティーフはとても背が低いが筋肉質で、快活な男だった。形式的な、改まったことが嫌いで、以前、クルーゲ元帥のもとで第四軍の第一参謀本部将校を務めたことがあった。彼はとっくにことの重大さに気づいていて、私に対しても思っていることを率直に述べた。ヒトラーに対しては敵意しか抱いていなかった。シュティーフと別れた私は、ラステンブルクの駅に向かった。東プロイセンを夜に発ち、翌朝ベルリンに到着する国防軍専用の寝台列車があった。予約してあったコンパートメントに乗り込むと、すぐに鍵をかけ、剃刀の刃で慎重に小包を開封した。爆薬から信管を外すと、驚いたことに信管は真っ黒になっていた。押しつぶされた瓶内の液体の酸は針金を腐食させ、撃針は前方にはじかれてはいたのだが、爆薬に点火はされていなかった。どうして点火されなかったのか、その理由を私は断言することはできない。ただ、恐らくロシアの寒さが本当の原因ではないか、という気がした。戦時中、ドイツ軍の大砲が標的に到達する前に落ちてしまうことがよくあったが、それはヨーロッパの気候なら強力なわが軍の砲弾が、ロシアの寒い気候のせいで威力を発揮できないためだった。何度も油を塗った機関銃でさえ、冬のロシアでは役に立たなかった。ロシアは別の国というだけでなく、気候の違う別大陸でもあったのだ。列車は定刻通りベルリンに到着した。私はラウター教授の家を訪れた。当時、彼はクーアフュルステンダム［訳注：ベルリンの繁華街］に住んでいて、部屋がずらりと並んだ邸宅を所有していた。われわれはまず、爆弾を古くて大きな、見事な箪笥にしまった。すぐにトレスコウから電話があった……」。

トレスコウ大佐はあきらめていなかった。彼はシュラープレンドルフに、ホテル「エデン」にいるルドルフ・クリストフ・フォン・ゲルスドルフ男爵を訪問するよう依頼した。彼なら時限爆弾に新しい信管をセットし、もう一度暗殺計画を実行してくれるのでは、そして独裁者もろとも自爆してくれるのでは、との期待があった。

第13章 犯行は兵器庫で

◎…トレスコウの次の一手

ドニエプル河沿いの広大な草原を、ロシアの凍てつく風が吹きすさび、ふたりの参謀本部将校の顔を突き刺した。ふたりは陸軍中央の司令部——スモレンスク郊外に設置され、早二年が経とうとしていた——の近くをずっと歩いていた。立ち止まったまま、背の低いほうの男が連れに向かってこう言った。「ドイツ軍の参謀本部将校ふたりがこうやって、自分たちの最高司令官（ヒトラー）を殺すのに一番確実な方法を考えているなんて、とんでもないことだと思わないか、ゲルスドルフよ。だけどこれはどうしてもやらねばならない。ドイツを没落から救う唯一の方法なんだ。史上最悪の犯罪者から世界を解放しなければならない。人類を危険にさらす狂犬のような奴を殺さなきゃいかんのだよ」。話しているのはトレスコウだった。

ゲルスドルフは総統専用機内での暗殺のために爆薬を調達したが、イギリス軍からの略奪品が何の目的で使われるのかは知らされていなかった。トレスコウは陰謀者たちの間で一番口が堅かった。それは仲間を信用していないからではなく、情報漏えいを防ぐ彼なりの方法だった。第一参謀本部将校のトレスコウは、ゲシュタポの手に落ちたら、誰だって拷問で口を割ってしまう、と思っていた。それは性格の問題ではなく、人間性の問題だった。いまになってトレスコウは、ドニエプルの荒野を散歩しながら、第三参謀本部将校（Ｉc）のゲルスドルフに総統専用機内の暗殺計画が失敗するまでの経緯について打ち明けていた。そして率直に尋ねた、「ヒトラー暗殺をやってみないか」と。

かつてのプロイセンの軍人から、いまや自殺的な行為もいとわない反逆者に変貌していたゲルスドルフは、トレスコウの問いかけに対し、何のためらいもなく応じた。

「トレスコウが、本当に予測できなかったあの失敗から、こうも早く立ち直ったことは信じられないことだった」と、ゲルスドルフは伝えている。「もしも見つかったらすべての抵抗運動をこの上ない危険にさらしかねない、あの爆弾をシュラープレンドルフがとり返した直後から、トレスコウは次の襲撃の可能性について考えていた。三月一三日から日を経ずして、シュムントからトレスコウに電話があった。それによるとヒトラーは、三月二一日にベルリンの兵器庫で行なわれる戦没将兵慰霊式典に臨席するに際し、陸軍中央主催のソビエト軍略奪兵器展覧会を見学する意向とのことだった。開会式前の三〇分程度、少数の随員とともに見学するが、そこに総司令官のフォン・クルーゲ元帥夫妻の同行を求めていた。展覧会は私の部署であるＩcの国防軍情報部参謀が担当したものだった。だから軍団の参謀本部将校のなかでヒトラーの見学に立ち会うのは、私が一番の適任者だった。トレスコウは私にこの機会を利用して暗殺計画を実行できないか、と尋ねた。今回はうまくいけばヒトラーだけでなく、ゲーリングやヒムラー、ゲッベルスも殺せるかもしれない。現場の状況に左右される計画なので、トレスコウは私に実行の具体的な指示を出すことはしなかった。ただ、ヒトラーもろとも爆死することになると思うが、と言った」。

　トレスコウはまず、こういった戦況ですから前線を離れないでください、と総司令官のフォン・クルーゲを説得した。上官への忠誠心から、トレスコウはフォン・クルーゲをヒトラー暗殺が行なわれるベルリンに行かせたくなかったし、また、性格には問題があるものの、軍事上有能なこの元帥を、クーデター後の船首像（看板用の人物）として利用できると踏んでいたためでもある。元帥の代理を務めることになったのは、第九軍総司令官のヴァルター・モーデル上級大将だった。ナチ党員であるこの男なら、殺してもかまわない、いや、殺さなければいけない、とトレスコウ大佐は確信していた。

　三月一五日、モーデルはゲルスドルフとともにベルリンへ飛んだ。ふたりの将校はシュムント大将を訪ね、追悼式典の式次第について説明を乞うた。ヒトラーの副官であるシュムント大将はゲルスドルフに対し言いにくそうに、毎年、総統自らが参列者を決めるので、大佐が兵器庫に同行するのは難しいでしょう、と述べた。

　モーデル上級大将は即座に反論し、自分はヒトラーに展示品の説明を求められてもできない、と語気を強めた。彼はゲルスドルフが自分の代わりを務めるのだ、と主張した。

　シュムントはややためらっていたが、ゲルスドルフの臨席は自分の責任において認めましょう、と応じた。式典前にドレスデンにいる妻を訪ねたいモーデルが、さらに正確な時間を知りたいと尋ねると、ヒトラーの到着時刻を教えるなんて死刑ものですよ、とシュムント大将は言い返した。しかし彼は特例として、公表時刻と実際の時刻は一時間半も違うことをふたりに教えてくれた。

◎…あまりに短い兵器庫での滞在

ヒトラーの見学予定時間は三〇分と記録されていた。ゲルスドルフの計画、すなわち一〇分後に爆発するようセットされた爆弾を持ち込み、それが正しく作動するには、この時間はじゅうぶんだった。

三月二〇日、筋肉質の騎兵隊将校は戦没将兵慰霊式典の会場を訪れた。彼は兵器庫の採光用中庭を見て回り、演台の近くに賓客やフィルハーモニー・オーケストラのための席を作っている作業員たちを観察した。月桂樹や花飾りが持ち込まれ、せわしなくはたらいていた。親衛隊や保安課報部、帝国保安課報部の者たちが疑り深い目を向けていて、あらゆる行動が彼らの監視下に置かれていた。ゲルスドルフは演台に爆弾を仕掛けられる可能性が皆無であることを悟り、ついにはヒトラーとともに自分も死なざるを得ないということを理解した。

ゲルスドルフはこういった恐ろしい結論にも尻込みするような男ではなかった。むろん彼が「自分の計画の意味と責任」を初めて意識したのは、――本人が告白するところによれば――ホテル「エデン」の自室で真夜中ごろ、シュラープレンドルフから総統専用機での不発弾を渡された時だった。「この夜、私は眠れなかった。刑が執行される前夜の死刑囚もまた、監房でこんな気持ちでいるものだろうかと思った」と彼は書き残している。

この計画の決行によって世界史に介入しようとする将校ゲルスドルフが翌朝、兵器庫に現れると、相変わらずの大混乱だった。観覧席はまだ作られていたし、広間は花で飾られていた。保安措置は極端なまでに強化されていた。ゲルスドルフはヒトラーが略奪品を見学する際の案内を務める大佐であるにもかかわらず、彼は何度も検査され、監視されていた。とはいえ彼の軍服のコートのポケットまで調べる者はいなかった。

爆弾を左右のポケットに分けて入れていたのは、片方が不自然にふくらむのを避けるためだった。左のポケットに隠した爆弾が破裂すると、右のも自動的に点火するものと思われた。ゲルスドルフが注意しなければいけない唯一のことは、ひとりで死ぬのを避けるため、ヒトラーのすぐそばにいることだった。ゲルスドルフは意を固めていたが、用意周到なトレスコウが持たせてくれた興奮剤のペルビチンを飲もうという気になっていた。

一一時直前に第三帝国の高官たちが到着した。保安上の理由から、彼らも式典の実際の開始時刻を知らされていなかった。この中にはゲルスドルフ男爵の知人、友人、上官、部下らもいたが、当人は心ここにあらずという体で、彼らとほとんど口をきかなかった。だけど彼らはゲルスドルフが今日、ヒトラーの案内を務めるのだと知ると、きっと緊張しているのだろうと思った。

戦没将兵慰霊式典はヒトラーが公に姿を見せる、いまとなっては数少ない機会だった。企業や学校、営舎には全員揃ってラジオを聴くことが要請されており、他方、ドイツの全放送局は式典をネット中継していた。したがって数百万のリスナーとともに、遠く離れたスモレンスクにいるトレスコウもまた、爆弾が爆発するさまを「ライヴで」体験できるはずだった。

ついにヒトラーが現れた。指揮者は譜面台に身をかがめ、式典の開幕にアントン・ブルックナーの交響曲第七番の第一楽章を演奏した。これはゲルスドルフにとってペルビチンを飲む合図だった。薬が効いてきた気がした。半時間に及ぶ総統の演説はほとんど耳に入らなかった。朦朧としながらも理解できたのは、戦況についての楽観的かつでたらめの発言と、神々のたそがれを思い起こさせる奇妙な神秘論だけだった。

ゲルスドルフはヒトラーの演説がいつまで続くのか、そのあとオーケストラがどれくらい演奏をするのか知らなかった。彼は祝典の会場を離れて展覧会場の入り口に立った。

▲…ベルリンの兵器庫。フォン・ゲルスドルフ大佐が時限爆弾をマントに忍ばせてヒトラーを狙っている（背後の右から２番目）

暗殺者の報告は次のとおりである。「私はモーデルと制服姿の館長の間に立った。ヒトラーが現れるまで、それからしばらく時間があった。ヒトラーに並んでゲーリングが現れた。勲章を飾り立てた白い軍服とモロッコ革の赤い長靴で、オペレッタの侯爵のような印象を与えた。その上、ゲーリングはグロテスクなまでにメイクをしていた。ヒトラーはヒムラー、カイテル、デーニッツ、シュムント、ほかに二、三の連絡将校をお供に付けていた。ドアのところでヒトラーは突然振り返り、「フォン・ボック元帥、陸軍中央の前総司令官として、あなたにも私といっしょに来ていただきたいのですが」と言った。ボックはいささかわざとらしいお辞儀で応じた。

居合わせた人たちがほんの少し注意をそらせたこの瞬間を利用して、ゲルスドルフは左のコートのポケットに隠していたクラム爆弾の信管のスイッチを入れた。ヒトラーが近づいてきたので右腕は他の者と同じように高く上げてヒトラー敬礼をした。混乱の最中、もう一方の左手では気づかれないように死のボタンを押すその様は、生と死の曲芸という奇妙な二重の動作だった。あと一〇分、ひょっとしたらもうあと一二分。例年通りだとヒトラーは少なくとも三〇分、場合によってはそれ以上の時間、展示品を見て回るはずだった。

「ヒトラーが握手したのはモーデルだけだった」とゲルスドルフは回顧している。「それから彼の見学が始まると、私はヒトラーの左隣にぴったり付けた。さまざまな展示品について説明を加えようとしても、彼は全く聞いていないようだった。ベレジナ川に架橋していたドイツ軍の工兵が川床で見つけたナポレオン軍の鷲の紋章に注意を喚起させようとした時も、返事はなかった。その代わりにヒトラーは脇の出口の方へ急いで歩いた、というより駆けていた。文書類の陳列棚を見ていたゲーリングが、モスクワの府主教の愛国的な声明にヒトラーの注意を向けさせようとしてもだめだった。近くに記念碑が立っている、兵器庫の出口そばで、ヒトラーはモーデルと私に向かって右の前腕を直角に上げるいつものしぐさで別れの挨拶をした。展覧会場に滞在したわずかの間、彼はひと言も話さず、ほとんど何も見ていなかった。戦後になってわかったことだが、ＢＢＣがこの日の全式典を録音していた。それによるとヒトラーが兵器庫に入ってから出るまでの時間はわずか二分。私の記憶ではもう数分はいたような気がする。いずれにしても一〇分という標準的な点火時間にはあまりに短すぎた。

ヒトラーは兵器庫を立ち去った。それとともに暗殺の可能性も消え去った。まるで遠隔操作されているかのように、ヒトラーは建物の外で、兵器庫と記念碑の間に展示されていた、ソヴィエト軍からの略奪品である戦車によじ登った。この日、彼の関心を引いた唯一の展示物は、装甲されたこの怪物だけだったようだ。ゲルスドルフはトイレに駆け込み、大慌てで爆弾の信管を外した。

彼はこの日に死ねずに生き延びてしまったことに絶望した。

スモレンスクに戻った彼をトレスコウは脇に連れ出した。そして時計で時間を計ってから、こう断言した。想定外のこんな短時間で化学的な信管を使う暗殺計画を実行するのは不可能だった、と。偶然か、それともひょっとすると脅された者の本能かが、またもや介入し独裁者を守った。戦争の狂気は続いた。しかしそれと同じように、いかなる予測不能な事故があったとしても、この戦争の責任者を排除しようとする反逆的な軍人たちの試みもまた、続いたのである。

第14章　反撃

◎…ヒトラーの用心

　さすがの独裁者ヒトラーもスターリングラードの悲劇のあとには、有刺鉄線や遮断区域、コンクリート壁、歩哨の網に守られて暮らすようになった。しかし、はた目から見てどれだけいらだつことであったとしても、人と面会することは避けられないことだった。外交官や前線からの帰還将校、経済人、あらゆる種類の専門家たちがひっきりなしに報告に来たからである。抵抗運動の指導者であったオスターとトレスコウは、こうした人たちの中からも、ヒトラーを排除するゲルスドルフのような暗殺志願者を募ろうと試みた。

　ようやく一九四四年七月二〇日になって、総統と面会する際は、将校も基本的に武装を解くこととなった。逆に言えば、この時期まで武装を解くかどうかは将校たちの恣意やこだわりに委ねられていたのである。

こうしてヒトラーの反対者たちは、文字通りダイナマイトを身に巻きつけ、殺害の標的もろとも粉みじんにならない限り、暗殺は成功しないと考えはじめた。

彼らは新たなゲルスドルフを捜し、そして見つけた。

「一九四三年という年ほど反対派の計画や未遂事件で満ちた年はなかった」と、ペーター・ホフマンは書いている。

ヒトラー暗殺という歴史的快挙に特に適していた人物として、男爵アクセル・フォン・デム・ブッシェ＝シュトライトホルスト大尉が挙げられよう。大尉は素晴らしい軍人で、一級鉄十字勲章（ＥＫＩ）に続きドイツ金十字勲章を授与され、さらに騎士十字勲章と傷痍金章も与えられている。大尉のキャリアの出発点も第九歩兵連隊であった。大尉は初日から東部戦線で闘い、レニングラードからクリミア半島までのあらゆる前線を経験していた。その勇敢さはその人柄同様申し分のないものであった。大尉は、今日の発想ではほとんど理解に苦しむ、暗殺にうってつけの条件を持っていた。それは素晴らしい北方系の外見をなしていたということである。これによって、大尉は褐色の軍服を着たナチ党の人種主義者たちに対して、ある種のフリーパスを持ったのであった。

男爵は、何度かの負傷の後、前線部隊の連隊副官に昇進した。一九四二年の秋、ドゥブノにおける無慈悲なユダヤ人大量射殺の目撃者となったが、そのときにはすでにナチズムに対する最後の幻想さえ失っていた。男爵は、他の四名の兵士とともに、新作の軍服を大量生産に入る前にヒトラーに披露するモデル役に選ばれた。

これは抵抗勢力にとってますます難しくなっていた暗殺のまたとない機会だった。反対派はこの高位の勲章をもつ男爵に慎重に接触し、たとえば書類鞄に時限爆弾を入れて運び、ヒトラーの足元に置くことは可能かどうか打診した。すると大尉はいつもの明確さでこう答えた。「駄目です。爆弾というものは腹に巻いていかなくてはなりません」。

こうして男爵は暗殺計画に同意した。新しい制服の型紙が完成し、総督本営との間でお披露目の日程が協議された。ヒトラーは待たせ続けたが、シュムント大将は根気よくお披露目の日程を提案し続けた。こうして暗殺計画は数か月の間宙に浮いた。

◎…反撃開始

計画加担者たちが極めて危険な偵察任務によって受勲した、怖れを知らないこの軍人に希望を置いていた一方、敵側は深い進入に初めて成功した。すなわち、一九四三年四月五日、偏狭な国家社会主義者、空軍最高軍事裁判所顧問マンフレート・レーダー博士が、(この男に比べれば、補佐役の秘密国家警察警部フランツ・クサーファー・ゾンダーエガーなどまだ人道的とすら言えるほどであった)、ティルピッツウーファーの「フックスバウ」と呼ばれる国防軍諜報部本部棟に突如踏み込んだのであった。レーダーは無愛想な声でカナーリス海軍大将との面会を求めた。レーダーは大将に、政治的に極めて不都合な疑いがあるので、諜報部上級行政事務官ドナーニーに対して調査が行われる旨を伝えた。

ある外国為替事件の容疑者として、ミュンヒェン出身のポルトガル名誉領事ヴィルヘルム・シュミートフーバーという非妥協的なビジネスマンが浮かび上がった。逮捕後、シュミートフーバーは秘密国家警察の尋問を受け、カナーリスの同僚ドナーニー、ディートリヒ・ボーンヘッファー牧師、ヨーゼフ・ミュラー弁護士と敵側との関係を示唆する証言をした。ちょうど帝国航空輸送省内部の共産主義派の抵抗グループ「赤い楽団」を摘発したばかりのレーダーは、さらに出世するチャンスとばかりに、捜査命令を出したのである。

ヴィルヘルム・カナーリスは冷静な反応を示した。実はカナーリスはその少し前、少将に昇官していた親友のオスターに、破壊活動を計画するにあたっては以前に増して慎重を期すよう依頼しており、彼の事実上の代理人オスターがすでに謀反の足跡をすべて片づけたと思っていたからである。ドナーニーの執務室に行くには、オスターの部屋を通らなくてはならなかった。「明るいザクセン人」オスターは、すぐにドナーニーの活動はすべて国防軍諜報部の委託によって行われており、自分が全責任を持つと説明した。また、彼は求められていないのにもかかわらず、カナーリス、レーダー、ゾンダーエガーに同行した。

計画加担者というより根っからの法曹人であったドナーニーは、実際急襲されたのであった。すなわち、至る所に書類が置かれており、それらは捜査員によって押収されてしまった。レーダーは防火金庫の鍵を要求し、金庫を開けた。オスターは、ドナーニーが目配せで送った警告を見て、メモの一つ、つまりゲームのカムフラージュを施したスモレンスクの飛行機撃墜暗殺未遂計画を示す書類を何とか気づかれずに隠そうとした。しかし、目を光らせていたゾンダーエガー警部はそれを阻み、事態は一層悪化した。

オスターはまず戒告を受け、次に職務をはく奪された。ドナーニーは逮捕された。しかし、幸いにもドナーニーの恐れた最悪の事態だけは避けられた。捜索者たちは書類鞄に縫いこまれていたツォゥセンにある金庫の鍵を見逃したのである。金庫の中には抵抗グループを根こそぎにしかねない書類が保管されていたのだった。

ドナーニーは拘束中も立派に振る舞った。そして、陰で活動していた友人たちが、以前空襲で負った傷を根拠として、ドナーニーをフェルディナント・ザウアーブルッフの治療院に引き渡すことに成功した。無慈悲な追及者であるレーダーは、ザウアーブルッフ教授の不在を利用して、再度ドナーニーを国防軍の調査営巣へ搬送しようと救急車を派遣したが、この試みは成功しなかった。

ハンス・オスターは、抵抗派でもあった参謀本部判事カール・ザックを通じてこの怒り狂ったレーダーを排除しようとした。法服に身を包むナチ党員であり、今や国家保安本部よりも危険になったレーダーをおだて上げて他の舞台へと追いやるか、つまずかせるか、とにかく何とかして排除することが計画加担者たちの死活問題となったのである。

「小さなレバント人」カナーリスは出口を見出した。すなわち、自分が管轄する部隊の司令官に、空軍判事レーダーが裁判の過程において「ブランデンブルク特別部隊」に対して否定的見解を述べたと知らせたのである。アレクサンダー・フォン・プフールシュタイン少将は怒りに我を忘れ、上官にどうすべきか問うた。カナーリス大将は肩をすくめ、こう言った。「もし自分が若かったら、そんな裁判官には出かけて行って公判中に平手打ちを食らわすところだ」と。

「国防軍諜報部師団の司令官はこのアドバイスをよしとした」と、シュラープレンドルフは報告している。「プフールシュタインはレーダーが司る公判に出かけて行くと、議長席に歩み寄り、あなたが空軍判事のレーダーかと尋ねた。レーダーがうなずくと、往復ビンタをまともに食らわせた。この出来事は諜報部師団司令官とカナーリス海軍大将に不愉快な結果をもたらした。すなわちカナーリス海軍大将は、戦時中であったにもかかわらず、三週間の自宅監禁を命じられたのである。しかし、カナーリスはみなを味方につけた。ドイツ軍は喜びに沸いたのである」。

レーダーは排除され、反逆者の摘発の被害は直接の関係者だけにとどまった。しかし、オスターも権限を失った。彼は諜報部の任務からはずされ、一九四三年六月一九日には総統予備軍にまわされ、一九四四年三月三日には現役の軍務そのものから引き離された。「ただし、軍服をその後も着用する権利は保持された」。

これにより反対派は「マネージャー」を失ったのであるが、代わりに一人の参謀本部将校が登場してきた。彼は元々建築学志望であったが、前線でのたび重なる玉砕命令を生き残ったことを自ら不思議に思っていた人物であった。名前はクラウス・シェンク・フォン・シュタウフェンベルク伯爵、大佐だった。大佐は抵抗運動のオーガナイザーおよびコーディネーターとしてオスターの後を継ぎ、「壁紙貼り職人」(シュタウフェンベルクによる)を暗殺する計画をいくつか作成した。しかし、ありえないような偶然が続き、ヒトラーはしぶとく生き延びた。シュラープレンドルフが書いているように、独裁者は「悪魔に守られていた」かのようであった。

スモレンスク近郊ではロシアの寒波のせいで信管が作動しなかった。ゲルスドルフのいのちがけの試みの際は、何が原因だったのかはわからないがヒトラーが癇癪を起し、それが彼自身を救った。さらには、こともあろうかイギリスの空襲がヒトラーを恐ろしい死から守った。

◎…制服モデル

ブッシェ=シュトライトホルスト大尉はなおも決死の行動の目前にいた。制服披露の日程は決められたり、延期されたり、決めなおされたり、取り消されたりしていた。しかし、大尉はその間の時間を実験に利用した。材料を提供したのはヘルムート・シュティーフ大将であった。大将は、シュラープレンドルフのコワントローの受取人に二度もなった人物であり、計画加担者の中では事態をよく知っていた一人だった。

大将は前もってイギリス製の時限爆弾を調達し、ラステンブルク近郊の総統本営の木の塔の下に隠しておいた。しかし、この爆発物は原因不明の爆発を起こして粉みじんとなった。その直後、ヴェルナー・シュラーダー中佐の指揮で徹底した調査が行われた。ところが中佐は反対派に属する人物で、この突発事故が迷宮入りするようううまく取り計らった。

ブッシェ＝シュトライトホルスト大尉は、イギリス製の爆薬はごめんだった。すなわち、大尉は、入手先が怪しいのに加え心理的な理由からもイギリス製の爆薬を拒否した。大尉はドイツ製の爆薬に慣れていたのだ。そもそもドイツの爆薬にはイギリスの信管は合わない。兵器庫の突発事故が示したように、それでなくともイギリスの信管は問題だった。ヒトラーが演壇に一時間もとどまらず、まるで追い立てられるように次々と展示室を移動するのでは、時限装置の最短設定時間一〇分は長過ぎる。

大尉は手榴弾の信管を利用することを思いついた。大尉は前線の近接戦において手榴弾を数多く投げた経験があり、ピンを抜いたあと四秒半で爆発するその感覚を身に着けていた。心の中で二一、二二、二三と数える間、しゅっという小さな音が聞こえるが、大尉はこの音を咳の発作を演じてごまかそうと考えた。そして、ヒトラーに走りより、人々の目の前でヒトラーの両手をつかみ、一種の死のクリンチで最後の瞬間まで道連れにしようと考えたのである。

ブッシェ＝シュトライトホルスト大尉は、暗殺計画の予行演習を行った。手榴弾の信管の実験を行い、残りはグリーニケ橋からハヴェル川に投げ捨てた。また、大尉は発火のメカニズムを改良した。すなわち、手榴弾の握りの部分を半分の長さに切り、ひき紐を中が空洞の柄に通し、その先端に握り玉をもう一度結びつけた。その結果、起動のためにはほんの少しひもを引くだけでよくなり、人目につく動きをする必要がなくなった。大尉は制服披露に際し、何の疑いも引き起こさないで一連の動作ができると確信した。新しい制服のズボンの幅はゆったりとしており、深いポケットが爆発物をうまく隠すことができたのである。

大尉は、いまいましい偶然や不運が予想されたので、さらに手を打ち、軍靴に長い細身のナイフを隠しておいた。爆発しなかった場合、このナイフでヒトラーを刺そうと考えたのだ。

すべてが整った。閲兵は一九四三年一一月二三日に定められ、二五日が予備日となった。しかし、この実行日はもう一度一二月上旬に延期になった。そして、軍需大臣シュペーアおよびカイテル元帥列席のもとで挙行されることが最終決定された。今度は最後の瞬間までキャンセルの知らせはなかった。だが、直前にベルリンに激しい空襲が浴びせられた。ブッシェ＝シュトライトホルスト大尉は、最後の挨拶をしようとシュティーフを訪ねたが、そこで、総統本営に運ぶために貨車に積んであった軍服が焼失し、閲兵が、つまりそれと同時に暗殺が、代りの軍服ができるまで延期になったことを知ることとなった。

さらに、いつでも何でもする覚悟の大尉ではあったが、東部戦線に異動になってしまった。シュタウフェンベルクは、一九四四年一月総統本営に配属されたとき、大尉を取り戻そうとしたが、暗殺計画について何も知らない師団司令官が「自分の部隊に属する大隊長が東プロイセンにおいて軍服のモデルなど務めることがあってはならない」と、大尉の出張を許可しなかった。

数日後、男爵は前線で負傷した。片足を失ったのだ。暗殺者としてはもはや使いものにはならない。しかし、大尉は相変わらず、ヒトラーを標的とする爆弾を小さなカバンに入れて持ち歩いた。大尉は軍事病院を転々としたが、その間その鞄はいつも彼のそばにあった。一九四四年秋、未遂の暗殺者である大尉は、ついにその鞄を人知れず湖に沈めた。

一九四四年二月一一日前後、エーヴァルト・ハインリヒ・フォン・クライスト中尉が大尉の代役を務めようとした。今度はシュタウフェンベルクが爆薬を用意した。今度も手榴弾の信管が使用される予定であった。しかし、閲兵式は行われなかった。七月七日、ザルツブルク近郊のクレスハイム城において新作の軍服がお披露目になったとき、暗殺者として身を捧げる者はいなかった。

シュタウフェンベルク付き将校であるヴェルナー・フォン・ヘフテン中尉が、ヒトラーを射殺することを願い出たが、この申し出は退けられた。

◎…ブライデンブーフ中隊長

騎兵中隊長エーバハールト・フォン・ブライテンブーフは、ハルダーの後任の参謀総長クルト・ツァイツラー上級大将から、三月一一日の作戦会議のためにベルクホーフのヒトラーのもとに出頭せよとの命令を受けた。中隊長は、ヒトラーを暗殺し事態を解決しようとピストルを忍ばせた。三月九日、トレスコウから再度暗殺命令を受けた中隊長は、エルンスト・ブッシュ元帥のお伴としてヒトラー専用機「コンドル」に乗ってザルツブルクに飛んだ。ザルツブルクでは、ヒトラーのメルセデスが二人を待っていた。

騎兵中隊長は、この日が生きている最後の日になると確信していたので、腕時計や指輪などを妻に送っていた。中隊長は、ベルクホーフの大広間においてブッシュ元帥、ヨーデル元帥、カイテル元帥、ゲッベルス宣伝大臣にまみえた。身につけていた八ミリのピストルをこれみよがしに差し出したが、ズボンのポケットには安全装置をはずしたブローニング銃が隠されていた。

「中隊長は元帥の発言に必要な書類が入った書類鞄を小脇に挟んでいた。元帥付き将校である中隊長は、元帥が合図をするたびにそれらの書類を元帥の前に差し出すことになっていた」とペーター・ホフマンはその場面を描いている。「遂に会議室のドアが開かれ、親衛隊の制服に身を包んだ男が、総督が入室を命じられましたと言うと、ブライテンブーフも書類鞄とともに部屋に入ろうとした。階級順だったのでブライテンブーフは最後であった。すると親衛隊員が彼の腕をとり、今日はお付の将校は誰も会議に参加させないよう命令を受けていると説明した。ブライテンブーフは抗議し、ブッシュが後ろを振り返った。ブッシュは自分の発言には中隊長が必要だと口をはさんだが、功を奏しなかった。ブライテンブーフは入室できず、ブッシュは自分で書類の心配をしなくてはならなかった」。

ブライテンブーフは計画を実行するチャンスを失った。また、自分に対するこの無愛想な態度は自分が怪しまれたせいとしか思えなかった。もし、ポケットを探られ、充填し安全装置をはずしたピストルが見つかったなら、どう言い訳したらよいか？　親衛隊員の一人が近づくと、連行されるのではないかと震え上がった。中隊長はこの緊張をどれだけ耐えなくてはならないかわからなかった。ようやくブッシュ元帥が無表情な顔つきで「作戦会議」から戻ってきた。ブッシュはブライテンブーフに頷きかけた。二人は空路ミンスクに戻った。ミンスクではトレスコウが未遂に終わった暗殺者に、「ブライテンブーフ、どういうわけか密告されたようだ」と声をかけた。

その後すぐ、ブライテンブーフはオーバーザルツベルクへ引き返した。しかし、再度なされた暗殺の要請を「そうしたことは一度しかしないものだ」と断った。

計画加担者たちはこれ以上時間を失うわけにはいかなかった。しかし、時間はどんどん過ぎていく。怠けていたのではない。情勢が悪かったり、ブライテンブーフが作戦会議から閉め出されたような説明のつかない偶然のためであった。

転覆計画の新しい総支配人となったシュタウフェンベルクは、どこでであろうが、どのようにであろうが、とにかく行動しなくてはならないことを知っていた。彼は「意味の無い犠牲を防ぐために何もしないのなら、わたしは戦没者の妻や子どもに顔を合わせられない」と外科医の息子ザウアーブルッフに語った。

シュタウフェンベルクは、手首から先の右手と、左手の薬指と小指を切断し、左目も失い、さらに中耳とひざの手術を受けていた。しかし、この見込みの無い数週間のある時点において、独裁者を総督本営においていて傷痍軍人たるシュタウフェンベルク自身の手で殺害するという計画が固まっていった。彼自身、独裁者暗殺前後の重大な時期に首都ベルリンにいなくてはならない人物であったにもかかわらずである。

第15章 ワルキューレ作戦

◎…ノルマンディ上陸作戦

遅くとも一九四四年の初夏には、ドイツの将官で戦争は負けだと悟っていない者はいなかった。すでに赤軍は一月にレニングラードを奪還し、二月にはポーランドに達していた。これは赤軍がたった一年で数百キロもドイツ国境に近づいたことを意味した。そして、東プロイセンが赤軍の殺到に巻き込まれた最初のドイツ領地となった。一方南部前線では、米英軍がローマに侵入していた。

夜になるとドイツの町々は爆弾の雨にさらされた。アメリカ軍は連日、製油所や工場へ戦術的な攻撃を加え、ドイツ軍の軍備を崩壊させた。約束された奇跡の武器などただのはったり、不発だった。イギリスはV1号、V2号をロンドン到達前に撃ち落した。非戦闘員である国民は、もうゲッベルスのプロパガンダによってもだまされなかった。国民は敵のラジオ放送を聞いていたのだ。もちろん、真実はそのうちの半分であったかもしれないが、少なくとも敵味方双方の嘘は互いに中和されたのである。

七月六日、時速五〇キロの風が大西洋を吹きぬけ、波の高さは二メートルに達した。気象班や軍事専門家たちは、こんな天候では予期された侵攻など考えられないと意見の一致をみていたが、連合軍の艦船および航空機は今や遅しと出撃を待っていた。アメリカ軍司令官アイゼンハワーは、「一番長い日」を前にした訓令において、「もし、上空に航空機が見えたら、それは間違いなく我が軍のものである」と将兵たちに断言した。午前零時ころ、米英それぞれ二個師団からなる空挺先遣隊が海岸線を越えて行った。地上には靄が這い、天空には雲が垂れ下がっていた。侵攻が始まったのだ。初日だけでも一五万六〇〇〇人の米英兵が五か所の上陸地点に足を踏み入れた。

決定的な瞬間にもかかわらず、ヒトラーをその人工の眠りから起こす勇気のある者はいなかった。ヒトラーは睡眠薬を使っており、その眠りは昼ごろまで続くようになっていたのである。ヒトラーの代理アルフレート・ヨードル上級大将は、連合軍の橋頭堡に対して予備軍を投入しないというミスを犯した。上陸は見せかけの演習だと考えたのである。同じ頃、イギリス首相は下院において長時間演説し、「現在、全て計画通りである」と言明していた。

ヒトラーはついに目覚め、ヨードルの決定に同意した。ヒトラーはオーバーザルツベルクからクレスハイム城に移り、「拡大作戦会議」においてノルマンディーの大地図を前に、「やつらは巨大な狼に喰われるためにやって来る」と述べた。

まもなく、オランダから南フランスまで伸びる決して防衛しきれない前線に、一部装備の不十分な、たとえるならば胃を病む将兵をかき集めたような師団を含んだ六〇個の師団が投入された。連合軍は、豊富な将兵と物資を連日フランスへつぎ込んできた。B軍集団総司令官エルヴィン・ロンメル元帥は、侵攻が始まる前、自分が要求するようにすぐに西部戦線を増強しなければ戦争は負けるとヒトラーに直言していたが、まさにそういう状況が現出したのであった。

ようやく計画加担者たちは、新たな匕首伝説を恐れることなく、気後れや後ろめたさをすべてかなぐり捨てることができた。もし、自分たちの行動が戦争を終結することができるなら、それは前線にいる味方の将兵たちを背後から襲うのではなく、むしろ故郷にあって空襲に見舞われている彼らの家族たちと彼ら自身を最悪の事態から救うことになると。

連合軍が暗殺にどう反応するかに関しては計算できないままではあったが、ヒトラーを排除した交渉人と話す方が熱狂的な戦争継続派と話すよりましであろうという推測は確かに説得力があった。チャーチルとスターリンは、一九四三年一月に出された「無条件降伏」に固執していたが、この要求は戦争を速く終結させるには適したものではなかった。七月二〇日事件の将校たちは、ヒトラーの死後、米ソ同盟が崩壊し、それによってヨーロッパが共産主義から守られることを秘密裏に望んでいた。

計画加担者たちには他の選択肢はなかった。危険を冒してでも、独裁者の死後、少なくとも休戦に持ち込むことに賭けたのである。

◎…シュタウフェンベルク伯爵

出口のないこのドイツの状況に、三七歳の高位の勲章を持つ将校が、負け戦に終止符を打とうと登場してきた。この将校はクラウス・シェンク・フォン・シュタウフェンベルク伯爵といい、一九四四年七月二〇日

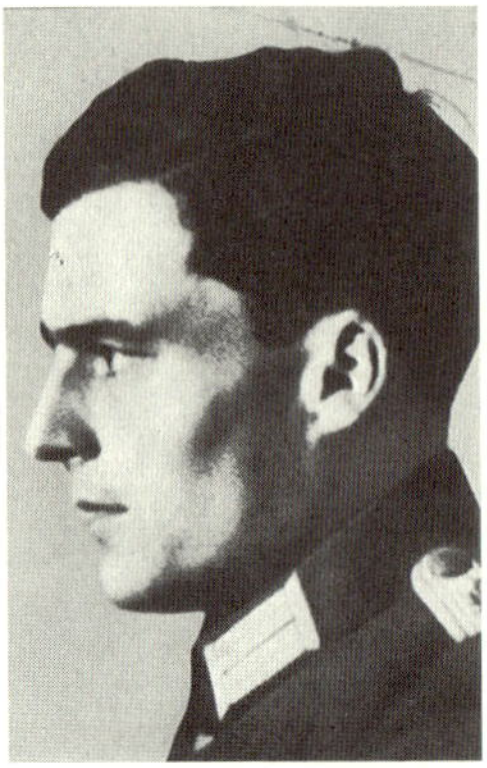

▲…クラウス・フォン・シュタウフェンベルク

の事件と一九四五年五月九日の降伏の間、それまで以上に多くの混乱と流血をもたらすことになった。伯爵は母方から見るとグナイゼナウのひまごであった。一族はシュヴァーベン地方の貴族の出であり、その名前が史料に初めて登場するのは一二六二年のことであった。シュタウフェンベルクという名前はヘッヒンゲン近郊の城址シュタウフェンベルクに由来している。クラウス・シェンクは、一九〇七年一一月一五日、バイエルン地方のイェッティンゲンでヴュルテンベルク公の侍従長の三男として生まれた。ふたごの兄たちとは二つ違いであった。シュタウフェンベルク家の息子たちは三人とも才能に恵まれていた。すなわち、アレクサンダーは歴史家になり、ベルトルトは法律家になった。クラウス・シェンクは、少しばかり迷った末に、職業軍人として帝国軍に入ることにした。クラウス・シェンクは子ども時代は体が弱かったが、これも克服した。エネルギッシュで、雄弁で、また決然としていた。特に、迷っている者を仲間に引き入れたり、意見の違う者の考えを変えたりする才能を持っていた。輝くような存在で、イギリスの歴史家アラン・バロックによれば、「素晴らしい見栄え」の人物であった。

クラウス・シェンクは、兄たちと同じくシュトゥットガルトのエーバーハルト・ルートヴィヒ高校に進んだ。青春時代にあっては信心深いカトリック信者であり、後に文学者グループのシュテファン・ゲオルゲ・サークル［訳注：詩人のシュテファン・ゲオルゲ（一八六六～一九三三）のもとに集まった文化人サークル］に関与した。高校卒業後、栄えある伝統の第一七騎兵連隊の士官候補生になり、バンベルクの過酷なヴンダーブルク兵舎に入営した。そこは馬の方が兵士よりよい暮らしをしたと言われるほどの兵舎であった。

一九三〇年に少尉になったが、当時上官だった騎兵中隊長の一人が後の機甲将軍ハッソ・フォン・マントイフェルであった。一九三三年のナチの権力掌握の際、若きシュタウフェンベルクが熱狂して街を練り歩く群衆の先頭に立っていたというのは悪意のある伝説に過ぎない。中世とカトリックの精神が刻まれた「ドイツのローマ」バンベルクは、ナチの熱狂に捕らわれることはなかった。また、バンベルクの騎士たる将校たちは、政治的な示唆行動を禁止する軍則を尊重した。他の若い将校と同じく、ヒトラーの党の政策の中にはシュタウフェンベルクの気に入ったものがあったが、同時に気に入らないものもあった。

シュタウフェンベルクの伝記作家であるヨアヒム・クラマルツは、「シュタウフェンベルクがある時期、理念と現実を分けようと努力していたことは疑いない。それは、ドイツの多くの尊敬すべき人物たちが、ナチの政治的反道徳を、安定化のために忍従すべき一時的な辛苦とみなそうとしたあの努力と同じものである。(中略)シュタウフェンベルクは、ナチ党総統の野蛮で時には無教養な姿に反発していたが、その家柄と軍人という職業ゆえ、強い愛国心がシュタウフェンベルクを捕らえ、ナチの運動に共感を覚えさせたのである」と書いている。

一九三三年、シュタウフェンベルク騎兵将校は中尉に昇進し、一九三七年には騎兵中隊長に任じられた。一九三八年にはバンベルクのシナゴーグも焼かれた。水晶の夜の出来事は、この若き理想主義者にとって、改心のきっかけとなる鍵とも言うべき経験となった。

シュタウフェンベルクは、参謀本部将校になり、ヴッパータールの第一軽装師団に配置換えとなった。ドイツがポーランドおよびフランスに侵攻すると、シュタウフェンベルクは北アフリカの戦闘に参加した。第一〇機甲師団の主席参謀将校(Ⅰa)となっていたシュタウフェンベルクは、一九四三年四月七日、ガッフェ近郊で機銃掃射を受け、重症を負った。第一〇機甲師団はまるまる捕虜となったが、シュタウフェンベルクはドイツに送られた。ミュンヒェンの軍事病院の担当医は生命の危機を乗り越えられるかしばらく自信を持てなかった。

シュタウフェンベルクは信じられないほどの精神力で鎮痛剤と睡眠剤を拒んだ。「感動的な光景だった」と戦友の一人は報告している。「母親が看病し、（中略）痛みや切断手術にもかかわらずシュタウフェンベルクの心はくじけなかった」と。

傷が癒えるか癒えないうち、シュタウフェンベルクは前線勤務を志願した。しかし、ベルリンの一般軍務局の参謀長への配属を命じられた。この時期にはすでに決然とした反ヒトラー派になっていたが、シュタウフェンベルクが考えを変えたのは、もっぱら展望なき戦争遂行のゆえであって、ドイツの名によって行われたことにひるんだからではない。「これまで将官たちができなかったのであるから、今度は大佐が口を挟む番である」との簡潔なコメントと共に反対派に参加したのであった。

◎…暗号名ワルキューレ

伯爵は、抵抗運動のための知性と死を恐れぬ勇気を有していたが、予備軍における新たな職務においても、抵抗運動の可能性を見い出した。すなわち、シュタウフェンベルクは「ワルキューレ」という暗号名で、三〇〇万人の外国人強制労働者が蜂起した場合、その蜂起を国内の予備軍を結集して鎮圧する作戦を作り上げた。そして、この「ワルキューレ作戦」をヒトラーを防衛するためではなく、排除するために発動させることにしたのである。

これによって抵抗運動の作戦上の実践的な部分が確定したのであった。しかし、暗殺後の政治目標に関しては、抵抗運動の参加者たちの考えはばらばらであった。また、参加の程度もそれぞれであった。たとえば、クライザウ・サークルの人たちはワイマール共和国の多党国家に戻るつもりはなかった。カール・フリードリヒ・ゲルデラーも同じように見ていた。しかし、ユリウス・レーバーは、現実的な社会民主主義者として、たとえ大幅に修正されたとしても、議会制民主主義を望んでいた。そして、シュタウフェンベルク自身は、君主制の復活も政党国家も考えていなかった。シュテファン・ゲオルゲのエリート思想を信奉していたのである。それは、兄のベルトルトと最後に過ごした時間になしたとされる厳かな「宣誓」によく表わされている。

「わたしたちは、すべてのドイツ人が国家の担い手となり、すべてのドイツ人に権利と正義を認める新たな秩序を求めている。しかし、わたしたちは偽りの平等に重きを置かないし、また自然が与えた階級というものにも従う。わたしたちは故郷の大地にしっかりと根を張り、自然の力に親しんでいる民衆を求める。そうした人々は与えられた生活圏においてその幸福と満足を見つけ、自由な誇りによって、嫉妬やねたみといった下劣な衝動を克服する。わたしたちが求める指導者とは、民衆のあらゆる層から出て、神の力に結びつき、偉大な精神や規律、犠牲心をもった、他の人々の模範となるような者たちである。（中略）わたしたちは不平など言わずに生き、従順に仕え、確固として黙し、お互いに助け合うことを誓う」。

「内政的な目標についても同じ考え方に到達しなかったが、外交的な目標においても完全に不確かな霧の中でぼやけていた」とシュタウフェンベルクの伝記作家ハラルド・シュテーフファーンは書いている。カール・フリードリヒ・ゲルデラーは政治的ロマン主義とでも言うべき考えをもち、大ドイツ主義を保持しようとしたし、さらに南チロル地方の編入を含めた一九一四年時点での東部国境を維持しようと考えた。国家元首になる予定だった醒めた戦略家ベックは、目前の軍事的敗北を疑ってはいなかったが、政治的には展望がなく、ゲルデラーの方針に従っていた。シュタウフェンベルク自身も、七月二〇日の混乱の際に勤務していた建物内で失った匿名の書類が彼の思想を表しているとするならば、ユートピア的な外交政策にしがみついていた。これについてゲシュタポが再現した調書によれば、「権力交代後の最も重要な目標は、諸外国が駆け引きをしている間になおもドイツがある程度の権力を行使できること、特に国防力が使用可能な道具として指導者の手中に維持されることである。（中略）敵方の対立を利用することで、さまざまな政治的可能性が出てくるであろう」と考えていたようである。

世なれた外交顧問であった外務省公使館参事官アダム・フォン・トロット・ツー・ゾルツであっても、シュタウフェンベルクのこの考えを変えさせることはできなかった。彼自身以下のような幻想にとらわれていたからである。すなわち、イギリスはドイツが弱体化し過ぎて、ソ連の勢力が強くなることに利益を見ていないと考えたのである。この当時かなり広まっていた見方は、抵抗運動においてイギリスの影響力が過大評価され、世界政治の重心がすでにロンドンからワシントンへと移動していたことが認識されていなかったことを示している。

一九四三年一〇月の時点に再び戻ろう。シュタウフェンベルクの「ワルキューレ作戦」の準備は、実際にはもう完了していた。しかし、ヒトラーの死という起爆がなかなか生じなかったので、片目片腕のシュタウフェンベルクは、自分でヒトラーを手にかける決心をなした。配属された新しい部署はヒトラーに簡単に近づくことができたからであった。

一九四四年六月七日、シュタウフェンベルクはベルクホーフにおいて初めてヒトラーに会った。ヒトラーは、シュタウフェンベルクの「ワルキューレ作戦」を「素晴らしい輝き」だと大いに気に入った。シュタウフェンベルクは、この機会を通して自分が「総統の間近で全く自由に動ける」ことを確認した。

七月七日、再び報告を命じられると、シュタウフェンベルクは書類鞄に「ワルキューレ」作戦の命令書とともにイギリス製の時限爆弾を忍ばせた。しかし、シュタウフェンベルクはヒトラーとともにゲーリングとヒムラーも片付けようと思っていたので、時限爆弾を作動させなかった。さて、シュタウフェンベルクと一緒にオーバーザルツベルクにやってきた者の中の一人がシュペーアであった。シュペーアは、「シュムントが説明してくれたように、シュタウフェンベルクはドイツ陸軍の中で最も有能でまじめな将校とみなされていた。ヒトラー自身も折に触れてわたしに、シュタウフェンベルクと密接に信頼を持って協働するよう要求したほどであった」と認めている。「シュタウフェンベルクは重い障がいにもかかわらず大変に若々しい印象をわたしに与えた。シュタウフェンベルクは元来詩的であり、同時にきちょうめんであった。また、シュテファン・ゲオルゲのサークルと参謀本部という二つの決して一つになりえない教養体験を持っていた」。ヒトラーが重用した建築家であったシュペーアは、後にヒトラーの書記官であり全国指導者であったマルティン・ボルマンが「凄いチビ・ソーセージ」と中傷したシュタウフェンベルクについて、「わたしたちはシュムントの要請がなくても、互いに理解しあったであろう」と述べている。「七月六日と八日の両日に、この会議は続けられた。ベルクホーフの居間の大きな窓の窓際にあった丸テーブルについたのは、ヒトラーの他にカイテル、フロムなどの将校であった。わたしの横には目立って分厚い書類かばんをもったシュタウフェンベルクが席についていた。彼は『ワルキューレ作戦』の出撃計画について説明を加えた。ヒトラーは真剣に耳を傾け、説明後になされた議論においてもおおかたシュタウフェンベルクの提案を受け入れた。偶然かそれとも計画だったのか、とにかくこの二日間にはベルヒテスガーデンに親密な関係の軍内部の計画加担者たちが集まっていた。今日ようやくわかったことだが、これらの者は数日前に、シュティーフ少将が準備した爆弾によってヒトラー暗殺を決行するとシュタウフェンベルクと共に決心していたのであった。七月八日、わたしはフリードリヒ・オルブリヒト大将と会談した。（中略）次の日、ベルヒテスガーデンの宮殿で主計総監エドゥアルト・ヴァーグナー、報道部隊のエーリヒ・フェルギーベル大将、参謀本部長フリッツ・リンデマン、最高司令部組織編制部長ヘルムート・シュティーフ少将と会った。これらの者はみな暗殺計画に加わっており、次の月まで生き延びた者はいなかった。長い間ためらわれていたクーデターの決行がついに決断されたがゆえに、彼らはこの午後、むしろほっとした様子を示していた。こうしたことは大きな決断の後によくあるものである」。

◎…二度目のチャンス

七月一五日、シュタウフェンベルクは二度目の暗殺のチャンスを得た。ヒトラーはベルヒテスガーデンにしばらく滞在した後、改修されたヴォルフスシャンツェの総統本営に戻っていた。そして、「ワルキューレ作戦」の提唱者を呼び出した。伯爵は今度も空手では来なかった。シュタウフェンベルクは、午前中約六キロはなれたラステンブルク空港に着陸し、総統本営司令官付きの将校によって第二遮断区域に導き入れられた。そこでは朝食が戸外に用意されていた。こうしてシュタウフェンベルクはヒトラーの身のまわりの設備と習慣を観察することができたのであった。

ヴォルフスシャンツェの総統本営は、ヒトラーがソビエト侵攻をすでに既定路線としていた一九四〇年一一月に、ラステンブルクの東方八キロの場所に建てられた。ヒトラーはソビエトとの戦いに数か月で勝利できると計算していたので、シュペーアの前任者によって建てられたこの「アスカニア化学工場の防空軍備施設」（これは当時の偽装名称）は、湿地帯にある即席バラック作りの宿営以上のものではなかった。この建物は後に、地雷帯や鉄条網に取り囲まれた蟻の這い入る隙間もないような要塞となり、ヒトラーとその側近のための防空居室や独立した指令本部室からなるいくつもの遮断区域に分けられた。

増築は大急ぎで行われた。したがってたとえば、防備を施した指令本部の中に村の墓地があり、一九四二年の初めまで実際に埋葬が行われていたほどであった。ヴォルフスシャンツェの総統本営は、オーバーザルツベルクのベルクホーフと同じように、ヒトラーがソ連兵の前から逃亡するまで、常に建設中の状態であった。何千人もの建設労働者の中には、多くの外国人が混じっていた。彼らは総統護衛大隊の指揮のもと、意図的に質素に保たれていた施設のすぐ近くで作業した。また、看視のもとではあったが、遮断区域の内側にもよく出入りした。一九四四年六月には、二万八〇〇〇人もの労働者が動員され、その内の数百人が総統用の防空壕のある遮断区域に入っていた。

帰郷手当として持ち出せるのはせいぜいリュウマチぐらいだったこの堅固な場所にも、時折なにかしらのミスや偶発事故が起こった。厳しい警戒態勢にもかかわらずである。一九四二年の暮れには、ある大佐が、ヴォルフスシャンツェと一八キロ離れ、常時シャトル運送によって結ばれていたマウアーヴァルトの国防軍司令部へ向う便の車中眠り込んでしまった。大佐が目覚めると、普通は特別な身分証がないと入れないはずの遮断区域内にいた。本来部外者である大佐は車を降りると、将校集会所に入って行き、そこでヒトラーの海軍副官であったイェスコ・フォン・プットカマーに声をかけられ、ようやく自分がどこにいるのか悟った。大佐は信じられなかったが、海軍副官は窓の外を通り過ぎる独裁者を示した。ヒトラーはそのときちょうどシェパードに障害を飛び越させようとしていたのであった。大佐は眠ったまま、元帥でさえ特別の許可証を必要とする遮断区域の中に入り込んでいたのであった。

ポーランドの強制労働者のケースはもっときわどいものであった。この男は、一九四二年七月九日、鉄条網を乗り越えようとして射殺されたが、パン袋の中に凶器のジャックナイフを所持していた。このようなミスはほんのしばらくのあいだ警備の注意を高めはしたものの、ペーター・ホフマンが述べているように、司令部においては「厳戒態勢にもかかわらず、仲間同士の親密でゆるい雰囲気」が支配していた。

また、規則同士が矛盾していることもよくあり、規則自体が実施不能とみなされ、こっそり無視されたりもしていた。リッベントロプの副官オッティング大尉の書類かばんが検査され、手榴弾と瓶に入れられたガソリンが発見されたときは、大変な騒ぎになった。帝国保安課報部の係官はまず暗殺者を摘発したと考えた。しかし、大尉は自分に課せられた任務規則を示し、「国家機密」が露見する前にこれを破壊して守るよう命令されていると主張した。大尉は、必要な場合、ドイツ流の徹底主義によって命令を遂行しようとしていたのであった。

独裁者ヒトラーの警護のスキの一例として、胃薬の入った大きな瓶が挙げられよう。この瓶は、大抵は監視もされず、ヒトラーの食卓の近くに置かれていた。この薬を服用するのはヒトラーだけだった。ヒトラーをどうやって排除できるか相談し続けていた計画加担者たちは、ここに最も簡単な方法を見出すことができたかもしれない。彼らの一人がこの胃薬に即効性の猛毒を仕込めばよかったのである。多くの人々が何年もの間この大きなチャンスのそばにいたのだ。しかし、誰もこの考えにはいたらなかった。ヒトラーに暴力的な終わりをもたらそうと望んだ者たちには、勇気と想像力が欠けていたのだ。ボルマンの委託を受けてある時期ヒトラーの食卓での会話を記録していたヘンリー・ピカーは、総統本営に近寄ることのできた決死の暗殺者なら、「いつでもヒトラーを殺すことができただろう」と述べている。

一三時、予備軍司令官フリードリヒ・フロム上級大将とその随行シュタウフェンベルクは、独裁者ヒトラーと面談できることになった。二人は、総統防空壕の入り口の前でヴィルヘルム・カイテル元帥およびカール・ボーデンシャッツ空軍大将と短く言葉を交わし、それから中へと通された。ヒトラーは彼らと握手した。「作戦会議」は普段になく短時間で、一二時一〇分から一三時四〇分までしかかからなかった。これに別の会議が続いた。

親衛隊全国指導者ヒムラーがまたもや欠席であった。しかし、たとえ彼がいたとしてもシュタウフェンベルクはその日に暗殺を実行することはできなかった。書類かばんには爆弾が仕込まれ、ベルリンの仲間たちがその時刻大急ぎで「ワルキューレ作戦」を発動させていたが（その権限があるのはシュタウフェンベルクとともにいたフロムだけだったにもかかわらず）、伯爵には少なくとも一〇分間の起爆時間が必要な起爆装置を作動させるチャンスがなかったのである。ヒトラーが出席した作戦会議の室内ではスイッチを入れることができなかった。こうして二度目の試みも失敗した。しかし、この妨げられた暗殺計画は次のチャンスを得させることになった。というのは、シュタウフェンベルクは七月二〇日に再び作戦会議のため東プロイセンに召喚されたからである。彼は、予備軍からどの程度の兵力を東部戦線に投入できるか、二〇日までに策定するよう命じられたのである。

陸軍司令本部（ＯＫＨ）のあったベルリンのベンドラー通りでは、計画加担者たちが大変な苦労をして緊急事態を解除した。激怒したフロムは、背後で何が行われていたか知ることとなった。実はフロムは二股をかけていて、常に計画加担者たちのほのめかしや要請を聞いてはいたが、これを叱ることはしていなかった。その一方でフロム上級大将は、静かな生活と健やかな睡眠を良心の呼びかけよりも優先する男であり、ヒトラーの命令に従う立場を崩していなかった。フロムは数日後、ヒトラーを完全に支持し、計画加担者たちに不幸な結果をもたらす役割を果たした。しかし、後にヒトラーは彼をその臆病さのゆえに処刑させた。

七月一七日、シュタウフェンベルクと友人たちは、恐らくネーベ経由だっただろうが、ゲルデラーの逮捕が間近であることを知った。計画加担者たちはみな、生まれつきおしゃべりなゲルデラーがヒムラー配下のゲシュタポの尋問を可能な限り耐えたとしても、少なくとも次の日には口を割らされてしまうと考えざるを得なかった。これはフランス・レジスタンスの経験から得たナチの手先についての教訓であった。どれほど信念の強いヒトラー反対派であっても、二四時間後には尋問によって口を割らされると仮定せざるを得なかった。もし、ゲシュタポが計画加担者の中心ゲルデラーを追及すれば、友人たちは壊滅を覚悟しなくてはならない。これはシュタウフェンベルクにとっては、七月二〇日にどんなことがあってもヴォルフスシャンツェの総統本営において暗殺をやり遂げなくてはならないということを意味した。

◎…七月二〇日

その日は蒸し暑い夏の日であった。これが、この世界史に残る日付の舞台に大きな意味を持つことになった。というのも、作戦会議が暗殺にはるかに都合のよい総統用防空壕ではなく、いわゆるシュペーアのバラックで行われることになったからである。

シュタウフェンベルクはベルリン・ヴァンゼーのトリスタン通りに別邸を所有していた。家族はバンベルクのシュユッツェン通りに住んでいた。ニーナ・シュタウフェンベルク伯爵夫人は、これより少し前に重い資料をリュックザックに入れてバンベルクの家に運び、処分していた。ベルリンのベンドラー通りでは緊急の場合、処分することが不可能だと思われたからである。

運転手のカール・シュヴァイツァー一等兵は計画については何も知らなかった。七月二〇日の前の晩、シュタウフェンベルクはシュヴァイツァーにポツダムにいるオルブリヒトの副官フリッツ・フォン・デア・

ランケン中尉のところから爆弾の入った書類かばんを取ってくるよう命じた。ポツダムには暗殺実行までそのつど時限爆弾が保管されていたのである。

その晩、計画に加担する将校たち三〇名が最後の確認のために集まっていた。その中には、ヴィッツレーベン、ヘプナー、ベルリン市司令官フォン・ハーゼもいた。会議の参加者たちは、爆弾による暗殺が翌日決行予定であることを知った。会議後、シュタウフェンベルクはシュヴァイツァーが運転する車で帰宅したが、二・五キロもあるかばんに収められた時限爆弾はそのときすでにシュタウフェンベルクの寝室の隣室に置かれていた。

シュタウフェンベルクの車は、とある教会の横を通りかかった。その教会ではちょうど夕べの祈祷がなされているところだった。シュタウフェンベルクは運転手にしばらく停車を命じ、教会の中へ入っていった。その夜、彼は兄のベルトルトと過ごした。

翌朝六時少し過ぎ、シュタウフェンベルクはラングスドルフ飛行場へ向い、そこでシュティーフ大将および副官のヴェルナー・フォン・ヘフテン中尉と落ち合った。中尉は暗殺の助手でもあった。彼らは一〇時五〇分、ラステンブルクに着陸した。ハインケルHe111機は、暗殺計画の仲間であったエドゥアルト・フォン・ヴァーグナー主計総監が用意したものであった。操縦士は、帰りは昼ごろになるのでそれまで待機するよう命じられた。

総統本営差し回しの車は、地雷帯と遮断区域をぬって一行を運んだ。朝食が再び将校集会所に用意された。シュタウフェンベルクは朝食をしっかりと摂った。彼は落ち着いた様子だった。通信部隊のエーリヒ・フェルギーベル大将と話したときも落ち着いた様子だった。フェルギーベルは、暗殺直後、ベルリンの仲間たちにヒトラー暗殺の成功を連絡し、ヒトラーの後継者を全ての通信から遮断するという、きわめて重要な役割

▲…7月20日、ヒトラーがカールスホーフの野戦病院に到着
（暗殺未遂事件の現場・ヴォルフスシャンツェから3㎞の地点）

を果たすことになっていた人物である。

独裁者ヒトラーはなお睡眠中であった。カイテルは、同日予定されていたムッソリーニの訪問のゆえに作戦会議が三〇分繰り上げられて一二時半頃になることと、猛暑のためシュペーア・バラックで開催されることをシュタウフェンベルクに知らせた。また、できるだけ簡潔に報告して欲しいとも伝えた。

作戦会議開会の直前、シュタウフェンベルクはカイテルの副官エルンスト・ヨーン・フォン・フライエントにトイレの場所を聞いた。トイレではすでにヘフテンが茶色の書類かばんとともに待っていた。しかし、人の出入りするトイレは時限爆弾を作動させるには不向きな場所であった。そこで時間も迫っていたこともあり、シュタウフェンベルクはフライエントに大急ぎでシャツを着替える場所があるか尋ねた。副官は寝室の一つに案内した。暗殺者は不自由な手でも使用可能な小さな特製ペンチを使用して、大急ぎで化学式時限信管を作動させた。

大佐は、念のために持参した二つ目の爆弾を作動させることはできなかった。というのも、まだ一つ目の爆弾もちゃんとかばんに戻していないうちに、上級曹長がいきなりドアを開き、急ぐようにせかしたからである。いずれにせよこの上級曹長は、大佐が総統本営の中で書類かばんに何かを急いで隠したところを見たはずだった。実際、爆弾が爆発したとき、彼はそのことを思い出している。しかし、何かを疑うのにももう時間がなかった。

廊下からフライエントが「シュタウフェンベルク大佐、来てください。総統がお待ちです」と叫んだ。彼は片腕のシュタウフェンベルクの代わりに重いかばんを運ぼうとしたが、シュタウフェンベルクは断った。二人は並んでシュペーア・バラックへ歩いていった。見かけは盛り上がった会話をしながら、遮断区域最深部のいわゆる総統遮断区域の監視員のそばを通りすぎた。ヒトラーの命を守るべき歩哨は、かばんの中身を確めることもなく直立不動のまま敬礼した。

「入り口では、待ちきれない様子のカイテルがシュタウフェンベルクを待っていた」とアメリカの作家ジョン・トランドは目撃者の証言に従ってこのときの様子を再現している。「会議はすでに始まっていた。カイテルは建物の中央廊下を先にたって歩いていった。電話センターを過ぎ、スイングドアを通って会議室に入った。重苦しい昼間の暑さのゆえに、一〇個の窓全部が開いていた。参加者は、特別に分厚い板とがっしりとした四つ脚をもった長細い樫の机のまわりに集まっていた。ヒトラーだけがドアを背にして机の中央に座していた。地図の上にメガネがひとつ載っていた。アドルフ・ホイジンガー大将がすぐ右横に立って東部戦線の極めて良くない戦況を説明している間、ヒトラーは拡大鏡をもてあそんでいた。ヒトラーは、新たな参加者が足を踏み入れた

▲…フォン・シュタウフェンベルク大佐（左端）、暗殺未遂事件の5日前

とき、視線を上げ、敬礼に答えた。シュタウフェンベルクはホイジンガーの横に立ち、茶色の書類かばんを机の下のできるだけヒトラーの近くへと押しやった。かばんは樫の重い机の脚の内側に置かれ、ヒトラーからは二メートルほどの距離であった。一二時三七分、あと五分で爆弾が爆発する。他の参加者はホイジンガーの旗色の悪い戦況説明にすっかり気をとられていたので、シュタウフェンベルクは誰にも気づかれずに部屋を後にすることができた。そして、長い廊下を走り、建物から出た。ホイジンガーも計画加担者の末尾に連なるものであったが、暗殺計画の明細については知らされていなかった。（中略）ホイジンガー付きの将校が地図を良く見ようと机の上に身を乗り出した。しかし、茶色の書類かばんが邪魔になった。足でかばんを前に押そうとしたがうまく行かない。そこで身をかがめ、その重いかばんを机の脚の反対側に置きなおした。この取るに足りぬ偶然が、物語の進行に別の方向を与えたのである」。

◎…爆発、しかし……

こうしてほんのささいな予期せぬ出来事が、またもや非人道的な体制の共犯者になったのである。将校たちの蜂起は、二つの前提がそろって初めて成功するものであった。その一つがヒトラーの死であり、もう一つは「ワルキューレ作戦」の迅速な発動であった。しかし、たとえこの二つの要素がそろっても、クーデター計画は、不幸な結果をもたらさざるを得ない決定的な構想上の弱点をもっていた。すなわち、主役と演出家が兼任だったのである。

演劇ならうまく行ったのかもしれない。しかし、全体主義の警察国家に対する反乱においては、これは重大な弱点であった。というのも、シュタウフェンベルクはヴォルフスシャンツェとベルリンの二か所で同時に行動することは不可能だったからである。ヴォルフスシャンツェとベルリンでは、三、四時間の時間のずれが生じる。しかも、ベルリンにある暗殺計画の第一指揮所には最も若く最も確信を持ったシュタウフェンベルクがいないのだ。

爆弾を作動させたとき、このことをシュタウフェンベルクは自覚していた。しかし、他に方法はなかった。暗殺のリスクは高いとしても、何もせずにドイツ民族と世界の大部分を想像だにできぬ暴虐にさらし続けるよりはましだったからであった。

一二時四一分。海軍司令部付き将校フォン・プットカマーが新鮮な空気を吸おうと、窓に歩み寄った。彼はムッソリーニを迎えるに当たってもっとよいズボンをはくべきかどうか考えていた。ヒトラーはちょうど机に覆いかぶさっていた。ホイジンガー大将は、ペイプシ湖周辺の戦況説明にたどり着いたところだった。シュタウフェンベルクは、新たな国民擲弾兵軍団の創設を報告するために呼ばれていたが、電話をかけたいといって出て行った。そして八・一三番の建物の前に駐車していた自分の車に駆け寄った。そこには副官とフェルギーベル大将が待っていた。

一二時四四分。耳を劈く音とともに爆弾が爆発した。この時室内にいたのは二四名だった。彼らは黄色の炎が吹き上がるのを見た。衝撃波で床にたたきつけられたが、よろよろと立ち上がり、外へ逃げようとした。ほとんど全員耳が聞こえなくなり、多くの者の鼓膜が破れた。ズボンはずたずたになり、髪は焼けこげた。カイテル元帥は、「世紀の男」（ゲッベルスの表現）ヒトラーを外に連れ出した。シュタウフェンベルクは、こうした状況の中ではシュペーア・バラック内で生き残った者はいないと考え、自分の車に飛び乗り、遮断区域から外に出ようと試みた。

「他の者と同様に」とヨアヒム・C・フェストは報告している。「ヒトラーは爆発の『地獄の火のように

▲…事件現場の視察をする高官たち

明るい炎』と耳を劈く轟音を感じた。ヒトラーがすすだらけの顔と後頭部の髪がこげた状態で、焼けただれ煙のくすぶる瓦礫から身を起こすと、カイテルが『総統はどこだ』と叫びながら駆け寄り、ヒトラーを部屋から連れ出した。ズボンはずたずたに垂れ下がり、全身すすだらけであったが、ほんの軽傷であった。右腕の肘の軽い出血と、左手の甲に擦過傷がいくつかあっただけであり、また両耳の鼓膜が破れたにもかかわらず短い間聴力を失っただけであった。一番重症だったのは、無数の木の破片が食い込んでできた足の傷であった。しかし、ヒトラーは驚きつつもすぐに左足の震えがすっかり鎮まっているのに気がついた。爆発の瞬間に作戦会議室にいた二四名のうち重傷を負ったのは四名のみであった。ヒトラー自身は爆発の瞬間に身を乗り出していた机の分厚い板に守られたのである。興奮しているようだったが、同時に奇妙なことにほっとしたようでもあった。ずっと前から謀反が計画されていることは分かっていた、ついにこれで誰が裏切り者か正体がわかると、繰り返し繰り返し満足げに側近に言った。ぼろぼろになったズボンと背中に四角い穴のあいた上着をまるでトロフィーででもあるかのように周りに見せびらかした」。

しかし、混乱は続いていた。会議室は破壊されていた。天井は垂れさがり、壁の化粧張りはずたずたに引き裂かれ、窓枠ははずれていた。あちこちにこわれた椅子が散乱していた。ヒトラーを楯のように守った机の分厚い天板は、半分に割れていた。シュタウフェンベルクの書類かばんが置かれていたところには、直径五〇センチの爆発孔が開いていた。

次第に正気に戻り始めた生残者たちは、一様に、外国人の強制労働者の一人が爆弾を仕掛けたと考えた。反乱側と体制側の両陣営ともに、この決定的な瞬間にミスを重ねていたので、事態はどちらに転んでもおかしくない、奇妙に宙ぶらりんで勝敗の決していない状況だった。

シュタウフェンベルクは、誰にも咎められることなく第一遮断区域の南西の出口を通過していた。本来爆発音がしたのであるから、歩哨によって足止めされるべきであったのであるが。シュタウフェンベルクは総統の命令だと告げ、遮断機担当の歩哨は直立不動のままであった。

シュタウフェンベルクの車は南の出口まで猛スピードで走った。出口にはすでに拒馬が据えられ、警戒体制が敷かれていた。警備隊の曹長は大佐に通過を許さなかった。そこでシュタウフェンベルクは車を降り、詰め所に入って、総統遮断区域に電話をかけた。電話に応じたレオンハルト・フォン・メレンドルフ騎兵中隊長は通すよう命じた。

「あらゆることが幸運の糸に絡まっていた」とペーター・ホフマンは評している。「本営からの脱出には、シュタウフェンベルクの重い障がい、階級、軍人らしい見栄えが大きな役割を果たした。規則からしても脱出など許されざることだった。正式の命令という『カムフラージュ』があったとしてもヒトラーのいる部屋での爆発事件の後であるならば、誰も通してはならなかったのだ」。

シュタウフェンベルク大佐は飛行場に着いた。ハインケルHe111機は、ヴォルフスシャンツェの総統本営においてシュタウフェンベルクの不在が露見し、ヒトラー自らが逮捕の命令を下す前に離陸した。

逮捕命令は実行できなかった。情報伝達という点では、両陣営とも穴だらけだったのだ。ベンドラー通りの陸軍司令本部に詰めていた計画加担者たちは、フェルギーベルから暗殺は実行されたがヒトラーは生きていると耳にした。

噂が両陣営に飛び交っていた。事実は誰も知らなかった。反乱者たちはマヒ状態になり、貴重な時間が失われた。シュタウフェンベルクの飛行は三時間で、飛行中は仲間と連絡が取れなかった。双発のハインケル機がラングスドルフに着陸したとき、勝利を収めた反乱軍に迎えられるのか、それともヒムラーのゲシュタポによって逮捕されるのかわからなかった。どちらもあり得ると覚悟しながら、飛行機を降りると、驚くことに飛行場には誰も迎えに来ていなかった。

大佐は、まだヒトラーは死んだと思っていた。一五時四五分、ようやく大佐はオルブリヒト大将と電話で話し、行動するよう訴えた。ベンドラー通りの陸軍司令本部へ向かう間、シュタウフェンベルクは四五分失った。「シュタウフェンベルクの決意とエネルギーをもってしても、失われた三、四時間を取り戻すことはできなかった」と、アラン・バロックは述べている。「あらゆることがなおも可能であったのに、ベルリンでは、放送局やプリンツ・アルブレヒト通りのゲシュタポ本部を占領する準備さえなされなかった。ゲシュタポ本部はこの時ほとんど無防備であり、ユリウス・レーバーら計画加担者たちを解放することができたかもしれなかったのに。また、ベルリンの警察庁長官ヘルドルフ伯爵は、反乱計画に深く関係し、何らかの役割を果たすことを切望していたにもかかわらず、ベルリン大管区指導者ゲッベルスを逮捕することさえ試みなかった」。

ベルリン司令官フォン・ハーゼ大将は、一六時頃になってようやく、公官庁区域を押さえるため部隊を派遣するよう命じた。彼は警備大隊「大ドイツ」を、ヒトラーユーゲント前総統オットー・エルンスト・レーマー少佐の指揮のもと進発させた。ベンドラー通りの雰囲気は、重苦しく悲観的であった。象徴的なのは、尊敬すべきではあるが陰謀といったものには全く不向きなエルヴィン・フォン・ヴィッツレーベン元帥の態度だった。彼は軍服に身を包んではいたが、数時間遅れて現れた。混乱した状況に腹を立て、真っ先にツォッセンに戻り、さらには自分の領地に引っ込んでしまった。彼はその後そこでゲシュタポに逮捕された。

一方、ヴォルフスシャンツェにおいてもヒトラーの忠臣たちは何も行動できず、ただヒトラーの叱責に見舞われていた。デーニッツ海軍元帥は、陸軍の裏切りと、空軍の無能を責めた。ゲーリングはリッベントロプを外交下手と非難した。ヒトラーはモレルが処方した薬を飲みながら、無関心な様子で聞いていたが、にわかに立ち上がると、犯人たちは妻も子も抹殺すると報復を予告した。「ヒトラーが復讐や血や抹殺について一人で語り続ける中、親衛隊隊員が黙ったまま座席順に茶を供していた」(ヨアヒム・C・フェスト)。

◎…ベルリンとパリ

ベルリンの緊迫した雰囲気の中にさまざまな噂が流れ込んできた。ラジオは黙したままだった。総統本営ではヒトラーのドイツ国民へのスピーチを用意していたが、間抜けたことに中継装置がなかった。総統は中継車がケーニヒスベルクからラステンブルクにやってくるまで待たなくてはならなかった。中継車が来たのは四時間後で、七月二〇日のうちにドイツ国民に話しかけることはできなかった。

ついに帝国首都ベルリンに「ワルキューレ」作戦に基づく最初の措置がとられた。すなわち、ベルリンの警備大隊の攻撃部隊がブランデンブルク門に姿を現し、官庁街へと展開していった。その頃、ベンドラー通りのオルブリヒト大将の執務室では、クーデターに参加した将校たちがなおも議論を続けていた。シュタウフェンベルクが中庭に入ってきたとの知らせが伝えられると、優柔不断な面々の間にほっとした空気が流れた。

ヴォルフェンシャンツェから戻ってきた暗殺実行者は柔軟かつ精力的にそして自由に行動した。「人間の目から見て、ヒトラーは死んだ」と、シュタウフェンベルクは仲間たちを安心させた。一七時以降、ベンドラー通りの出入り口は閉じられた。シュタウフェンベルク自身が署名したオレンジ色の通行証を持つ者だけが、建物に出入りを許された。一七時三〇分、反乱者たちはヴィッツレーベン元帥の署名の入った通信文を国防軍の各セクションに送った。「総統アドルフ・ヒトラーは死んだ。党指導部内の前線を知らない良心なき一味が、厳しい戦闘を行っている前線を裏切り、この状況を利用して、権力を私物化しようとした。この最大の危機の瞬間、帝国政府は法と秩序の維持のため軍事非常事態を宣言し、小官にドイツ国防軍最高司令官の任を委ねることとなった」。

パリではあいかわらずフォン・クルーゲ元帥が揺れ動いていた。元帥は反対派から距離を置き始めていたところであったが、「歴史的な瞬間が訪れた」とも認識していた。元帥は、参謀将校たちに西部戦線において米英軍と即刻停戦交渉を始めるよう提案した。後に、「総統は生きておられる」とのカイテルからの通信文が届いたとき、もう一度陣営を変えた。しかし、フォン・シュテュルプナーゲル大将がすでに彼の代理として行動し、パリにいる一二〇〇名の親衛隊隊員と親衛隊保安部関係者を逮捕するよう命じていた。これは数時間にわたる作戦となった。「二二時三〇分、第一歩哨連隊の突撃部隊がゲシュタポを圧倒した」と、歴史家のヴィルヘルム・フォン・シュラムは報告している。「したがって、この作戦は実際もはや中止することができなくなっていた。そして、もしこの作戦が最後の瞬間に中止されたなら、ドイツ史のために極めて残念なことになっただろう。というのも、陸軍とゲシュタポがいかにばらばらであるか初めて白日の下にさらされたからである。また、テロ体制の幹部であっても、直接揺さぶられるなら、決して持ちこたえることができないということが明らかになったからである。無防備の人たちに対して彼らが好んで使った不意討ちと急襲の方法が、今や彼ら自身に向けられたのである。真夜中ごろ、黒い襟章をつけたゲシュタポはパリから消えた」。

▲…7月20日事件の晩のヒトラー。右隣りに頭に包帯を巻いたヨードル上級大将

ベルリンはパリとは違った様相を見せていた。シュタウフェンベルクはフロム上級大将に反乱にはっきり加わるよう要求した。

「わたしはカイテルと話したが」と予備軍司令官は答えた。「ヒトラーは生きている」。

「カイテルのは嘘だ」とシュタウフェンベルクは主張した。

フロムは厳しい口調で「シュタウフェンベルク伯爵、暗殺は失敗した。あなたはピストルで自殺すべきだ」と答えた。

今やオルブリヒトもフロムに行動を迫った。しかし、いかつい身体つきのフロムは、その部屋にいた将校たちに逮捕すると言った。

オルブリヒト大将は、「あなたはわたしたちを逮捕させることはできません」と、あからさまに反抗した。「あなたは権力状況を誤解しています。逮捕されるのはあなたの方です」。

そこでオルブリヒトとフロムの間に掴み合いが生じた。フロムのほうが強かった。シュタウフェンベルクは両者の間に入らざるを得なくなり、顔を殴打された。フロムはピストルを突きつけられてようやくオルブリヒトを離した。彼は武装解除され、執務室の隣りの部屋に軟禁された。

パリでは逮捕作戦が大成功を収めていた。ベルリンのベンドラー通りでも、すべて首尾よくいっているように思われた。しかし、ウンター・デン・リンデンの都市司令部ではフォン・ハーゼ大将の状況が次第に悪化していた。

レーマー少佐は、そのときすでに政府の建物を閉鎖し始めていた。自動小銃と機関銃で武装した部隊が帝国総統官房の近辺に姿を現し、各省庁へと展開していった。レーマーは、シュタウフェンベルク同様、受勲の栄誉に輝く、何度も負傷を経験した前線兵士であった。その点のみがこの二人の参謀将校の共通点だった。それ以外の出自、教育、知性、モラルの点では二人は全く別の存在だった。少佐は躊躇なく命令を遂行することに慣れていた。死を恐れぬ勇気と無感覚の間で、命令を聞き、闘い、いつでも死ぬ覚悟ができていた。

レーマーは忠実なしもべとしてヒトラーに従っていた。しかし、「命令は命令」との軍の教えはレーマーの血肉になっていたので、もし愚かな偶然によってこの日の流れに狂いが生じなかったとしたら、純真にフォン・ハーゼ中将の命令に従って「総統」に敵対することもありえたかもしれなかった。

レーマーの部下の一人ハンス・ハーゲン少尉は、扇動演説を行うために警備大隊に派遣されていた政治扇動官であった。彼は七月二〇日事件の結果、全ての国防軍部隊に導入されたナチ指導将校のさきがけの一人であったが、軍務以外の場では、国民啓蒙宣伝相の協力者であった。この熱狂的なナチ信奉者は、ヒトラーが親衛隊の企てた反乱によって死んだなどありえないと思い、真相を知るためオートバイでゲッベルスのもとに行きたいと申し出た。

警備大隊司令官レーマーはそれに同意した。そしてハーゲンが出発した後、彼自身も宣伝省へ出頭するよう命令を受けた。部隊を離れるとき、レーマーは副官にこう言った。「今、俺の命がかかっている」。ゲッベルスの執務室にはシュペーアもいたが、すべてが大混乱だった。ベルリンの大管区指導者を兼任するゲッベルス宣伝大臣は、執務用の机の横に立って、顔中汗まみれで絶えず電話をかけていた。ゲッベルスは、ポツダムおよび他の地域の駐留部隊が帝国首都に向かって進軍中であることを知っていた。彼は大規模なクーデターが始まったことに真っ先に気がついたのである。彼の最後の希望は、反乱者たちが放送局を未だに抑えていないことであった。

レーマー少佐は、ハーゲンの評によると「政治的に絶対に信頼できる将校」であった。しかし、ゲッベルスはレーマーが部屋に入るやいなや、ヒトラーへの忠誠をもう一度思い起こさせた。

「総統はお亡くなりになったのでは」と少佐は答えた。

これに対して国民啓蒙宣伝相は、「総統は生きておられる。ほんの少し前、総統とお話しした」と反論した。レーマーは、総統ご自身の口からこの喜ばしい知らせを聞かないうちは、信じることができませんと返した。

「幸福そうに、しかし今なお信じられない様子でレーマーはわれわれを見つめた」と、目撃者であったシュペーアはこの光景を描写している。「ゲッベルスはレーマーに、『この歴史的瞬間を考えろ。自分の肩にかかっている重大な責任を考えろ。運命によってこんなチャンスを与えられる人間はなかなかいない。このチャンスを生かすか生かさないかは君次第だ』と言った。レーマーの様子を観察し、この言葉によってどんな変化が表れたか見た者は、ゲッベルスがすでに勝利したことが分かっただろう。しかし、ゲッベルスはさらに最後の切り札を出した。『今から総統と話す。君も電話に出てよい。総統自身、君の上官の命令を無効にする命令を出してくださる』と若干皮肉を帯びた口調で締めくくった。それからラステンベルクに電話をかけた。

宣伝省電話センターの特別回線を通じて、ゲッベルスは総統本営へつながせた。数秒で総統が電話口に出た。短い状況報告の後、ゲッベルスは少佐に受話器を渡した。すぐに少佐は死んだと言われていたヒトラーの声を確認し、受話器を手にしたまま思わず気をつけの姿勢をした。『かしこまりました、総統。はい。了解であります、総統』。何度も同じ答えがなされた。

すぐにゲッベルスは受話器を受け取り、ヒトラーが下した命令を聞いた。すなわち、レーマー少佐がフォン・ハーゼ大将の代わりにベルリンの軍事行動の全権を得、同時にゲッベルスの指示を全て実行せよと命令されたのである。たった一本の無傷の電話回線が蜂起を最終的に失敗させたのであった。ゲッベルスは対抗策に移った。連絡のつく警備大隊の全兵員に自分の宿舎の庭に即時集合するように命じた」。

レーマー少佐はその場で大佐に昇格し、将軍たちの反乱を鎮圧する任務にとりかかった。レーマーは警備大隊を集結させた。また、命令によって夜遅く引き揚げてきたベンドラー通りの陸軍指令本部所属の兵士たちも彼の指揮下に入った。それと同時に、間もなく総統が全てのラジオ局を通じてドイツ国民に話しかけると告知された。

この告知に続いて行進曲が流された。

パリでは、留置所が一杯だった。しかし、フォン・クルーゲ元帥は反抗グループの将校たちに「諸君、この件から降りさせてくれ」と頼んだ。

この日の偶然はまだ終わってはいなかった。ドイツの陸軍で最も高名な指導者ロンメル元帥は、七月二〇日事件の共犯ではなかったが、計画自体は知っていた。ロンメルは事件の三日前、機銃掃射攻撃を受けて治療不能なほどの重傷を負い、軍事病院に横になっていた。もし彼の名声をもってすれば、一般市民を大規模な反乱に導くことができたであろう。

◎…ベルリンでの敗北

ムッソリーニの解放者であった親衛隊少佐オットー・スコルツェニーは、ウィーン行きの列車の出発直前に、ヒトラーが暗殺攻撃を生き延びたことを聞き、すぐさま何か手伝いをしようと考えた。この二メートルの巨漢は、国家保安本部に赴き、状況が緊迫していることを保安課報部外務局長ヴァルター・シェレンベルクから聞いた。「シェレンベルクは真っ青な顔色で、目前の机にはピストルが置かれていた」とジョン・トーランドは報告している。「彼は大げさな身振りで『奴らが来たら、ここで闘う』と言ったが、その姿はいかにもこっけいで、スコルツェニーは思わず笑ってしまった。スコルツェニーは彼に、何か間違いがあってはいけないので、ピストルをしまうよう忠告した」。

それから「ヒトラーのトラブル・シューター」（ハインツ・ヘーネによる）スコルツェニーは、郊外にある親衛隊工作学校へ行き、部隊を増強した。夜遅く、アルフレード・ヨードル上級大将から、レーマーを援護するため即刻ベンドラー通りの陸軍指令本部に行くようにとの命令が届いた。ベンドラー通りでは、ちょうどそのとき街区を包囲し、攻略する準備をしているところだった。

総統の演説にはまだ時間がかかっていた。パリでは逮捕されずに残っていた親衛隊隊長たちが拘束された。ウィーンとプラハでは、反乱側の協力者たちが動いていた。ベンドラー通りでは、反乱に加わらず一日中どちらが勝つか情勢を静観していた将校たちが、大勢を嗅ぎ付け武器の準備を始めていた。

そうした将校のうちの八名が、自動拳銃と手榴弾を手にオルブリヒトの執務室に突進した。オルブリヒト大将が彼らを食い止めようとしていると、シュタウフェンベルクが部屋に入ってきた。彼らはすぐにシュタウフェンベルクに向かって発砲した。

負傷した大佐は隣室に逃げたが、そこでベック、オルブリヒト等計画加担者たちとともに拘束され、その間に反撃隊によって救出されていたフロム上級大将の前に引き出された。

「さて諸君」と予備軍司令官フロムは言った。彼は自分が解任され、カイテルの命令で親衛隊国家長官ハインリヒ・ヒムラーにその職が移されたことをまだ知らなかったのである。「君たちが今日わたしにしようとしたことを、君たちにしてやろう」。

フロムは彼らに武装解除を命じた。

「君のかつての上官であるわたしに武器を捨てろというのではないだろうね」とベック上級大将は答えた。そして、かつてヒトラーに抗議して参謀総長を辞任した経歴を持つ上級大将は自分の武器に手を伸ばした。

フロムはベックが銃口をベック自身に向けているのを見た。彼は「どうぞおやりなさい」と言った。

隠退上級大将ベックは引き金を引いたが、弾は頭をかすっただけだった。

「手伝って差し上げろ」とフロムは自分を救出してくれた二人の将校に命じた。二人は拒んだ。ベックが椅子に崩れ落ち、血を流して呻き声を挙げている間、フロム上級大将は自ら戦地軍法会議裁判長を名乗り、反乱加担者たちに手短に家族への遺言を書くよう命じた。

フロムは自分の執務室に入り、五分ほどで戻ってきた。「本官が設置した戦地軍法会議は総統の名前において以下の判決を下す」とフロムは判決を言い渡した。「参謀本部大佐フォン・メルツ、大将オルブリヒト」

それからシュタウフェンベルクを指差し、「名前を呼びたくない某大佐、中尉フォン・ヘフテンを死刑に処す」。

フロムの態度に怒ったシュタウフェンベルクは、名誉を守るために全ての責任を引き受けようとして、他の者たちは兵士としてただ自分の命令に従っただけだと主張した。フロム上級大将は、きっぱりドアを指示した。死刑判決を受けた者たちは、一人また一人と、落ち着いた様子で黙ったままフロムの傍らを通り過ぎ、部屋を後にした。その間ベックは再度ピストルを自らに向けたが、二度目も失敗した。曹長の一人が彼を廊下へ運び出し、うなじに止めを刺した。

ベンドラー通りの中庭では、国防軍の車両がヘッドライトで銃殺に十分な明かりを与えられるよう配列されていた。将校たちは一人ひとり砂袋の山の前に立たされ、ヘッドライトのスイッチが入れられた。最初にオルブリヒトが銃殺された。次はシュタウフェンベルクの番だった。しかし、シュタウフェンベルクの副官フォン・ヘフテンが彼の前に飛び出し、銃弾を浴びた。したがって、シュタウフェンベルクは三番目に銃殺されることになった。彼はドイツ万歳と叫びながら死んでいった。〇時三三分、メルツも銃殺された。

フロム上級大将の巨躯がベンドラー通りの建物群の影から現れた。フロムは力強い声で「総統の尊い命を救った摂理に心から感謝する」とスピーチした。フロムは三度「ジーク・ハイル」を叫んで、この容赦のない血の舞台を後にし、自分の執務室に入った。それから、ベンドラー通りの通信室で以下の通信文を送信した。「無責任な将官たちのクーデターの試みは血の制裁を受けた。指揮者たちは全員射殺」。

それからフロムはゲッベルスのもとへ赴いた。しかし、ゲッベルスはフロムを逮捕させた。一九四五年三月、結局フロムは銃殺刑に処せられた。同僚たちへの情け容赦ない態度も、ただ絞首刑を免れさせただけに過ぎなかった。

◎…ヒトラーのラジオ演説と人間狩り

死者たちがシェーンベルク地区のマタイ教会の墓地に運ばれ、制服と勲章に身を包まれて厳かに葬られた一方、深夜午前一時頃、本来その日を生きのびるはずではなかったヒトラーの声が同質化政策によって動員されたラジオ局から響いた。数々の偶然、不測の事態、故障などに守られて、総統はふたたび爆弾を逃れたのであった。一人の命が守られたおかげで、その後の何か月の間に何百万という他の命が戦争の犠牲になった。

「ドイツ民族の同胞諸君」とヒトラーはがなりたてた。「一体どれだけ多くの暗殺計画がわたしに対して立てられ、そして実行されたことだろうか。今日諸君に話すのには、二つ理由がある。まず、諸君がわたしの声を聞き、わたしが無傷で健康でいることを知ってもらうためである。次に、ドイツ史上未曾有の犯罪行為について詳しく知ってもらうためである。野心に満ちた、良心のかけらもない、犯罪的で愚かな将校の極めて少数の者どもがわたしを排除し、わたしと共にドイツ国防軍指導部の参謀機能を破壊する陰謀を企てたのである……」。

こうして人間狩りが始まった。すなわち、軍の参謀たちを徹底的に捜査するため、秘密国家警察と刑事警察のさまざまな部門から選ばれた四〇〇名が「特別捜査隊七月二〇日事件」として集められた。最初の犠牲者は生きている者ではなく死者たちだった。ヒムラーの命令でシュタウフェンベルクとその友人たちの遺体が掘り起こされ、身元確認のため裸で人前に晒され、焼却された。遺灰は畑にまかれた。その際、ゲーリングは遺灰を「砂利の上にまく」提案までしている。というのは、ちゃんとした畑ではあまりに上等すぎるからというのであった。

生きている者たちの多くは、死体への冒涜を恐れていたが、ナチ体制を十分に経験していたものの、自分たちに何が待ち受けているのか、そして、まもなく遺体を掘り起こされた者をどれほど羨ましいと思うようになるのか想像だにできなかった。

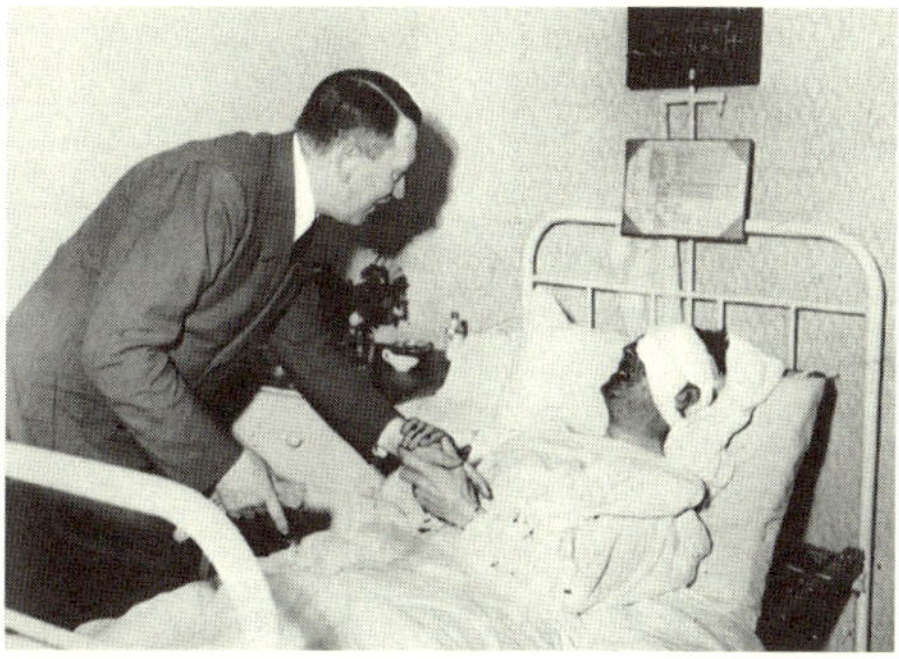
▲…暗殺未遂事件の負傷者を見舞うヒトラー

聖バーソロミューの虐殺［訳注：一五七二年八月二四日にフランスのカトリックがプロテスタントに対して行なった大量虐殺］を思い起こさせるような夜が始まっていた。そして、一人の逮捕が三人四人の更なる逮捕を引き起こした。追求者たちは国防軍の文書を偶然見つけ、カナーリス提督とオスター少将を逮捕した。パリでは追求は一時的に茶番となった。親衛隊のライバルたちを拘束した将校たちは、ラファエル・ホテルにおいて、ベルリンの反乱が失敗したことを聞き、戦慄していた。在フランスドイツ軍司令官であるシュテュルプナーゲル大将は、親衛隊員たちに対してしかけた罠に自ら陥っていた。この出口のない状況において将校たちは、敵側である親衛隊および警察の責任者カール・オーベルク、さらには保安諜報部の責任者ヘルムート・クノッヘン博士と取り引きするという要領の良い一時しのぎの解決策を思いついた。
二人は釈放され、交渉人のオットー・アーベッツ大使が次のような発言で最初の激しいやりとりに割って入った。「ベルリンではやりたいようにやればよい。しかし、ここフランスではノルマンディーの戦場で戦闘が行われている。ここでは全ドイツ人が一致した前線を形成しなくてはならない」。奇妙な出来事が起こった。すなわち、逮捕した側とされた側が共同してヒムラーと帝国保安本部に対抗しようと申し合わせたのであった。すなわち、一連の逮捕は最初から計画されていた抜き打ち演習だったと。どちらの側も調査されたくない理由があった。一方は反逆罪に問われたくなかったし、もう一方は抵抗もせず逮捕された弱虫とみなされたくなかったのである。こうしてパリでは計画加担者は比較的軽微な損害で済んだのであった。

シュテュルプナーゲルは、もちろん大きく信用を落とした。彼はフォン・クルーゲ元帥によって職務を剥奪され、報告のためベルリンに行くように命じられた。彼はヴェルダン北方のマース川沿いの古戦場に寄った。運転手を車ごと先に行かせ、ピストル自殺しようとした。弾ははずれ、彼は手術を受け、その後逮捕され処刑された。また、クルーゲ独特の機転も何も役に立たなかった。クルーゲはドイツへの途上、同じく第一次世界大戦の古戦場に寄り、ヒトラーあての遺書の中で服従をもう一度誓った上で、青酸カリをあおった。小切手（チェック）とショック、謙譲と傲慢の間を揺れ動いたドイツの元帥であった。

計画加担者たちが蜂起の失敗を計算に入れていなかったことは明らかだった。誰も逃亡の準備をしていなかったのである。計画に参加するかあるいは計画について知っていただけで命に関わるということがわかっていたにもかかわらず、姿を消そうとしたのはほんのわずかな者だった。将校たちは、名誉ある法廷にかけられ、判決後銃殺されることを期待していた。彼らに残された短い生涯には、尋問されてもその名誉観に従って、友人たちを男らしくかばい、名誉とともに死ぬという恐ろしい義務があったのである。

計画加担者たちは敗北後も、自分たちが抵抗しようとしたナチズム運動を過小評価し、ナチスが名誉規範を守ってくれるということに淡い期待をかけた。しかしナチズム体制は、彼らの単なる死ではなく、特別悲惨な死を望み、また一族を根絶やしにしようとした。すなわち、一番若かった逮捕者はゲルデラーの孫で、まだほんの乳飲み子であった。また、一番の高齢はシュタウフェンベルクのいとこの父親で八五歳であった。

失敗した反乱者の正当ではあるが無邪気な考え方を示すのは、たとえばフェルギーベル大将の態度であった。彼は暗殺行為の直後、自らの目で独裁者が生き残ったのを見た最初の計画加担者であった。この混乱した七月二〇日の流れの中で、フェルギーベルはまだ嫌疑も受けずに、幾度となくヒトラーの間近にいた。彼は自分が計画に加担していたことがまもなく露見することや、これ以上何も失うものはないことを知っていた。シュタウフェンベルクの失敗のあと、憎むべきヒトラーを命がけで射殺することは可能だった。しかし、彼はそうする代わりに、まるでギリシア悲劇の英雄のように、忌まわしくも運命的なその宿命を身に引き受けたのである。その日の午後、フェルギーベルがマウアーヴァルトの国防軍統合司令部（ＯＫＷ）の兵舎からヴォルフスシャンツェの総統本営へ出頭するよう命じられたとき、それは彼の逮捕を意味していた。

フェルギーベル付きの将校で信頼の厚かったヘルムート・アルンツ中佐（博士号を持っていた）は、大将にピストルを持っているか尋ねた。

大将はこれに答えて「わたしはふみとどまる。自殺はしない」と言った。フェルギーベルは自殺を考えていなかった。というのは、自分が反対運動に加担した理由、すなわち犯罪的な戦争遂行について軍法会議において明らかにしようと思ったからである。彼はアルンツ中佐に、「来世を信じているなら、また会おう」と言って別れを告げた。

しかし、この最初に逮捕された計画加担者は、正しいか間違っているか別にして、ともかく動機について話す機会を与えてくれるはずの裁判官の前には連れて行かれなかった。フェルギーベルは秘密国家警察の拷問室に連れて行かれ、特に残忍な方法で扱われた。

こうした宿命から逃れようとしたのが、反乱の主導者であったトレスコウであった。彼は七月二一日、第二八狙撃連隊の最前線を訪れ、自分の目で前線の状況を見たいと言った。ロシア戦線の間近、彼はピストル二挺を使って銃撃戦を装い、小銃てき弾によって自らの頭を吹き飛ばした。

トレスコウの役割はまだ露見していなかったので、その英雄的な死は国防軍の報告の中で特記された。家族は特別の許可を得て遺体をドイツへ運搬し、トレスコウ家の所有地に軍の儀式とともに埋葬した。数か月後、捜査の過程で将軍が反乱の主導的役割を果たしたことが露呈すると、半分腐敗した遺体が棺から取り出され、友人たちを尋問する際の脅しの道具として利用された。

ヴェルナー・シュラーダー中佐は、居住していたバラックの中にメモを残した。「わたしは刑務所には行かない。わたしは拷問を受けたくない」。そして、自分の頭に銃弾を撃ち込んだ。ベルリンのホーエンツォレルンダムの国防軍地区司令部では、参謀本部少佐ハンス・ウルリヒ・エルツェンが逮捕された。彼は尋問の際、矛盾したことを述べたため、武器を取り上げられてしまった。彼はトイレで問題になりそうな書類を焼き、便器に流すことに成功した。尋問に戻るとき、小銃てき弾を二発防火用の砂の中に隠した。

七月二一日一〇時ころ、少佐はもう一度トイレに行った。途中で少佐は小銃てき弾を一つ取り出し、頭部で爆発させた。彼は重傷を負って倒れた。同時に見張りも負傷した。現場は遮断され、医者が呼ばれた。死んだとみなされたエルツェンの手当てをする者はいなかった。そこで彼は最後の力を振り絞ってもう一発小銃てき弾を取り出し、口にくわえて爆発させるのに成功した。彼の上官ヨアヒム・フォン・コルツフライシュ大将は、ヒトラーに忠実な将軍であったが、「少なくとも少佐の最期は立派だった」と簡潔に評した。

帝国刑事局長アルトゥール・ネーベは、最初の数日間、「七月二〇日事件」の捜査に熱心に参加していた。しかし、ヘルドルフ伯爵の逮捕後、共犯者であった彼はもはや隠れることができなくなった。ドイツ随一の犯罪捜査官であるネーベは遺書を書いて自殺を偽装し、髪を染めて、ギセヴィウスと共に潜伏した。ネーベは一九四五年一月一六日に逮捕され、絞首刑に処された。ギセヴィウスは、一週間後、偽造パスポートを使ってスイスに逃げることに成功した。

潜伏した砲兵隊大将フリッツ・リンデマンには五〇万マルクの懸賞金がかけられ、ようやく九月三日になって発見された。リンデマンは刑務所の四階から飛び降りようとし、警察官によって大腿部と腹部に銃弾を受け倒れた。絞首刑にするため、手術で銃弾が摘出された。しかし、九月二一日、創傷がもとで死亡した。リンデマンを匿った協力者五名が死刑判決を受け、絞首刑に処された。

◎…フライスラーによる民族裁判

ナチ体制の刑吏たちは、拷問の方法に関しては尽きることのないアイディアを持っており、新しい拷問方法を次々と編み出していた。拷問ほどにナチの素顔を表わすものはなかった。ヒトラー自身も新しい残虐行為を望んだ。ヒトラーはかつて民族裁判所長官ローラント・フライスラーをモスクワのスターリン主義者たちへの公開裁判を担当した検事にちなんで「われわれのヴィシンスキー」と呼んでいたが、フライスラーを死刑執行人ともども本営に呼び寄せた。ヒトラーは二人に、死刑判決を受けた者には決して人道的な軽減処置を与えてはならない、特に聖職者を立ち会わせてはならないと命じた。死刑判決を受けた将校たちを「まるで屠殺される家畜」のようにつるすようにという指示は独裁者ヒトラー自身に由来するものである。

フライスラーは、ヒトラーの憎悪の爆発にとってお誂えの受け皿であった。軍人を民族裁判所に引き渡すためには、まず「名誉法廷」によって軍から除籍する必要があった。カイテルやグデーリアンなどの従順な

▲…民族裁判所で屈辱的な扱いを受けるヴィッツレーベン元帥

将官たちが、ヒトラーの望み通り、将校たちを除隊させ単なる一民間人にする手続きを行った。一九四四年八月七日と八日の両日にベルリンの王室裁判所の大広間で行われた民族裁判所の最初の公判において、被告たちはまるでコウノトリのような姿をしていた。すなわち、髭もそらず、身だしなみもだらしなく、口から入れ歯をはずし、ベルトもサスペンダーも着けないまま、赤い法服に身を包んだ裁判官の前に連れ出されたのだ。鉤十字旗の後ろには、ヒトラーのためにこの公開裁判を録画するカメラが設置されていた。

「あなたは汚らしい老いぼれだ」と、ドイツのヴィシンスキーたるフライスラーはフォン・ヴィッツレーベン元元帥を罵倒した。「何をいつまでズボンをいじくりまわしているのか？」

彼は防衛手段を持たないヴィッツレーベンを罵倒し続けた。しかし、ヴィッツレーベンはその哀れな外見にもかかわらず、この血の裁判長の前で威厳を保っていた。「あなたはわたしたちを死刑執行人に引き渡すことができます。しかし、三か月後には、怒りそして苦しんだ国民があなたに弁明を求めるでしょう。そして、あなたを生きたまま路上で引きずりまわすでしょう」。

被告の多くは防衛手段を持たず、拷問を受けていた。彼らは家族も刑吏の手中にあることを知っていた。

また、身体的に疲れきっていた。しかし、彼らは裁判を比類なき態度で耐え忍んだ。

「ならず者のシューレンブルクです」。フライスラーがつい間違って「伯爵」と称号を付けて呼んだとき、フリッツ＝ディートロフ・フォン・デア・シューレンブルク伯爵は訂正した。

「わたしが絞首刑になるとき、恐れるのはわたしではない。あなただ」と弁護士のヨーゼフ・ヴィルマーはフライスラー長官に述べた。

これに対し血のような赤い法衣のテロリスト、フライスラーが「間もなくあなたは地獄にいるだろう」と言うと、被告のヴィルマーは、「長官、すぐにあなたもあとから来ることはわたしの大きな喜びです」と答えた。

何週間も拷問され、虐待を受けたフェルギーベルは、民族裁判所長官フライスラーに、自分の絞首刑を急ぐように忠告した。さもなければ、あなたが被告人よりも先に絞首刑になってしまうと。

◎…シュラープレンドルフへの拷問

逮捕者の輪は次第に大きくなっていった。予備調査においても被疑者たちは拷問を受けたが、レジスタンスの規範をはるかに上回る力強い抵抗を示した。拘束された者たちが何をその身に引き受けなくてはならなかったか、シュラープレンドルフが記録している。シュラープレンドルフの忍耐は自分自身だけではなく友人たちをも救った。

「彼らはわたしにこれが自白の最後のチャンスであると言った。わたしがそれまでと同様に否認すると、拷問に訴えた。拷問は四時間にわたった。

第一段階では、両手が後ろ手に縛られた。そして、指の一本一本を包み込む装置が装着された。この装置の内部には鉄のとげが指の付け根にあたるように取り付けられており、ねじを使って締め付けると、とげが指に食い込んでくるのであった。

第二段階は次のようなものだった。わたしはベッドのフレームのような装置の上にうつ伏せで縛り付けられた。そして、覆いのようなものが頭の上にかぶせられた。それからむき出しの両足に煙突のパイプのようなものがかぶせられた。このパイプの中にもやはり針がしつらえられていた。この装置もネジでパイプを締め付けて、針が上腿部と下腿部とに食い込むのであった。

第三段階では、『ベッドのフレーム』が主役であった。わたしは第二段階と同じようにこのフレームに縛り付けられ、頭部には布がかぶせられた。フレームは急激にあるいはゆっくりと引き伸ばされたので、縛り付けられていたわたしの体もそれと一緒にプロクルステスのベッド〔訳注：ギリシア神話の強盗プロクルステスが有する伸縮自在のベッドで、丈に合わない人間は切断されたり引っぱられたりした〕よろしく引き伸ばされた。

第四段階では、わたしは屈折の姿勢で後ろにも横にも動けないようにきつく縛られた。それから警察助手と看守が太い棍棒でわたしを後ろからなぐりつけた。殴られるたびに、前のめりに倒れた。両手を背中で縛られていたので、顔や頭からまともに床にたたきつけられるのだ。そしてこの拷問の間、係員たちはあざけりの声を浴びせかけてきた」。

拷問を受けたシュラープレンドルフは心臓発作を起こした。心臓発作がおさまると拷問が再開された。拷問を繰り返したが、何も成果が得られなかったので、一言の説明もなく、ザクセンハウゼンの強制収容所に送られた。彼は処刑場に連れて行かれ、係員から手振りとともに「何が行われるかお分かりでしょうね。でも、その前にちょっとやることがあります」と言われた。

　シュラープレンドルフは、トレスコウの棺が置かれていた火葬場の一室に連れて行かれた。「棺は私の目前であけられた」と法学者であり抵抗運動の戦士であったシュラープレンドルフは報告している。「数か月も地中にあった後掘り返された死体を前にして、半ば脅すような、半ば懇願するような声で、洗いざらいすっかりと告白する気はないかと聞かれた。わたしはこれまでの態度を変えなかった。遺体の入った棺がわたしの目の前で焼かれた。わたしは予想とは違って射殺されず、刑務所に戻された」。

▲…処刑地プレッツェンゼー

◎…残忍な処刑

　即決裁判の判決は数時間内に実行せよとのヒトラーの命令は、最初は守られていた。最初の八人、すなわちヴィッツレーベン、ハーゼ、シュティーフ、ベルナルディス、ハーゲン、クラウジング、ヘプナー、ヨルク・フォン・ヴァルテンブルクは、審理が終わるとすぐにプレッツェンゼーの刑場に運びこまれた。刑場では死刑執行人と助手たちが処刑と処刑の合間に蒸留酒で景気づけをし、カメラチームが機材を整えていた。これは、ヒトラーのために最後の死の痙攣までをフィルムに収め、絞首刑にされた者たちのスチール写真を撮るためであった。
死刑囚たちは木靴をはかされ、後ろ手に縛られ、二つの小窓から光がかすかにさす処刑室に連れて行かれた。途中、むき出しのギロチンのそばを通るのだが、これは第三帝国でよく使用された処刑の道具であった。検事総長の同席のもと、フライスラーの死刑判決がもう一度朗読された。それから死刑囚は上半身裸にされ、手の縛りをはずされる。肉屋用の鉤で固定されたピアノ線の輪に頭部を入れると、すぐさま引き上げられた。絞首による死は二〇秒かそこらで訪れるのだが、遺体は二〇分間ずっと吊るされたままにされた。

▲…民族裁判所で弁明するゲルデラー（立っている人物）

犠牲者たちの死の苦しみをできるだけ長引かせるようはっきり命令されていたので、落とし板によって体を落下させる方法はとらなかった。衝撃で首が折れて即死してしまうからである。その代わりに、足元の踏み台をそっとはずし、首を圧迫することによって、苦しい窒息死がゆっくりと訪れるようにした。その際、死刑囚は助手によってズボンまで脱がされた。

特急便でその日のうちにフィルムが総統本営に輸送され、ヒトラーに披露された。絞首刑になった人たちのスチール写真は何週間も机の上の「作戦」地図の横に置かれていた。ヒトラーは毎日ナチの異端審問の進展を報告させた。総統の肉体は徐々に弱っていたが、サディズムを視覚的に証明するこれらの品々は主治医モレルが与えた覚醒剤よりも時には効き目があった。

後に、ヒトラーの命令は次第に軽視されるようになり、死刑判決を受けた者たちが何週間も何か月も独房で過ごさなくてはならないこともよく生じるようになった。これは秘密裏に彼らを救出しようとしたためではなく、仲間の名前を白状させる前に死刑囚たちを処刑してしまったという認識の結果であった。たとえば、フェルギーベルは一か月も自分の死を待たなくてはならなかった。ゲルデラーは地下に潜伏したが、その後空軍助手の女性によって発見され、密告された。彼女は一〇〇万マルクの報奨金を手にした。ゲルデラーは、一九四四年九月八日から一九四五年二月二日まで処刑を待たなくてはならなかった。

最初の裁判とそれに続く処刑については、ドイツのメディアは同じような論調で報告した。しかしその後は、「極めて少数の者ども」という虚構を維持するために、意図的にほんのわずか報道するか、全く報道しないかのどちらかであった。

◎…ロンメル元帥の最期

報復裁判はプレッツェンゼーの刑場を省略する道のりも作り出した。伝説の元帥ロンメルに関しては、「従僕」カイテルであっても国防軍から追い出すことはできなかった。また、フライスラーすら手が出せなかった。そこで、ウルム近郊のヘルリンゲンの自宅で病気静養中のロンメルに名誉法廷委員の二人の将官エルンスト・マイゼルとヴィルヘルム・ブルクドルフが死刑執行人として送られた。二人は「砂漠のキツネ」ロンメルに、持参した毒物を飲んで名誉の国葬を受けるか、妻のルツィエと息子のマンフレートに共同責任を取らせるかの二者択一を迫った。一時間ほどの会談の間に村は親衛隊部隊に包囲された。妻との別れの際、エルヴィン・ロンメルは「一五分後にわたしは死ぬ」と伝えた。

ロンメルは二人の将官の車に乗った。この二人はドイツの将官たちの名誉観がヒトラーのゆえにいかに腐敗していたかをまたもや示すよい例であった。ロンメルは途中で青酸カリを飲んだ。三〇分後、ズボンに将官位を表す赤い側線の付いた軍服を着た脅迫者たちが、元帥の遺体をウルムの病院に搬送した。「遺体に触れてはいけません。全てベルリンからの指示です」と、ブルクドルフ中将は医師長に命じた。

国家保安本部は、死因は「戦傷による塞栓症」と発表した。数日後、第三帝国の指導者たちの臨席のもと、フォン・ルントシュテット元帥は、顔の表情一つ変えず、「永遠の眠りについた戦争の英雄」のために追悼の辞を述べた。そして、ヒトラーは自分が間接的に殺害したロンメルの妻に丁寧な弔電を送った。

家族も共同責任を取らされた。ハインリヒ・ヒムラーは勝ち誇って「シュタウフェンベルク家は最後の一人まで消されるだろう」と表明した。伯爵の三歳から八歳までの子どもたち、いとこ、叔父、叔母、遠い親戚、外縁の親戚、義理の母親たち、そして知り合いまでが鉄条網の内側に入れられた。ゲルデラー家、レーンドルフ家、トレスコウ家、ハーゲン家、ザイドリッツ家、シュヴェーリン・フォン・シュヴァーネンフェルト家、フライターク＝ローリングホーフェン家、ハーゼ家、リンデマン家、ハンゼン家、ホーファッカー家、フィンク家、ヨルク・フォン・ヴァルテンブルク家、ベルナルディ家、モルトケ家、オスター家、ドナーニー家、ボンヘッファー家、ヘフテン家、シューレンブルク家、ヘプナー家、レーバー家の者たちも同じような目にあった。

比較的大きい子どもたちは、場合によっては処理するよう命じられた。小さい子どもたちは新しい名前を与えられ、愛する家族の記憶もなしにナチの養育施設「命の泉」や親衛隊隊員の家庭で熱狂的なナチへと育てられることになった。これらの命令が一部しか、あるいは全く実行されなかったのは、関係者の人間的な同情によるものではなく、単に戦争が終わったという事情からであった。

第16章　おわりに

◎…残るヒトラー暗殺の機会

七月二〇日事件以後、ナチス親衛隊が力を増し、逆に国防軍の屋台骨は崩れてしまった。そしてこのことは次のような変化に限ってもはっきりと見て取れる。すなわち、世界中で一般に行われている軍隊での敬礼が、今までは片手を帽子に乗せる方式であったが、今や陸軍や空軍でもナチス親衛隊で行われてきた右腕を高く伸ばすヒトラーへの挨拶に替えられた。ロシアの先例にならい、国防軍はナチス指導部の将校を、すべての軍隊の各部隊に採用した——ソ連の人民委員会はこの頃にはまたも廃止されていた。

養鶏業という職種を経験してきた男ハインリヒ・ヒムラーは、補充兵部隊の最高指揮官になり、後には前線での最高司令官にもなった。そして帝国宣伝省ゲッベルスは、自らが強力に志願して、労働力の全面的投入の全権委員となった。

ヒムラーが再度、ヒトラー警護の安全規則を強化したのは当然であろう。ヒトラーが信頼を寄せる将校にも、今後は武器を携帯したままヒトラーの側へ近寄ることは不可能になった。ただし、ヒトラー自身がその安全規則をきちんと守れば、の話である。しかしながらヒトラーは七月二〇日事件後、数日も経たないうちにその規則を無視し、ほぼ単独でラステンブルク傷病兵用病院を訪れ、瀕死の副官シュムントや暗殺事件で傷ついた他の人々を見舞っている。

ヒトラー総統司令部を訪れる人は、たとえ元帥であろうとも今や武器を置き、ポケットを検査されなければならなくなった。これは常に摩擦なく行われたとはいえなかった。この当時の空軍中佐エーリヒ・ハルトマンは、世界中で最も成果を上げた戦闘機のパイロットであったが、ヴォルフスシャンツェへ来るように命じられた。特別の栄誉としてヒトラーの手からじきじきに「柏葉型勲章の剣」を授与されるためである。彼は帝国保安課報部の護衛兵によってピストルのついた剣帯を外していくように要請された。

気骨のあるこの将校は、若々しい容貌からいつもはブービー〔訳注：坊や、悪ガキ〕と呼ばれていたが、激しく反発をした。「総統に伝えてください。もし、前線で戦う将校に如何なる信頼も寄せられていないならば、私は戦闘を放棄します」と、彼は上司に食ってかかった。上司の空軍副官と帝国保安課報部指導者ラッテンフーバーとの間で騒動が起こった。ラッテンフーバーは軍の中佐が武器を携帯したまま総統に会っても許される、という規則を廃止したのである。七月二〇日事件後であっても、この騒動が起こる以前までは、たとえハルトマンでもその気にさえなれば、まだ総統を射殺する機会があったのである（彼は、もちろんのこと、このようなことを考えてはいなかったが）。

◎…口を割らない人々

七月二〇日事件後、逮捕は波状攻撃となってさらに続き、実際にはナチステロ国家が没落する最後の日まで繰りひろげられた。七月二〇日事件は、「雷雨行動」という偽名をつけて始められ、怒濤のように押し寄せる大規模な波の様相を呈し、多くの政府反対派を逮捕し、強制収容所へ送る口実を提供した。逮捕された者のなかにはこの暗殺未遂事件に加わらなかった政府反対派もいた。例えばコンラート・アデナウアーであり、戦後のドイツ連邦共和国の初代宰相である。また将来、彼のライバルとなるクルト・シューマッハーも含まれていた。

死刑執行は、次々とあまりにも迅速に行われたので、時にはかつてのギロチンも引っ張り出さなければならないほどであった。なぜならば、今までのカギにロープを吊し、首を絞める「屠殺用首つり方式」は、面倒であり、時間を浪費したからである。処刑された約二〇〇人は、実際に陰謀グループに属していた。容疑者約一〇〇〇人が逮捕された。

だが前例のないほど残酷で広範囲にわたる尋問が開始されて半年が過ぎた頃、それでも秘密国家警察ゲシュタポは、依然として事実関係の全容を明らかにしたとはいえなかった。ただし「捜査は熱を入れて行われた」とペーター・ホフマンは分析している。しかし「第二次世界大戦の最後の数か月になってようやく捜査の熱は冷めた。ゲシュタポ組織全体が、連合軍の空爆により、また移転によりマヒしたことがその理由の一つであり、個々のゲシュタポの人間が、迫り来る終戦を前にしてもはや不必要に評判を落とそうとは思わなくなったことがもう一つの理由である。しかし、このような理由があったからといって、ゲシュタポについて不利な証言をするような人間を総力をあげて始末することは、終戦の最後の日までやめたわけではなく、むしろ必要不可欠であると見なされた。ヒムラーの取り巻き連中は、情報と洞察力に欠けていたので、脅迫をして自白させようとすると、ますます思いつく限りのあらゆる手段を駆使した。この連中が証言を得られなかった一つの理由に、個々のゲシュタポメンバーに知的センスが乏しかった点が挙げられよう。しかしもっと大きな理由は犠牲者たちの不屈の信念にある。一例を挙げれば、フライヘル・フォン・デア・ブシェ大尉、リットマイスター・フォン・ブライテンブーフ、フライヘル・フォン・ゲルスドルフ少将、ランツ大将、グラーフ・フォン・シュトラハヴィッツ大佐のような著名な陰謀家たちは、逮捕されることはなかった。逮捕された人たちの多くが、またその後有罪の判決を下された人々が、こうした人々の運動への参加を詳細に知っていたにもかかわらず、彼らは毅然として口を割らなかった」。一九四四年一一月二〇日、ヒトラーはソ連赤軍の攻撃から逃亡し、ベルリンへ戻った。これ以降最後まで、総統官邸の地下壕での穴居生活という非現実の世界に住み続けることになった。師団とトランプ台での「机上作戦」に興じていたが、この師団たるや最早一中隊をなすどころではなく、加えてお粗末な武器しか持っていなかった。いよいよ最後の瞬間には毒ガスの使用を考え、異様な熱意でニューヨークの街のすき間に空爆を行おうとするほどの夢想に取り憑かれた。ヒトラーによれば、爆弾は四発エンジン付きの戦闘機で運ばれるというのだが、彼はこんな戦闘機は持っていなかった。

◎…シュペーア

ヒトラーは、西部戦線ではクリスマス攻撃を目論んで最後の予備役を投入したが、無駄であった。東部戦線では一九四五年一月一二日、ソ連軍が最後の攻撃を開始し、これはやがてベルリンにまで到達することになる。数百万人の難民が東プロイセン、西プロイセン、ポンメルン、シュレージエンから生じ、赤軍から逃げる途中で死んでいった。ドイツの都市は連合軍側の空爆に、守るすべもなく、なすがままにさらされ続けた。この時まで自分の良心を完全に捨て去ることもできずに、総統に忠誠を尽くしてきた一人の男がいた。ヒトラーおかかえの「若き男」、お気に入りのアルベルト・シュペーアである。シュペーアが予見していたことは、ますます狂気に取り憑かれていくヒトラー総統が、すべての産業施設、道路、橋を組織的に破壊することにより、ドイツを焦土と変え、ドイツ国民を、ヒトラーと一緒に集団自殺の道連れにしていくのではないかということであった。

▲…アルベルト・シュペーア（ヒトラーの後右）

ヒトラー五六歳の誕生日は最後の誕生日でもあった。この日、プレッツエンゼーではさらに二八人の政治犯囚人が絞首刑に処せられた。この時点でソ連赤軍が総統官邸にわずか数百メートルまで近づき、闘いを続けていた。

総統地下壕を最後に訪れた一人にアルベルト・シュペーアがいる。軍需相（帝国軍需弾薬相）である。彼は総統に「焦土化作戦」命令の撤回を求めたが、拒否された。このヒトラーのお気に入りであり、友人でもあり、首都ベルリンに、ヒトラーの「狂気の宮殿計画」作成の建築家でもあったシュペーアは、戦後、この機会を利用して、地下壕の通気坑の上から毒ガスを入れ、総統の暗殺を計画し、さらに実行しようともした、と主張した。

炎上するベルリンからかろうじて逃げることができたこの男には、それを証明する義務がある。暗殺者たちには、ヒトラー排除の実行段階で、命をかけたり、実際に命を失った人たちが多くいた。一方、シュペーアの場合には、次のような推測がなされている。ヒトラーの寵児シュペーアは、多くの人々を軍需産業界に奴隷労働として投入し、殺害した理由で、ニュルンベルク国際軍事裁判では主犯として起訴されたが、上述したようにヒトラー暗殺の計画・実行を行ったという自己弁護により、極刑を逃れようとしたのではないか。これが裁判では功を奏したようであり、実刑二〇年という判決を受け、一九六六年、シュパンダウ刑務所から出獄した。

◎…早期暗殺により救えた命

一九四五年四月三〇日、ヒトラーは昼の会合で、ソ連軍が既にポツダム広場に、そしてヴァイデンダム橋に達したことを知った。その後次のような情報も得た。すなわち、ムッソリーニと愛人クララ・ペタッチがパルチザンにより逮捕、射殺され、死体はミラノのガソリンスタンドで逆さ吊りにされたこと、暴徒に石を投げつけられ、こぶしで殴りつけられた事実である。最後の段階で蜂起し、処刑を行った女性たちは、ムソリーニの破壊された顔面に小便をかけた。

この日、ヒトラーは自分の雌の愛犬「ブロンディ」を毒殺させ、秘書の女性たちには青酸入りカプセルを渡し、「残念ながら別れの贈り物にこんなものしか手渡すことができない」と言った。ヨーゼフ・ゲッベルス博士とその妻マグダは、一八室の小さな、不快な部屋付きの「第三帝国地下墓所」（カタコンベ）に移動した。まず初めに自分の子どもたち六人を毒殺し、次に自分たちも続いた。最期は哀れで、冷酷であった。

兵士や伝令兵が食事をとる食堂では死の前の舞踏が始まっていた、と英国の作家ヒュー・レッドウォルド・トレヴォー・ローパーは自著『ヒトラーの最期の日々』で記している。総統のいる地下壕から通告が来、騒音をたてている連中にもっと静かにするよう命令が出された。しかし、無限地獄の上の虚飾のダンスはその後も続いた。

ヒトラーは、一日前に結婚していたエヴァ・ブラウンと自分の個室に退いた。その直後、一発の弾丸が発射された。ヒトラーはソファーに倒れた。ソファーには血がたっぷりとしみこんだ。口の中にピストルを発射したのだった。妻が隣りに横たわっていた。死んだまま。ピストルが彼女の側に置かれていた。彼女はそれを使っていなかった。毒を飲んでいたのである。一九四五年四月三〇日、月曜日、一五時三〇分であった。

▲…ラーヴェンスブリュック強制収容所。1万3200人の女性が収容された

総統官邸の庭では北欧バイキング式の葬式が準備されていた。ヒトラーの運転手ケンプカがガソリンを調達し、二人の死体にかけ、何人かの証人が立ち会い、焼かれた。ハンブルク放送局は五月一日の晩に臨時ニュースを流した。

「総統司令本部から報道します。わが指導者アドルフ・ヒトラーは、今日午後、首相官邸で執務にあたり、ボリシェヴィズムと最期の一呼吸まで闘いながら、ドイツのために死にました」。

これは虐殺政体がついた最期の嘘であった。ヒトラーは死に、彼と共にヒトラーの運動もまた死んだ。第二次世界大戦では、戦死者や、殴り殺されたり、ガスで、絞首刑で殺されたり、また斬殺された人々が五五〇〇万人もでた。もしもっと早く、弾丸が放たれ、命中していたならば、このうちどれほど多くの人々が生きのびたであろうか、と問わざるを得ない。

ヒトラー暗殺計画一覧

権力掌握前（一九二一年から一九三二年）
　ベルリンの「カイザーホーフ・ホテル」での毒殺計画（21頁）（一九三二年）など四件

一九三三年
　無名の突撃隊員によるオーバーザルツベルクでの暗殺計画（41頁）や、ケーニヒスベルクのカール・ルター・グループの計画（29頁）など一〇件

一九三四年
　ベルリンのベッポ・レーマーの計画（32頁）や、同じくベルリンのヘルムート・ミュリウスの計画（32頁）など四件

一九三五年
ベルリンでのパウル・ヨーゼフ・シュトゥルマー博士による計画（88頁）
ベルリンのマルクヴィッツ・グループの計画（89頁）

一九三六年
ニュルンベルクでのヘルムート・ヒルシュの計画（96頁）

一九三七年
ベルリンでのヨーゼフ・トーマスの計画（105頁）
無名の親衛隊員がベルリンのオリンピックスタジアムの演台に爆弾を仕掛けた計画（135頁）

一九三八年
オットー・シュトラッサーと亡命者グループの計画（一九三七年以降、多数の計画あり）（80・86頁）
フリードリヒ・ヴィルヘルム・ハインツ隊長以下、突撃小隊による首相官邸襲撃計画（126・140・143・244頁）
ミュンヒェンでのアレグザンダー・フットの計画（149頁）
オーバーザルツベルクやミュンヒェンでのモーリス・バヴォーの計画（多数あり）（157・189他頁）

一九三八／三九年

ベルリンでのノエル・メイスン＝マクファーレンによる計画（182頁）

一九三九年
ミュンヒェンでのゲオルク・エルザーによる計画（187頁）
ベルリンでのエーリヒ・コルトの計画（247頁）

一九四〇年
パリでのエルヴィン・フォン・ヴィッツレーベンの計画（263頁）

一九四一／四三年
ベルリンでのニコラウス・フォン・ハーレムやベッポ・レーマーによる計画（多数あり）（258頁）

一九四三年
ヴァルキ（ロシア）でのフーベルト・ランツ、ハンス・シュパイデル、ヒアツィント・フォン・シュトラハヴィッツ伯爵による計画（290頁）
スモレンスクでのフリードリヒ・ケーニヒ（289頁）、フォン・ベーゼラーガー男爵による計画（284頁）、ヘニング・フォン・トレスコウ（273・283・289・294・301頁他）、ファービアン・フォン・シュラープレンドルフ（273頁）、ルドルフ・クリストフ・フォン・ゲルスドルフ男爵による計画（262・271頁）
ヴォルフスシャンツェでの無名のポーランド人による計画（331頁）

ベルリンでのルドルフ・クリストフ・フォン・ゲルスドルフ男爵による計画（302頁）
ヴォルフスシャンツェでのアクセル・フォン・ブッシェ＝シュトライトホルスト男爵による計画（310・314頁）

一九四四年

ヴォルフスシャンツェでのエーヴァルト・フォン・クライストの計画（316頁）
オーバーザルツベルクでのエーバーハルト・フォン・ブライテンブーフの計画（317頁）
ヴォルフスシャンツェとベルリンでのクラウス・シェンク・フォン・シュタウフェンベルク伯爵の計画（多数あり）（314・323頁）
ベルリンでのアルベルト・シュペーアの計画（369頁）

訳者あとがき

（1）原著について

本訳書は、ヴィル・ベルトルト（Will Berthold）著『アドルフ・ヒトラー暗殺四二件』（Die 42 Attentate auf Adolf Hitler）の全訳である。ここで「全訳」と断った理由は以下の通りである。

私たちが取り組んだ原本はヴィースバーデンにあるVMA出版社から二〇〇〇年に出版された書物（①）である。しかし、この原本はすでに一九八一年にミュンヒェンにある二つの出版社からポケット版（②）とハードカバー版（③）で出版されている。出版社や版は違っても三つの本の内容は、同一である。この②、③の二冊を原本として、『ヒトラーを狙った男たち』（講談社）が、小川真一氏の訳で、一九八五年に出版された。本訳書のいわば先行訳書となっている。

ただしこの小川氏の先行訳は、本人も「訳者あとがき」で断っているように、完全な翻訳ではなく「部分的抄訳」である。訳されていないところは、「前書き」に始まり、全章にわたっている。一例を示せば、私が担当した四つの章（序文、第8、9、16章）では以下のようになっている。最も訳されていない章は第16章であり、一二一行中八八行（約七三％）にのぼり、第8章では一九％が訳されていない。以下、第9章の一六％、序文の一一％が削除されている。四つの章の合計一四六四行のうち、三二三行が未翻訳である。これは二二％に相当する。こうした削除箇所に加えて、原本にはない、小川氏の独自の「若干の補足」が加えられている。そこで私たちは、削除や加筆のない、原本にそった完全な訳書を出版することにした。そのために冒頭に「全訳」と記した。

著者ヴィル・ベルトルトは、一九二四年にドイツのバンベルク市に生まれた。九年後の一九三三年に、ヒトラーが政権を掌握したが、この政権下で、一九四二年、一八歳の時に徴兵され国防軍兵士となる。一九四五年、連合軍の捕虜となり、釈放後、臨時工を経て一九四五年から一九五一年まで全国紙『南ドイツ新聞』の編集部に勤務する。この時、一九四五年一〇月～翌年九月まで行われたニュルンベルク国際軍事裁判の記事を書き、同時に大学で新聞学と文学史を学び、卒業する。

ベルトルトの業績の特徴は、多彩、多様な著作そして旺盛な執筆活動である。雑誌に連続小説を書いたり、フリーの作家として五〇本の小説を書く。またルポルタージュに取り組んだり、実用書をも出版している。中でも彼が好んだテーマは、ナチス時代と第二次世界大戦であり、推理ものやスパイものでもあった。

さらに、映画のシナリオやテレビのドキュメントをも手がけている。また、「シュテファン・アンベルク」や「ペーター・マルティン・デューゼル」というペンネームを使い、小説を発表している。

これらの著作は一四か国語に翻訳され、その総部数は、二〇〇〇万部を越えている。

(2) 支配と服従

ヒトラーが権力を掌握した一九三三年一月三〇日からドイツの敗戦の一九四五年五月七日までの一二年三か月弱の間、ドイツ本国と支配地域で行われた統治の特徴は、本書でもふれられているように、支配と服従であった。これにはとりわけラジオ、映画、新聞などのマスメディアが動員された。

この時代をテーマにする画面には、必ずといってよいほど、喚声を上げてヒトラーのそばに熱狂的に駆け寄る一般市民の姿が映し出される。例えば、一九三八年ナチス・ドイツがチェコスロヴァキアのズデーテン地方を併合したとき、映像はヒトラーを大歓迎する女性たちで溢れている。ズデーテン地方のカールスバート(チェコ名カルロヴィヴァリ)では、狂喜乱舞し、失神する女性たちが画面を覆う。ヒトラーは崇高な輝きでまるで後光が差しているようだ。

だが、この時、映像は狂喜し、喚声を上げなかった人々は映しだしていない。歓呼の声の隣には、沈黙し、冷めた目で見つめる人々が存在し、その向こうにはこの場に背を向けこれから始まる非ドイツ系住民への迫害にじっと息を凝らし、推移を見つめる圧倒的に多数のチェコスロヴァキアの国民がいた。歓呼する〈一群〉の、ヒトラーへの従順さが、あたかも〈全国民〉の従順さであるかのように宣伝された。

ナチスは、第一次大戦でドイツが敗北した理由を「ユダヤ人と革命家にある」と宣伝した。第一次大戦後の講和条約、すなわちヴェルサイユ条約が結ばれ、ここに戦後処理が明記された。ナチスは、戦争を引き起こした当事者であるドイツ帝国の皇帝、資本家、軍人らに戦争の責任を負わせるのではなく、戦後の尻ぬぐいをしなければならなかったヴァイマール共和国に全責任を押しつけた。

第一次大戦後の混乱と苛酷なヴェルサイユ条約の内容、世界恐慌の中で、人々は、民主主義ではなく、強力な統率者を求め、その統率者の支配とこれへの服従を求めた。しかし、支配と服従は、ナチス時代に限らず、現在も世界中至る所に姿を現している。

(3) 麻生発言

本書は、ヒトラー暗殺計画とその実行を年代順に記している。三七三頁の「ヒトラー暗殺計画一覧」を参照して頂ければ幸いである。

第1章(江藤深訳)はその前半で、ヒトラーが政権につく直前の選挙戦から、一九三三年二月二八日のナチスによる自作自演の「国会議事堂放火事件」を経て、ナチ党と国家人民党が辛うじて過半数を獲得する三月五日の総選挙、そしてヴァイマル憲法を最後に骨抜きにした一九三三年三月二三日の「全権委任法」の成立あたりまでを扱っている。

ナチスは国会議事堂放火事件をドイツ共産党の仕業であるとして、共産党のみならず社会民主党の新聞も発行禁止にし、反対派ジャーナリストの一斉弾圧に乗り出す。総選挙投票日の一週間前である。この総選挙では、ナチ党は反対政党のすべてに大規模なテロの行使で臨んだ。ラジオ放送を通したナチスの大々的な宣伝と暴力行為で威嚇しながら、騒然とした雰囲気の中でヴァイマル憲法は停止させられた。

ところで、二〇一三年七月二九日、公益財団法人「国家基本問題戦略研究所」(国基研、桜井よしこ理事長)が開いたシンポジウムで、自由民主党副総裁・麻生太郎氏は以下のように発言した。発言通りに記してみよう。「憲法がある日気が付いたらヴァイマル憲法がいつの間にか変わっていて、ナチス憲法に変わっていたんですよ。誰も気が付かないで変わったんだ。あの手口学んだらどうかね」（ニュースＪＡＰＡＮすぽると、二〇一三年八月一日）。ここで言われている「いつの間にか」「誰も気が付かないで」は完全な虚偽である。その理由を、まず本書の記述にもとづいて、次にそれ以外の既に知られている歴史的事実に則って述べてみたい。

①本書による麻生発言の検証

まず第一に、本書では総選挙前夜の三月四日の様子を次のように表現している。「ナチス式一大運動が始まった。新聞には大見出しが踊り、そのうち飽きるほど聞くことになる『すべてのドイツの放送局は連帯しよう』なるフレーズが帝国放送から流れた。『運命の瞬間』と題する生放送が、通りや広場のスピーカー、あるいは学校や工場――後には兵舎でも――の共同受信機を通して響いた」。

さらに本書は、投票日翌日のドイツ北部の一都市・ケーニヒスベルクでの、「誰もが気が付」く騒然とした事態を以下のように描写している。「軍楽隊に率いられたヒトラーユーゲントやドイツ女子同盟の少年少女たち、褐色シャツの編隊が町を練り歩いた。壁には花輪が掛けられ、ケーニヒスベルク中を旗が埋めつくした。鈍いリズムに揃った足音、単調な響き、大衆の金切り声。道に立つ者は踏みつけられた。激烈な選挙の『戦績』は以下の通り――ヒトラーの政敵五一人、突撃隊一八人が死亡、数百人がけがをした」。

本書によれば、ドイツ共産党は、国会議事堂放火事件を口実とされて、直後の二月末には活動を禁止される。この頃、ヒトラーは「それまで自分を排除していた何十万というドイツ人のお茶の間に、写真という形で上がり込んだ。突撃隊には無数の候補生が押し寄せ、それまで消極的だった一〇〇万人の同調者がナチ党へとなだれ込んだ。志願者が殺到する中、一時的な募集停止をかけねばならないほどだった」。この三週間後にヴァイマル憲法は骨抜きにされたのである。本書は「ある日気が付いたらヴァイマル憲法がいつの間にか変わ」ったのではなく、騒然とした雰囲気で憲法の意図的な停止の前夜を描いている。

②歴史的事実による麻生発言の検証

次に、本書の記述とは離れて、多くの人に「気が付」かれていたヴァイマル憲法の停止に至る歴史的事実に焦点をあてよう。

全権委任法は、ヒトラーが政権についた一九三三年一月三〇日からわずか二か月も経ないうちに成立した。この期間を二期に分けてみよう。

1・政権成立から、三月五日の総選挙まで

政権が成立する一日前の一月二九日、ヒトラーの首相就任に反対する抗議行動が「一〇万人近い労働者」によりベルリン中央で行われていたことが、アメリカ人ジャーナリスト、ウイリアム・シャイラーの「第三帝国の誕生」(1)の中で描かれている。

ナチス政権成立のその夜、祝賀パレードは、ラジオの実況中継で全国に伝えられた。大げさな、扇情的な宣伝によるプロパガンダの開始であり、上からの独裁体制の出発点である。同時にこの体制は、下からの熱狂的な運動により支えられていく。このパレードはシャイラーが次のように記している。「その夕べ、黄昏から真夜中をはるかに過ぎるまで、有頂天のナチ突撃隊員たちは、勝利を祝うために盛大な炬火行進を行った。何万という数の彼らは整然とした隊伍を組んで。(動物園のある)チアガルテンの奥からあらわれ、ブランデンブルク門の凱旋アーチの下を通り、ヴィルヘルムシュトラーセを下り、そのバンドはとどろきわたる太鼓の音とともに、古い軍歌の調べを天にもとどけとばかり鳴りひびかせ、その声は新しいホルスト・ヴェッセル【ナチ党歌】や、ドイツと同じくらいに古いその他の歌曲をわめきたて、その大長靴は力強いリズムで舗道を踏みしだき、その炬火は高くかかげられて炎のリズムを作って夜を照らし、両側の歩道に蝟集した見物人の万歳の声にさらに気勢を添えていた」(2)。以降、「炬火」、「太鼓」、「鳴りひびく軍歌」、「党歌」、「わめきたてられる歌曲」、ナチス親衛隊や突撃隊の「軍靴（大長靴）」による騒々しい行進と威圧――これらはナチ党のプロパガンダの常套手段になる。

この日、創刊三〇〇年以上になるベルリンの名門日刊紙『フォス新聞』は政権の交代に直ちに反応し、夕刊でナチ党への脅威を述べ、来るべき「嵐の前兆」にふれた。二月一日、ヒトラーは国会を解散する。そして首相就任後の第一声を国民に向けて発し、マルクス主義と民主主義の徹底した破壊を約束した。また閣議では、共産党に対して軍と警察により力で弾圧をした場合、反撃が予想され、例えばゼネストや内乱が引き起こされる可能性があるので、国会選挙による多数派の形成を最優先とすることが決められた。翌二日にはベルリンの警察を使って、ドイツ共産党の創設に奔走し、右翼によりローザ・ルクセンブルクと共に虐殺されたカール・リープクネヒトの名前をつけた会館を占拠させる。三日、社会民主党機関紙『前進』が発行停止処分を受ける。この日、ヒトラーは秘密演説を行い、徴兵制の導入と再軍備、そして国内反対派の排除により、戦争が可能な能力を準備し、ヴェルサイユ体制の打破を目論み、最終目標はヨーロッパの東方地域に生存権を獲得し、これをドイツ領とすること等を述べた。

二月一一日、警察はドイツ共産党の機関紙編集局、印刷所を閉鎖し、翌一二日、アイスレーベンの共産党事務所を六〇〇人のナチ党員が襲撃し、十数人を殺害する。ドイツ最大の州・プロイセンの警察は社会民主党が力を持っていたが、ナチ党のゲーリングが新らしい内務大臣に就任するや、警察機構の編成替えを行い、二月一七日、警察官に、自分の判断で自由に武器を使える権限を与える。権力による裁判なしの勝手な暴行、殺戮が横行していく。二〇日、産業界首脳はヒトラーと会談し、約二三〇万マルクの選挙資金をナチ党に提供する約束をする。二二日、ナチスの突撃隊、親衛隊、鉄兜団（右翼や偏狭なナショナリストからなる退役軍人の団体）は、五万名が補助警察隊に採用される。ナチスはこの武器の「自由使用」と「補助警察隊」組織により、体制を武力面で支え、民衆への恐怖と権力への忠誠心を植え付けた。

ドイツ国外での報道を見てみよう。日本の『同盟通信』の前身『連合』は、政権奪取のその日のうちに直ちに「極右の連立」との見出しをつけ、カトリックを支持基盤とする中央党が、ヒトラーに対してヴァイマル憲法の範囲を逸脱しない旨の保障を要求した」と報道している。『東京朝日新聞』は「ナチス党首ヒトラー、ついに政権掌握」と一月三一日に報道している。さらにナチスの政策を五項目に要約し「ヴェルサイユ平和条約の破棄、賠償金の不払い、ユダヤ人の排撃、銀行の国有、軍国ドイツの再建」と紹介した。ヴァイマル憲法の「逸脱」は日本でも知られていたのである。スイスの『新チューリッヒ新聞』は二月二一日、新聞弾圧に触れ、次のように述べている。「ドイツの新聞に発行停止命令が雨あられと乱発されている。新顔の『言論緊急取締権』とかいう権限を楯に、官憲は一切手加減せずに法規を執行している」(3)。

二月二七日、ナチスは国会議事堂の放火を自作自演した。これは第一に、ドイツ共産党に打撃を与え、これに乗じてヒトラーに反対する人々を一斉に弾圧するためであり、第二に、国民の基本的人権の廃止を目標とする「大統領緊急令」を施行し易くするためである。議事堂が炎上したわずか数時間後に、ジャーナリストや政治家が大量に逮捕され、次々に強制収容所に送り込まれた。ドイツ全土で共産党幹部の逮捕、党事務所の家宅捜索が行われ、機関紙も発行停止に追い込まれた。ドイツ民族主義に立つ保守派新聞『ドイツ一般新聞』は、二九日に「真摯にものを考えるドイツ国民ならば、ゲーリング大臣が共産主義者に対してとった断固たる措置を、感謝の念をもって全面的に支持するであろう」と書いた。

この時、シュテファン・ツヴァイクの短編『燃える秘密』が映画化され、全ドイツで上映されていた。彼は後に作品が焚書にあい、亡命を余儀なくされたユダヤ系作家である。「国会焼き討ちのあったその日、この映画の看板とポスターの前には市民たちが集まっていた(4)が、「その晩のうちに警官たちはオートバイを八方にとばして、上映は禁止され、この題名はあらゆる紙面や看板から抹殺された」(5)。

国会炎上の翌日、ナチス政府は「民族と国家防衛のための大統領緊急令」を施行した。

ヴァイマル憲法は、確かに社会権（生存権）や女性参政権を謳い、当時最も民主的と評価されていたが、第四八条第二項で、緊急事態に対処するという理由で議会を通さずに「大統領緊急令」の施行が可能であった。ヴァイマル時代にこれが乱発されてきた。

この「民族と国家防衛のための大統領緊急令」は、ヴァイマル憲法の基本的人権に関わる条項を「当分の間その効力を停止」（第一条）(6)し、「人身の自由」「（出版の自由を含む）意見の自由発表」「組織・集会の権利を奪い、「信書・郵便・電信・電話の秘密」に干渉し、「家宅捜査」や「財産没収」を制限なく行い、「所有権」を侵害した。この「緊急令」の狙う非常事態は、「当分の間」どころかドイツ第三帝国の崩壊する日まで続いた。第三帝国とは、非常事態体制の国家であった。

こうして市民の基本的人権は廃止され、新たにヒトラーの民衆支配の道具として保護検束が導入された。当初共産主義者を対象としたが、その後拡大され、ナチスに反対すると思われる共産主義者以外の人々をも含めた。警察は、訊問もせず、逮捕理由も、勾留期間も、勾留先も示さないで恣意的に身柄を拘束できた。この「緊急令」が施行された二月から八か月の間に全ドイツで約一〇万人が逮捕され、六〇〇人前後が殺害された。この人たちの家族、知人・友人・同僚は、突然消息を絶った人を尋ねて右往左往せざるを得なかった。リベラルだったり、批判的なマスコミへの弾圧は激しさを増した。ナチ党は、突撃隊を使い、共産党系列、社会民主党系列の新聞社の印刷工場、社屋を襲撃し、略奪した機材・資材を、もともと貧弱だったナチ党の機関紙の印刷発行所で使い、または売り払って蓄財し続けた。社会民主党関係の印刷工場だけで一〇〇か所以上が没収され、その資産価値は四〇〇〇万ライヒスマルクにのぼった。発行停止処分を受けた機関紙は、社会民主党系列で約二〇〇種類、共産党系列で三五種類にのぼった。その発行部数は合計二〇〇万部を数えた。

放火事件をでっち上げ、ナチスへの批判的言論を圧殺し、市民の自主的なサークル、労働組合の活動家を刑事手続きを一切経ずに逮捕し、勾留し、目、口、耳を封じ、政敵の宣伝活動の手足を奪い、戒厳状態のなかで三月五日の総選挙を実施した。このようなテロと選挙妨害にもかかわらず、ナチ党は目標の過半数に達せず、四三・九％の得票（二八八議席）であり、連立与党の国家人民党との合計で辛うじて過半数（五一・九％）に達する結果であった。社会民主党は、一八・三％（一二〇議席）で議席数を維持し、共産党は一二・三％（八一議席）で得票数を減らした。

この選挙戦でヒトラーは飛行機をフルに活用した。「合い言葉は『ヒトラー、ドイツ全土を往く』であり、目的地には空から舞い降りた」(7)。選挙戦は、会場内で扇動的な演説が開始される前に始まり、いわば既に空から〈政治ショー〉が演出された。これらがラジオを通じて全国放送された。国民は気が付かないわけにはいかなかった。

ここで社会民主党と共産党の対ナチス観について若干触れておきたい。

まず両党共に、ヒトラーとナチズムを過小評価していた。ナチズムのもつ大衆の下からの熱狂的な力、ラディカルな行動力を軽視していた。社会民主党主流は、ヒトラーの一月三〇日の権力掌握からヴァイマル憲法に基づく「大統領緊急令」の施行などは合法であるので、これに抵抗することはできない、という姿勢をとり続けた。独裁体制の確立した全権委任法成立後ですら、支持者、国民を動員してナチス体制に抵抗する行動はとらなかった。共産党からの共闘の呼びかけにも応じなかった。

一方、共産党については二点について触れたい。一つは、一九二〇年代後半にソビエト共産党により唱えられた「社会民主主義者は社会ファシスト」であるという理論にとらわれていた。ファシズムの方が社会民主主義よりもまだマシだという。この理論で共産党はドイツ各地でナチス突撃隊と共に社会民主党の集会を襲撃し、妨害した。社会民主主義を最大の敵とする「社会ファシズム論」は、共産主義インターナショナル（コミンテルン）が統一戦線戦術を決定する一九三五年一月の頃まで主張され続けた。次に先に述べた社会民主党と共通するナチズムの軽視をあげなくてはならない。ヒトラーは政権に就いても、永続きはせずやがて崩壊するので、そのあとで権力を掌握できるという現状の分析をしていた。この政権は、自分たちが権力を掌握する過程の〈必要悪〉というわけである。一月三〇日のナチス政権の成立時に、共産党は遅まきながらゼネストを呼びかけたが「地方でのわずかな例外を除いて反応は全くないままであった」(8)。

2・「全権委任法」（授権法）へ

ナチスの音響と色彩を駆使した「太鼓」、「軍歌」、「党歌」、「歌曲」、「軍靴」による軍人スタイルの威圧的な行進、プロパガンダが全国を蔽い、一〇万人の逮捕と機関紙二〇〇万部の発行停止——ナチスは騒音と威嚇の下で、三月五日、総選挙を実施し、次にヴァイマル憲法を最終的に停止させた「全権委任法」（授権法）を成立させる。こうした過程に「誰も気が付かな」かったなどという麻生氏の言説は、ドイツ国民、とりわけナチスに恐怖を感じ、これを批判し、これに命がけの抵抗をした人々を無視し、蔑視し、事実認識の貧困を示している。

三月一〇日、ヒトラーは身内の組織、すなわち党員、親衛隊員や突撃隊員に向けて呼びかけを行い、主として共産党員をターゲットにして、「誰彼の区別なく、警察に即時引き渡」すことを促した。一三日、フランクフルト市庁舎にナチ党旗のカギ十字が掲揚された。同じ日に帝国啓蒙宣伝省が設立され、ナチ党宣伝部長ゲッベルスが就任した。ラジオでは連日ゲッベルスの演説が流された。またこの日、共産党国会議員八一人の議席が剥奪された。ユダヤ系市民への抑圧も強化され、フランクフルト大学のユダヤ系教職員は三月中に大学を追われる。三月二〇日、大統領緊急令を根拠として、南ドイツのダハウにドイツ初の強制収容所が造られる。逮捕された人々は、今まで主として一般の刑務所に分散して収容されていたが、以降、ここに集中して入れらていく。

三月二三日、国会は怒号の中で開かれ、ヴァイマル憲法や議会に制約されずにヒトラー政府に立法権を付与する「全権委任法」(「民族および国家の苦難除去のための法律」)が国会に提出される。翌二四日、ナチスは国会決議に必要な三分の二の多数を得るために、反対派議員への恫喝とテロ行為で臨み、議員を拘束し、逮捕もした。ナチス親衛隊と突撃隊が議場の「整理係」となり、国会の内外には、さながらナチスの包囲網が形成された。こうした戒厳状態の中で、社会民主党議員は一二〇名中九四名が議場に入った。これは登院前に逮捕・拘束され、あるいは欠席をしたためである。共産党議員は既に議席を剥奪されていた。「全権委任法」は賛成が四四四票、反対は社会民主党九四票で可決された。

社会民主党議員団長オットー・ヴェルスは、反対の演説に立ち、その理由を説明した。

「ヴァイマル憲法は、社会主義的な憲法ではありません。しかしわれわれは、そこに規定されている法治国家、同権、社会的権利という基本権を遵守しています。われわれドイツ社会民主党員は、この歴史的に重大な瞬間に臨み、人間性と正義、自由と社会主義の基本原則を擁護することを厳粛に宣言します（さかんな賛成の声、社民党席から）。（略）

われわれは迫害された者、抑圧された者に挨拶を送ります。われわれはドイツの友人たちに挨拶を送ります。この人たちの不屈の精神と誠実な心は驚嘆にあたいします。この人たちの真実に向かう勇気、不撓不屈の信頼（嘲笑、ナチ党席から、「ブラヴォー」社民党席から）が、明るい未来の到来を保障しています（再三にわたる熱烈な拍手、社民党席から。嘲笑、ナチ党席から）」(9)。この演説は、ヒトラー政権下のドイツで、独裁者とは異なる見解が示された最後の演説となった。「全権委任法」は、本来「一九三七年四月一日をもってその効力を失う」（第五条）とされた時限立法であったが、無視され続け、一九四五年のドイツの敗戦まで、有効であり続けた。

社会民主党、共産党に続く議席をもち、カトリックを支持基盤とする中央党（七〇議席）は、全議員が賛成し、その支持者や信徒にも党の方針に抗議する姿勢はほとんど見られなかった。またリベラル諸政党も賛成票を投じた。ちなみに今日のドイツの右派姉妹政党であるキリスト教民主同盟CDUとキリスト教社会同盟CSU、それに中道政党・自由民主党FDPの源流は、この時の中央党、リベラル諸政党である。したがってCDU・CSUとFDPは先人の犯したナチスへの迎合と追随、ヴァイマル憲法をナチスと共に葬り去った歴史的責任を負っている。

③「手口」を学べ

「手口」に学べという発言に戻ると、麻生副総理は、八月一日、自らの発言を撤回し、コメントを発表した。その内容は①自分の発言が「真意とは異なり誤解を招いた」という。「誤解」をしたマスコミの方に問題があるという姿勢である。②憲法改正は熱狂の中で行うべきではなく「喧噪にまぎれて十分な国民的理解及び議論のないまま進んでしまった悪しき例として」「ワイマール憲法に係わる経緯をあげた」③ナチス政権を例示としてあげたことは撤回」する、である。

既に指摘されているように、「悪しき例」としてあげたのならば、なぜ、あの手口を学ぶことを勧めるのか。ユダヤ人人権団体「サイモン・ヴィーゼンタール・センター」は声明を発表し、「どんな手口をナチスから学ぶ価値があるのか」（朝日新聞、二〇一三年八月二日）と批判した。

ところで麻生氏は、発言のなかで例示としてあげた部分を「撤回」はしたが、訂正も謝罪もしていない。私たちは間違えた場合は、通常、訂正し謝罪する。ところが間違った部分はどのように訂正すべきなのか、示されていない。麻生氏に発言の場を提供した桜井よしこ氏は「美しき勁《つよ》き国」（産経新聞、二〇一三年八月五日）と題する記事のなかで、朝日新聞により「歪曲された麻生発言」と主張し、麻生氏の言うマスコミの「誤解」説を繰り返している。桜井氏によれば、自らが理事長を務める「国基研」は、憲法「改正を急ぐべし」という立場で「活発な議論を期待し」ているのに、また自民党は改正に「燃え」るべきなのに、麻生氏は急がずに、「熱狂の中で」「狂騒のなかで狂乱のなかで騒々しいなかで」改正をしてほしくない、と主張したという。したがって桜井氏によれば、麻生発言は、的はずれであり、「熱狂しているのは護憲派」の方であり、「国基研」ではないという。しかし、「国基研」や桜井氏自身が憲法改正を急げ、改正に燃えよと主張しているのは、自身が「熱狂している」証しではないだろうか。

桜井氏は、一連の麻生氏の発言の真意は「『ワイマール体制の崩壊に至った過程からその失敗を学べ』という反語的意味だ」と根拠を示さずに憶測する。すでに記してきたように、ナチスは国会議事堂放火事件をでっち上げ、音響と色彩を駆使した軍人スタイルの威威圧的な行進、プロパガンダで街中を席巻し、親衛隊、突撃隊を使ってナチスへの批判的言論を封殺し、市民、労働者、政敵の活動に暴力的に介入し、逮捕し、勾留を日常化した。裁判なしの勝手な暴行、殺戮が横行し、権力による武器の自由な使用が市民を威嚇した。これら反対党の機関紙の編集・印刷所を襲撃し、発行停止、廃刊に追い込み、これに抵抗すれば殺害もした。これらは、街頭や広場のスピーカー、学校や工場、兵舎に設置されたラジオを通して一方的に伝えられ、新聞紙上にはナチ党幹部の演説が写真入りで次々と報道された。歴史の事実は「誰も気が付かない」どころか、強制収容所送りとなった人々、その友人・知人、家族たちの苦悩と不安、流血と狂騒、一〇〇万人のナチ党入党志願者が殺到する混乱と熱狂の中でヴァイマル憲法は骨抜きにされたのである。

麻生氏の発言を論じたもう一つの論文は、佐々木毅氏（東大名誉教授）の「麻生発言をめぐって」である（北陸中日新聞、二〇一三年八月一九日）。ここでは麻生氏の発言の趣旨が「改憲の喧噪の中で行ってもらいたくない」ところにあったと類推する。ただ、麻生氏の発言が「歴史認識という問題領域に属するかは別にして」と論じ、歴史認識の背後にある事実の認識には初めから迫ろうとしない視点を示している。ここからは、ヴァイマル憲法を停止したナチスの弾圧と暴力の歴史的プロセスから、またはその「手口」から一体何を学べばよいのかという麻生氏の問題点に対する見解は出てこない。

（4）「全権委任法」と集団的自衛権

ところで現在の緊急の課題に目を転ずれば、憲法九条が、第九六条の改正の手続きを経ないで、安倍晋三政権の解釈で変えられようとしている。ヴァイマル憲法は、改正手続きがとられなかった。ヒトラー政府は、ヴァイマル憲法の解釈で全権委任法を議会で成立させ、一切の人権を剥奪し、ナチ党独裁を成立させ、六年後の侵略戦争への道の地ならしをした。

二〇一五年七月一五日、衆議院平和安全法制特別委員会にて、安保関連法案が強行採決された。法案が参議院でも通過すれば、他国に対する武力攻撃でも自衛隊が武力行使をする。他国の戦争を政策や外交で止める努力をするのではなく、自らが戦争の当事者になり、これに積極的に参加していくことになる。政府が「国民の生命、自由及び幸福追求の権利が根底から覆される明白な危険がある」と判断したとき、その状況を「存立危機事態」と称し（「重要影響事態法案」、「定義」の二条四項）、海外での自衛隊の武力行使を認めるという。集団的自衛権は、「明白な危険」、「存立危機事態」に基づいて行使されると説明されている。

しかし、このような「存立危機事態」に則って集団的自衛権を行使した実例があるのかと問われた政府は、各国が「国連に報告を行っている事例はない」と答弁している（岸田外相、衆議院特別委員会、二〇一五年五月一九日）。政府が挙げる事態は起きたことがないのだ。そこで今後予想される事態としてつくりあげられた例が、ホルムズ海峡にイランが機雷を敷設し、日本向けの石油輸出を阻止するという「海上封鎖」説である。しかし、イランのナザルアハリ駐日大使は、安倍晋三首相が集団的自衛権行使の事例としてホルムズ海峡の機雷掃海を挙げたことに対して、以下のように反論している。「イランを想定しているなら、全く根拠のないこと」である（『毎日』、二〇一五年七月二四日）。その理由は、駐日大使によれば、「イランは有数の原油輸出国。（核開発疑惑を巡る）制裁で輸出額が半減し、これから輸出を増やそうとしているのに、なぜ海峡を封鎖する必要があるのか」（同右）とコメントしている。これらに共通しているのは、憲法九条を黙殺し、とにかく集団的自衛権を確立するために例を頭の中でひねくり出すが、それは世界で起こったことのない例であったり、根拠のない海上封鎖であったりする。いずれも反論されてきた。

歴史をひもとけば、かつて日本はアジアを解放する「大東亜戦争」と称し、アジアの国々から資源、生産物、労働力、女性たちを略奪・略取した。一九四一年一二月一二日、関係大臣会議は「南方経済対策要綱」を決定し、石油を開発の重点にし、「ゴム・錫・石油・キナ・タングステン・マニラ麻・コプラ、パーム油を『対米英経済戦に資せんとする物質』と定めた」（江口圭一『一五年戦争小史』青木書店、一九九八年、一九九頁）。このとき南方（東南アジア）諸国のうち、フィリピンに期待されたのは、銅、木材という資源よりも交通の要衝、シーレーン（海上交通路）としての役割であった。フィリピンは「対米英経済戦」に必要な軍事・戦略物資の補給ルートの重要拠点であった。

かつてフィリピンをシーレーンとして武力で確保しようとする大東亜共栄圏は、今ホルムズ海峡を武力で制圧する集団的自衛権と重複する。ところがイラン核協議が最終合意に達したり、ナザルアハリ駐日大使が「海上封鎖」を否定したことから、安倍晋三首相は、特定の国を想定していない、と今度は答弁を修正した。修正しても、イランが「不特定の国」に代替されただけで、武力により資源確保を狙う集団的自衛権の一面は変わらない。

ヴァイマル憲法の解釈で全権委任法を成立させ、欧州を侵略し蹂躙したドイツは、戦後、経済・軍事の重要物資である石炭・鉄鋼を周辺諸国と共同で管理する方法を選択した。

それはＥＥＣ（欧州経済共同体）からＥＣ（欧州共同体）を経て現在のＥＵ（欧州連合）につながっている。軍事的手段による決着や「砲艦外交」をとらず、「不戦共同体」を作ろうとする決意の表れである。「ＥＣ（欧州共同体）の設立は『共同市場』という通称が用いられるせいもあり、大きな自由貿易地域か何かがつくられるだけかと考えられがちなのですが、実は『国境なきヨーロッパ』を作ろうとする壮大な試みなのです」（最上敏樹『いま平和とは』日本放送協会、二〇〇四年、一四四頁）。

現在のEUが「砲艦外交」の放棄や「不戦共同体」を真に実現しようとしているかどうかは検証が必要である。しかし、ホルムズ海峡を通過する重要資源・石油を武力行使で獲得する政策は、第二次世界大戦中の日独の方針に逆戻りする。石炭・鉄鋼を一国だけの独占ではなく、多国間で共同管理し、国境の壁を低くしていこうとするというEU（欧州連合）の姿勢は、日本の集団的自衛権の行使とは別の生き方があることを教えている。

（5）苦悩と決断の記録

ナチスは、一方でユダヤ人や共産主義者、社会民主主義者、ナチスの政策に抵抗する人々などを、ドイツ社会を外部から食い破る「害虫」と見なし、他方、内部でこの「害虫」と通じる人々を、敵、異端者として排除し、強制収容所に追い込んだ。この内外の「害虫」退治には、密告の制度とともに、下の者はすぐ上の指導者に盲目的に従わねばならないとする上意下達の「指導者原理」が猛威を振るった。

私たちの社会では、組織内で権力者の指示にノーと言うのが難しい。この社会は上からの支配と下からの沈黙、あきらめ、座視、服従が結びついて成り立つ。

本訳書は、上からの支配に抗し、下からの沈黙、服従を拒否した人々の物語である。すべての人々が進んでナチスに迎合したのではない。支配と服従に屈しなかった人々の苦悩と行動への決断の記録が本訳書である。自らの命と健康を差し出し、勇気をもって抵抗した人々の足跡である。

本訳書の出版にあたって、社会評論社の新孝一氏には大変お世話になりました。訳者あとがきで論述すべきテーマの提案から、各章での的確な修正、訂正、加筆のご指示など、いつもながらの緻密で、厳格なお仕事ぶりには、心から感謝しています。

田村光彰

注

(1)シャイラー、ウィリアム著『第三帝国の誕生』、嬉野満寿夫、赤羽竜夫編『ナチス』、現代史ドキュメント3、平凡社、一九七三年、三八頁
(2)同書、四〇~四一頁
(3)フライ、ノルベルト、シュミッツ、ヨハネス著、五十嵐智友訳『ヒトラー独裁下のジャーナリストたち』、朝日選書、一九九六年、一七頁
(4)佐藤晃一、山下肇『ドイツ抵抗文学』、東京大学出版會、一九五四年、二四頁
(5)同書、同頁
(6)ホーファー、ワルター著、救仁郷繁訳『ナチス・ドキュメント』、ぺりかん社、一九八二年、七二頁
(7)前掲書『ヒトラー独裁下のジャーナリストたち』、二九頁
(8)シュタインバッハ、ペーター、トゥヘル、ヨハネス著、田村光彰、斉藤寛、小高康正、高津ドロテー、土井香乙里、西村明人訳『ドイツにおけるナチスへの抵抗1933~1945』、現代書館、一九九八年、三五頁
(9)同書、五〇~五一頁

＊なお、翻訳は六人で分担した。以下にその担当箇所を明記したい。
江藤　深　:第1、7章

中祢美智子：第2、3、4章
中祢勝美：第5、6章
佐藤文彦：第10、11、12、13章、暗殺計画一覧
志村　恵：第14、15章
田村光彰：序文、8、9、16章

最後に参考にさせて頂いた文献を以下に記したい。

・ヴィストリヒ、ロベルト・S著、滝川義人訳『ナチス時代ドイツ人名事典』東洋書林、二〇〇二年
・クノップ、グイド著、高木玲訳『ヒトラーの親衛隊』原書房、二〇〇三年
・シャイラー、ウイリアム著、松浦伶訳『第三帝国の興亡1　アドルフ・ヒトラーの台頭』東京創元社、二〇〇八年
・テーラー、ジェームズ、ショー、ウォーレン著、吉田八岑監訳『ナチス第三帝国事典』三交社、一九九三年
・ヘーネ、ハインツ著、森亮一訳『髑髏の結社　ＳＳの歴史（上、下）』講談社、二〇〇一年
・Gerd R. Ueberschär (Hrsg.) : Hitlers militärische Elite. 68 Lebensläufe. 2.,durchgesehene und bibliographisch aktualisierte Auflage. Darmstadt:WBG 2011

佐藤文彦（さとう・ふみひこ）
1973年生まれ
金沢大学人間社会学域人文学類准教授
インスブルック大学博士課程修了（ドイツ文献学、2005年）。インスブルック大学博士（Dr.phil.）
2007～2012年、金沢大学外国語教育研究センター准教授
2012年より、現職
著書『ドナウ河――流域の文学と文化』（晃洋書房、2011年、共著）、『オーストリア　形象と夢　帝国の崩壊と新生』（松本工房、2007年、共著）
論文「ヘッセ「少年の日の思い出」（1931）試論――「クジャクヤママユ」（1911）との異同をめぐって」、金沢大学歴史言語文化学系『金沢大学歴史言語文化学系論集　言語・文学篇』6号、2104年、「搾取者としての「漁師とその妻」と「桃太郎」――日独プロレタリア革命童話における文学伝統の再利用について」金沢大学外国語教育研究センター『言語文化論叢』13巻、2009年

江藤　深（えとう・ふかし）
1982年生まれ、熊本県出身
共同通信大阪社会部記者
京都大学大学院修了後、共同通信社に入社（2007年）。金沢支局を経て、大阪社会部、主に司法を担当。
論文「2001年の歴史教科書問題にみる、現代日本のナショナリズムに関する言説の変容とその背景―― 1982・86年における教科書問題との比較から』（修士論文）

［訳者紹介］

田村光彰（たむら・みつあき）
1946年生まれ
元北陸大学教員
著書『統一ドイツの苦悩』（技術と人間）、『ナチス・ドイツの強制労働と戦後処理——国際関係における真相の解明と「記憶・責任・未来」基金』（社会評論社）、他
訳書 エルケ・シュテーク他『意識はフェミニズム、行動は地域』（現代書館）、トーマス・エバーマン他『ラディカル・エコロジー』（社会評論社、共訳）、ペーター・シュタインバッハ『ドイツにおけるナチスへの抵抗 1933-1945』（現代書館、共訳）、他

志村　恵（しむら・めぐみ）
1957年生まれ、高知県出身
金沢大学国際学類教員
著書『死刑廃止とキリスト教』（新教出版社、共著）、『宗教者が語る死刑廃止』（現代書館、共著）
訳書 ヤン・C・ヨェルデン編『ヨーロッパの差別論』（明石書店、共訳）、ヴェルナー・フート『原理主義　確かさへの逃避』（新教出版社）

中祢勝美（なかね・かつみ）
1965年生まれ
天理大学国際学部地域文化学科准教授
北海道大学大学院文学研究科博士後期課程を中退（1995年）後、金沢大学文学部助手（1995～1997年）、
天理大学国際文化学部ドイツ学科専任講師（1997年～）等を経て、2011年より現職。
著書『現代ドイツの社会・文化を知るための48章』（明石書店、共著）、『ＥＵと現代ドイツ　歴史・文化・社会』（世界思想社、共著）、『グローバル化時代のＥＵ研究　環境保護・多文化共生の動向』（ミネルヴァ書房、共著）
訳書 ヤン・C・ヨェルデン編『ヨーロッパの差別論』（明石書店、共訳）

中祢美智子（なかね・みちこ）
1966年生まれ
金沢大学大学院文学研究科（修士課程）修了（1991年）

［著者紹介］

ヴィル・ベルトルト
1924年　ドイツのバンベルク市生まれ
1942年　ヒトラー政権下で徴兵され、国防軍兵士となる
1945年　連合軍の捕虜となる
1945～1951年『南ドイツ新聞』編集部に勤務、ニュルンベルク国際軍事法廷の記事を書き、かたわら大学で新聞学と文学史を学ぶ。
旺盛な執筆活動で知られ、ルポルタージュ、実用書、映画のシナリオ、テレビのドキュメントをも手がけ、ペンネームで小説を数多く出版している。とりわけナチス時代を得意とする。

ヒトラー暗殺計画・42

2015年8月31日　初版第1刷発行

著　者＊ヴィル・ベルトルト
訳　者＊田村光彰・志村恵・中祢勝美・中祢美智子・佐藤文彦・江藤深
装　幀＊後藤トシノブ
発行人＊松田健二
発行所＊株式会社社会評論社
東京都文京区本郷2-3-10
tel.03-3814-3861/fax.03-3818-2808
http://www.shahyo.com/
印刷・製本＊倉敷印刷

Printed in Japan